戎光祥中世史論集　第5巻

南近畿の戦国時代

躍動する武士・寺社・民衆

小谷利明
弓倉弘年◉編

戎光祥出版

はしがき

本書のタイトルである南近畿とは、地理的な概念であり、戦国時代は中世の時代区分である。戦国時代は広義の戦国時代として、南近畿は如何であろうか。現在の南近畿は、概ね和歌山県と奈良県南部の地域である。これは大阪を中心にした京阪神地域を近畿中部とするからで、それより南の地域が南近畿となる。

一方、本書で対象とする南近畿は、現在の南近畿ではなく、中世の京都で「南方」と呼ばれた地域である。中世の京都では、摂津・大和など京都以南の諸国を「南方」と呼んでいた。またその概念は、元亀元年（一五七〇）八月二十日に織田信長が摂津に出陣した際、『信長公記』に「南方表御出勢」と記しているように、近世初期に至っても有効であった。現在の概念とは異なるが、本書では中世の概念を用い、河内・摂津・和泉・大和・紀伊を南近畿と定義したい。

次に、南近畿を取り上げる意義について記したい。それは南近畿が、室町・戦国時代において、政治上重要な位置を占めていたからである。応仁の乱の前哨戦とも言える畠山氏の長禄・寛正の内訌の主な舞台は、河内・紀伊・大和であった。

狭義の戦国時代の始まりとされる明応の政変が起こったのは、河内であった。明応の政変によって、畿内の政治情勢は一変するのであるから、政変の舞台となった河内は、政治的に重要な地域であった。そして、河内は畠山氏の家督紛争の舞台として、十五世紀後半から十六世紀にかけて、数々の戦いが行われた。永禄五年の教興寺の戦いは、三好対畠山氏を中心とした反三好勢の戦いとして大きな意味を持っている。また、三好長慶は晩年に北河内の飯盛山城を居城としており、この地は畿内の政治にとって重要な地であった。

摂津でも十六世紀になると、畿内の政局に影響する大きな戦いが行われた。享禄四年（一五三一）に三好元長と細川高国の間で戦われた大物崩れの戦いは、政権復活を目指した細川高国を自刃に追い込んだ。天文十七年（一五四八）に三好長慶・遊佐長教と細川晴元の間で戦われた江口の戦いは、細川晴元政権を崩壊させ、三好政権成立の端緒となった。何より天文年間に入ると、山科を追われた本願寺が大坂に移転し、大坂が浄土真宗本願寺派の中心となった。天下統一をめざす織田信長との間で、いわゆる「石山合戦」を繰り広げている。

和泉は堺があり、貿易・経済の上で重要な場所である。政治の上でも、足利義維を「公方」とする堺公方府が置かれた都市であり、極めて重要な場所であった。それゆえ織田信長も上洛後早々に直轄としている。

大和は応仁の乱に関する書籍で「畿内の火薬庫」と表現されるように、複雑な政治状況を呈していた。この火薬庫が爆発することはなかったが、国衆間の対立が、直接畿内の政局とからむ重要な地域である。

紀伊は直接畿内の政治情勢に関係した政変の舞台になることは無かった。しかし、畠山氏の抗争においては、軍事力を提供する重要な地域であった。また、京都を織田信長に追われた足利義昭が一時滞在した場所であり、石山合戦和睦後に一時本願寺が移転するなど、事後処理の地としても重要であった。

以上、南近畿を概観してきたが、政局を左右するような重大な事件がたびたび起こった重要な地域であった。

次に、本書の構成について簡単に記したい。第1部の「南近畿の在地社会と城郭」では、城郭・城館に関する新谷和之氏・中西裕樹氏の論考および、廣田浩治氏・田中慶治氏・小谷利明氏の和泉・大和・紀伊に関する論考を収録した。城郭・城館は権力者が造る建築物であるため、権力者の考えが具現化すると言っても過言ではないだろう。また、後者の三国では根来寺・高野山などの寺社勢力が在地社会に大きな影響力を持つ一方で、国人など在地領主層が独自の地域権力を形成していた地域でもあった。

第2部の「戦国時代の河内と権力」では、拙稿・馬部隆弘氏・天野忠幸氏の河内に関する論考を収録した。河内は畠山氏・三好氏が抗争を繰り広げた地域であり、畿内の政治情勢との関わりで重要な地域である。

なお、本書には摂津に関する専論は収録していないが、個別の論文の中で摂津に関する大坂本願寺や「石山合戦」に触れている。

本書に掲載した論考は、いずれも中央の政治情勢を反映したものである。本書を通して、戦国時代の南近畿の地域性・重要性を認識していただければ幸いである。

二〇一七年十一月

弓倉弘年

目　次

第1部　南近畿の在地社会と城郭

Ⅰ　紀伊国における守護拠点の形成と展開

新谷和之

はじめに

日本中世の地方政治拠点である守護所をめぐっては、文献史学・考古学・歴史地理学など様々な分野において検討がなされ、学際的な研究が進んでいる。とりわけ、二〇〇四年八月の第12回東海考古学フォーラム岐阜大会「守護所・戦国城下町を考える」では、全国的な事例収集が行われ、それぞれの地域的特色や時期的な変遷が示された。これにより、室町期から戦国期にかけて守護（大名）の拠点が政庁として、都市として充実していく動向が明らかになった。そこでは、方形・方格プランや直線道路など、武家の権威をあらわす共通の規範性が見出される一方で、集村化や地域経済圏の成立といった地域社会の情勢に規定され、各地の守護所が多様な展開を遂げたことも判明している(1)。こうした研究成果を受けて、守護所から戦国期城郭・城下町への展開を、一国レベルの社会構造のなかで問い直す研究が進められている(2)。

本稿で検討する紀伊国では、足利一門の畠山氏が十五世紀より守護をつとめ、室町幕府の地方支配を担った。しかし、高野山・根来寺・熊野三山などの宗教勢力が力をもち、在地の諸階層の結集核となっていた。また、湯河氏・玉置氏・山本氏といった奉公衆が室町幕府の将軍と直接つながり、独自の領域支配を展開した。このように、自立性の高い諸勢力が併存する状況にあって、畠山氏は国内に複数の拠点を築き、分国支配の足がかりとした。それゆえ、これらの拠点の立地や構造は、当該期の政治的・軍事的情勢や国内の権力構造・社会構造を反映していると考えられる。

図１　紀伊国城郭関係図

紀伊国における守護所の変遷を、主に政治史的な観点から論じたのが、弓倉弘年である。弓倉によると、守護所は当初国衙の近くにあったが、南朝勢力を掃討し、紀南の勢力を押さえる必要性から、次第に南下していったという。また、広大な面積を誇る紀伊国をおさめるため、守護代所や郡奉行所が各所に営まれた。弓倉は、これらも含めて広義の守護所と捉えている[3]。

弓倉の議論は、畠山氏の分国支配体制や政治動向をめぐる実証研究[4]に裏づけられており、おおむね正鵠を得ていると考える。一国レベルの拠点だけでなく、郡規模の拠点も含めて守護所を論じる点も共感できる。ただし、それぞれの拠点の機能や性格の違いについては、紙幅の都合もあり十分に論及されていない。さらに、「守護所とは、分国の行政拠点であるとともに各種の税を集約する場でもあり、単なる軍事拠点ではない」とし、軍事に特化した拠点を守護所の議論から意識的に切り分けている。しかし、狭義の守護所が軍事情勢に規定されて移り変わっていくことを念頭に置くならば、軍事拠点と行政拠点との関連は当然問われなければならない。

藤岡英礼は、紀伊国で畠山氏が関わったとされる山城が、「一城別郭」の構造をとることを明らかにした。[5]「一城別郭」は、畠山氏の権力構造を反映しており、他の在地勢力とは異なる守護固有のあり方を示しているとみられる。これらの山城には、広城（広川町）のように一定の行政機能を担ったものも含まれる。十五世紀後半以降、守護の分国支配において政治と軍事の一体化が進むと考えられることから、山城も含めて守護の拠点配置の総体を把握することが求められよう。

そこで本稿では、弓倉の研究に導かれながら、守護の政治的・軍事的拠点を広くターゲットに据え、紀伊国における守護支配の様相に迫ることにする。近年の考古学や城郭史の成果も踏まえ、それぞれの拠点の性格や存続時期について考察を深め、拠点配置の総体を把握することを目的とする。

一、守護拠点の形成

紀伊国で守護の館がはっきりと確認できるのは、十四世紀後半に山名氏が守護に補任されてからである。和歌山市西部の永穂に山名義理の館があったことが、『紀伊続風土記』に記されている。当地は、紀伊国府が想定される府中より約二・六キロ南東に位置し、国衙のほど近くに所在する。[6]鎌倉期に守護の実務を担った守護代は、国衙惣官と密接な関係にあり、守護所と国衙が実態としてほとんど同一のものであったと考えられている[7]。したがって、守護山名氏の館が国衙を意識して整備されたことは明らかである。

山名氏の館は、地籍図と現地に残る区割から、東西約二〇〇メートル、南北約一八〇メートルの規模で、堀と土塁に囲まれていたと推定されている。方二町の規模は、守護所としてふさわしいものといえる。弓倉弘年は、山名義理が永和四年（一三七八）に紀伊国守護に補任されたことから、その前年に造営が始まった「花の御所」の規範性が山名氏の館にあらわれていると評価する。だが、「花の御所」のモデルが浸透するにはいささか早過ぎるように感じられる。方形のプラン自体は「花の御所」に限らず、権威づけの手段として普遍的に認められる。条里制など前代の区割との関わりも、考慮に入れなければならない。よって、「花の御所」の規範性をもち出す必然性は薄いのではないだろうか。

城郭史の側では、府中と永穂の微妙な距離感が問題とされている。白石博則は、紀ノ川の対岸に位置する和佐山城（和歌山市禰宜）を詰城と想定し、山名氏が守護所を移したと論じる[8]。伊藤俊治は、山名氏が南方や河内の南朝勢力との抗争に備え、旧国府ではなく、移動に便利な河岸に守護所を移したと推定する[9]。しかし、山名氏以前の守護所の実態は明らかではなく、山名氏が積極的な意図をもって守護所を「移転」させたといえるか、なお検討を要する。ひとまずはマクロな視点で、国衙の周辺に守護所が営まれ、その機能が継承されたとみるのが穏当であろう。

やがて山名氏は、大野（海南市）に拠点を移す。大野は熊野街道・高野街道の交差する軍事・交通上の要衝であり、背後には本格的な山城である大野城がそびえ立つ。湯浅党をはじめ南朝方への押さえとして、防御上有利な大野に守護所が置かれたと弓倉は述べる。大野は、後に大内氏・畠山氏が守護となってからも、守護所として機能している。

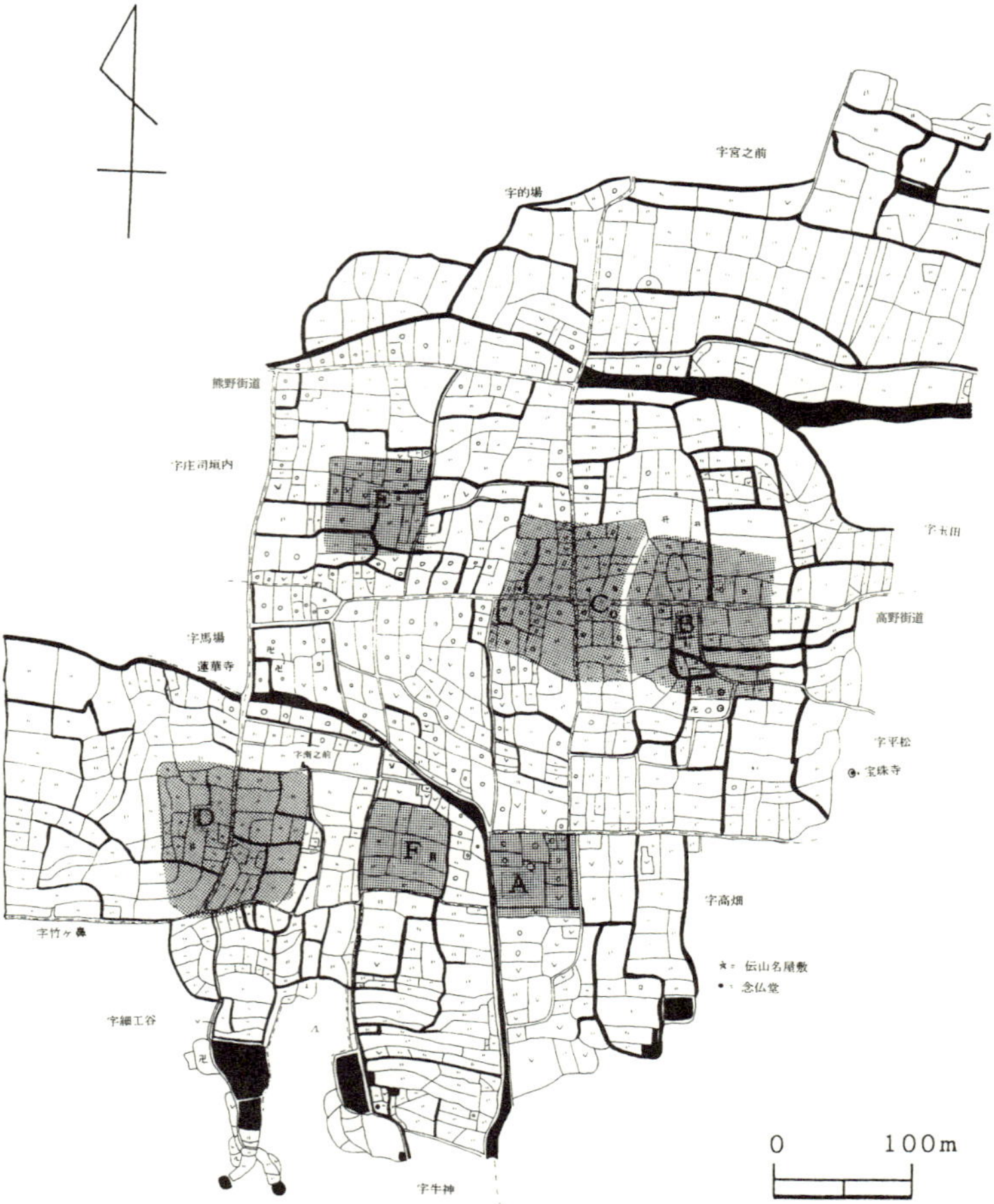

図２　大野守護所地籍図　註11 藤岡論文より

大野では、守護の行政拠点として守護役の徴発や訴訟の受付などがなされた。高野山領の百姓たちは、荘郷を単位に守護から人夫・物資の徴発を受け、大野では守護所の風呂の造営にかかる人夫や竹木が徴発されている。高野山は、荘内の百姓らの逃散を防ぐため、守護役の軽減を求めて守護方と折衝を行ったことが知られる[10]。

明治期の地籍図をもとに守護所周辺の空間構造を分析した藤岡英礼によ

ると、大野では館を思わせる区画が複数確認できるという【図2】。「山名屋敷」と伝承される区画Aは、方半町規模と小さく、周辺に方一町規模程度の区画B～Eが確認される。区画B～Dは熊野街道・高野街道と重なるため、これらを屋敷区画とみなすと、中世の街道は図とは異なる形で通じていたことになる[11]。いずれにせよ、地籍図上は突出した屋敷割を見出すことはできず、複数の屋敷が並立する状況が想定できる。

大野と並んで守護役を徴発した拠点として、粉河（紀の川市）と東家（橋本市）がある。粉河寺の門前に発達した粉河は、紀ノ川流域における中核的な町場である。十五世紀には守護畠山氏が賦課した人夫や物資が、大野と並んで粉河にも運ばれていることから、守護の那賀郡支配の拠点が置かれたことがわかっている[12]。拠点の場所は不明であるが、粉河寺の門前町付近に想定する見解がある[13]。

東家は、高野街道と大和街道が交わる交通の要衝にあり、室町後期には高野参詣の拠点「相賀宿」があったと推定されている。十五世紀前半には、東家における塀塗りの夫役が高野山領に賦課されていることが確認でき、守護畠山氏の伊都郡支配の拠点があったことがわかる[14]。近年の発掘調査で、相賀台と呼ばれる舌状台地上に幅約五メートルの堀で囲郭された方一町四方の区画が確認された。区画の南側では、中世の倉庫の柱穴や井戸の遺構も検出され、館に伴う施設が台地上に広く分布していた可能性が考えられる[15]。台地の形状に左右されずに、方形の屋敷割を形成した点に、守護拠点の規範性を見出すことができよう。

南北に長い紀伊半島をおさめるため、紀南にも支配拠点が形成された。高田土居（みなべ町気佐藤）は、高野山蓮華乗院領南部荘に位置し、同荘の灌漑用水である大井の開削に伴い、その流末処理施設として構築されたと考えられている[16]。発掘調査の結果、十五世紀前半にはすでに堀と土塁で囲郭された複郭の構造であったことが判明した[17]【図3】。

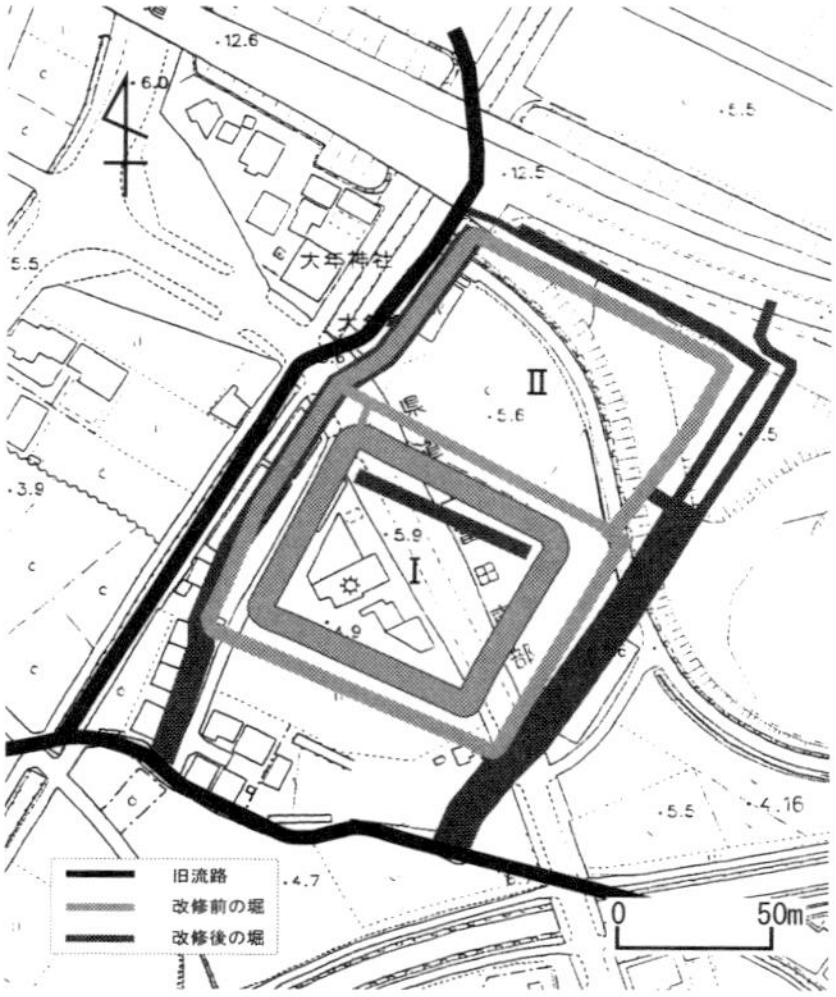

図3　高田土居遺構図　作図：新谷和之

これは、同時期の紀伊国における守護拠点では最大の規模を誇り、防御施設も最も充実している。

高田土居の成立をめぐって、弓倉は、南朝勢力の強かった紀南地方で室町幕府の権力を誇示するため、「花の御所」を模した方形館を構築したと論じる。しかし、「花の御所」を模倣するだけならば、複郭にしたり、土塁によって防御を固める必要はない。高田土居の方形プランは、南部荘の条里地割に専ら規制されたものといえよう。さらに、熊野三山など守護に必ずしも従わない勢力を押さえるため、畠山氏はかなり強い意志をもって拠点を整備したのではないかと考える。[18]

南部では、高田土居に加えて平須賀城（みなべ町西本庄）が守護の要害として早くから取り立てられていた。

【史料1】[19]

御状委細承候、兼又平祝候城衆之御事、子細あるましき由御申候とて、無是非御悦喜候て、被進状候、其子細上様へ御申候之間、公私目出存候、常住ハ御座候ハす共、人をも可有御置候、自然時ハ中村入道御供申へく候条、公私可有目出候、用害を預申され候上ハ、毎事被憑申候通、面々可有御推量候、諸事無御等閑候ハ目出候、いかさま連々可申承候、恐々謹言、

十一月廿七日　　禅久（花押）

湯河式部殿
　　御返事

紀伊国守護代をつとめた禅久（遊佐家久）が、奉公衆湯河氏の庶子である式部大輔に宛てた書状で、十五世紀前半に比定される。文中の「平祝候城」は、平須賀城を指すと考えられる。湯河式部大輔は、畠山氏から平須賀城を預かり、「常住はしなくてもよいが、人を置いておくように」と禅久から指示を受けている。ここから、平須賀城が恒常的に維持すべき守護の要害であり、湯河氏のような在地勢力がその管理にあたったことがわかる(20)。

少なくとも南部では、十五世紀前半には平地の拠点と山城（要害）のセット関係が成立し、政治的・軍事的に地域を掌握する試みがなされていた。こうした拠点支配の枠組は、在地勢力の協力を得なければ成り立たなかった。その意味では、守護所や要害は、守護権力と在地社会の接点として重要な役割を果たしたということができる。

以上、十四世紀後半から十五世紀前半にかけての守護拠点の様相について整理を試みた。紀伊国の守護所は当初、国衙と一体化ないし近接する形で存立していたが、南朝方勢力の掃討など軍事的な理由から大野に移る。この大野を中心として、紀ノ川流域の粉河・東家と紀南の南部に地域レベルの拠点がそれぞれ営まれ、守護所の支配を補完した。ただし、すべての郡に地域拠点が置かれたわけではない。守護の影響が及ぶ範囲で、既存の町場や宿を押さえる形で拠点が整備されたとみるべきであろう。また、巨大な方形城館と要害をあわせもつ南部は、他の守護拠点を凌駕し、紀南全体の押さえとして重要な役割を担った。拠点形成においては、国—郡の階層性はそれほど意識されず、それぞれの地域の実情に応じて選択と集中が図られたと考えられる。

二、畠山氏の内訌と守護拠点

十五世紀中頃、畠山家では政長と義就の間で家督争いが続き（長禄・寛正の内訌）、応仁・文明の乱の前提となる。両派の抗争は、分国内の諸勢力を巻き込み、紀伊国の政治情勢を長く規定することとなる。

この抗争を機に、守護所は大野から広（広川町）へと移転する。弓倉弘年は、長禄・寛正の内訌において、義就の与党が紀北だけでなく紀南でも活動したため、政長方は紀北の大野と紀南の南部の中間にある広を重視したとみる。さらに、広は奉公衆湯河氏の本拠である小松原（御坊市）にも近く、守護所としてふさわしい位置にある。南朝方の湯浅氏の所領が有田郡に集中しており、室町期にこれらが没収され、守護領化していたことも、当地に守護所が移る一因になったと弓倉はいう。

【史料2】[21]

就今度畠山右衛門佐（義就）与党以下蜂起之儀、紀州広城進発事、早自身令出陣、可被抽戦功之由被仰出候也、仍執達如件、

応仁元年六月十三日　　（諏訪）忠郷

（布施貞基）真基

湯河庄（新脱カ）司殿

史料2は、広城に籠もる義就勢の討伐を奉公衆の湯河氏に命じた室町幕府奉行人奉書である。前年より、義就の養子である政国が兵を挙げ、広城は義就方の手に落ちていた。そこで、応仁元年（一四六七）六月、政長は室町幕府の

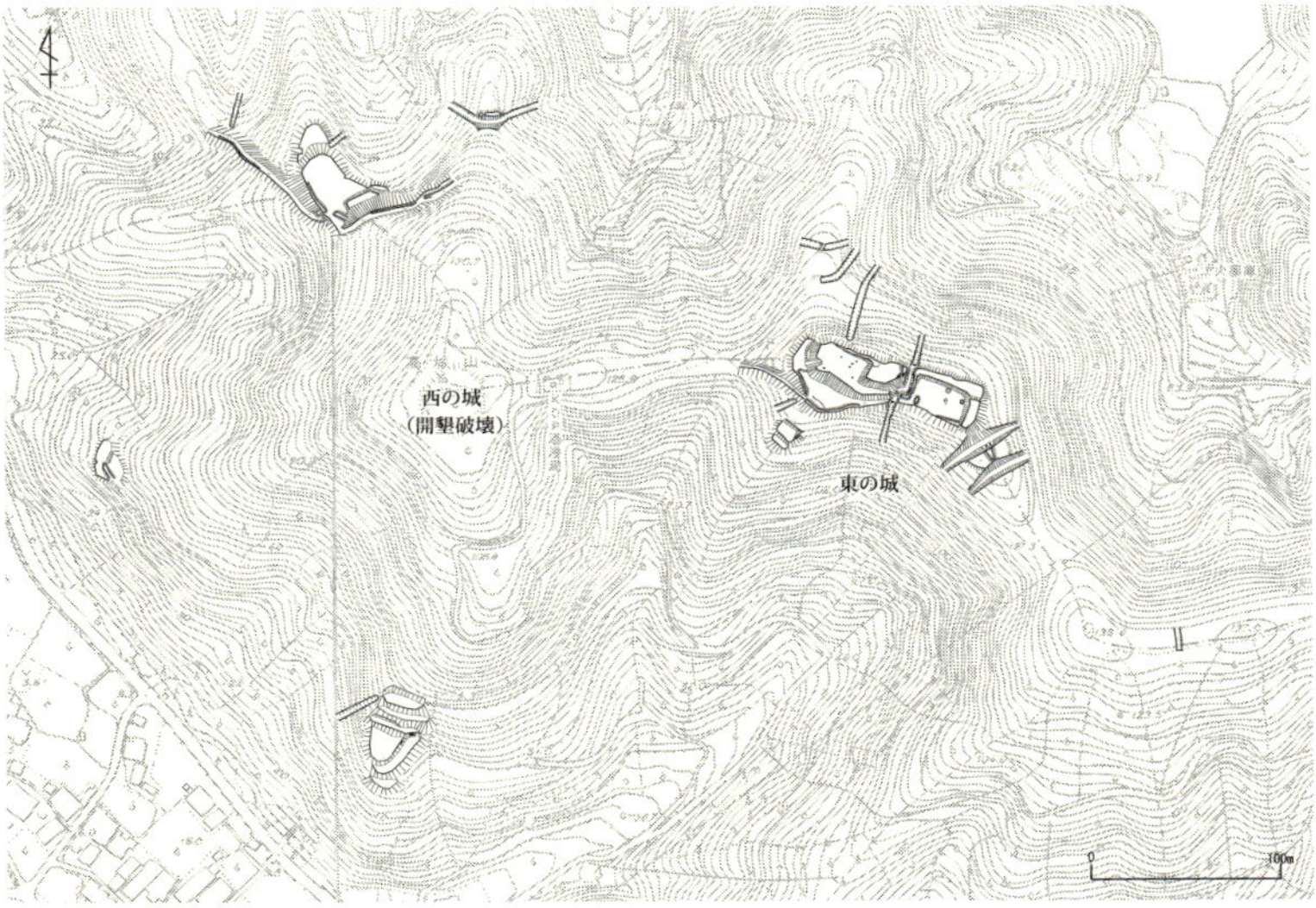

図４　広城縄張図　作図：新谷和之

支持を受け、湯河氏らを動員して広城を攻めた。翌正月には政長が広城を奪還したことが確認できる。[22] このように、広城の争奪戦が繰り広げられていることから、畠山氏の両派にとって重要な拠点であったことがうかがえる。

広城は、湯浅の街並みを北西に望む標高約一四〇メートルの高城山に築かれた。通称「東の城」「西の城」を中心に、周囲に曲輪や堀切が点在する大規模な山城である【図４】。東の城は、中央にクランク状の堀切が構築され、城内のエリア分けが図られている。白石博則は、クランクした部分の土塁から西側の曲輪に木橋を掛け、木橋を渡ろうとする敵兵に直上の曲輪から横矢を掛けることを意図していると評価する。[23] しかし、両者の間には高低差があり、木橋を掛けることはできない。むしろ、堀切より西の曲輪群の三段目の曲輪と東の曲輪群を木橋で接続することで、折れを伴う虎口が想定でき、こちらが本来の城道と考えられる。

西の城は開墾により破壊されているが、外縁部に曲輪が残存している。そこでは、曲輪間をつなぐ城道が幅約三メートルの

広城跡の堀切　和歌山県広川町

規模で良好に残されている。紀伊国の山城では珍しく、ルートがしっかり設計されている。こうした城道の整備は、守護の権威をあらわすものとみる余地があろう[24]。

広城では、城が機能した時代の遺物がいくつか表面採集されている。茶の湯が行われたことを物語る石製の茶臼や中国製の蓋付大型壷、京都系に類似する土師器皿などである。北野隆亮は、守護の拠点らしい遺物としてこれらを紹介している[25]。広城が純粋な軍事拠点ではなく、一定の儀礼なども行われる拠点城郭であったことがうかがえる。

守護の館は、広城より約一キロ西方の沿岸部、養源寺の寺域に比定されている。明治期の地籍図では、一町四方の方形区画が見出され、規模・形態ともに守護の館にふさわしいといえる[26]。館の東西と北にラグーンが想定され、防御性の強化と海上交通の掌握を意図した構造となっている。

慶長期の検地帳では、広は町として把握されており、守護館の建設に伴い城下町が形成されたといわれる。地籍図でも、館の南側に町場が展開している状況がうかがえる。弓倉は、明応の政変によって畠山尚順が紀伊に在国し、直接分国支配を行った結果、守護館を中心に城下町が形成されたと論じる。広の寺院はいずれも文明年間（一四六九～八六）以降に開基したという伝承をもち、町場の整備が十五世紀後半以降になされたとの想定を裏づけてくれる[27]。

一方、南部の高田土居も、しばしば政長方と義就方の抗争の舞台となっている。

【史料3】(28)

楠葉語云、今日紀伊国落人此辺罷通トテ語云、正月一日、三鍋城九(ママ)二郎儀責落之間、其辺郷千間計被焼了、其住人也云々、於于今ハ、紀伊国ニハ根比(来)計、未随在所ハ無之云々、仍二郎急可上洛之由、自京都下旨、承了由申通了云々、

文正二年（一四六七）正月、畠山政国は「三鍋城」を攻め落とし、周辺の郷千軒ばかりを焼き払った。この「三鍋城」は、高田土居（みなべ町）を指すとみられる。「其辺郷千間」という記載から、周辺にはある程度の規模の町が形成されていたことがわかる。(29)

【史料4】(30)

去二日御敵寄来高田要害之処、為後詰一勢被差遣、及合戦、敵数輩手負之、御方少々被疵之由候、雖不始之儀候、忠勤之条誠御感悦之至候刻、可達上聞候、定而可有御感候、河内事和州者共申合、当手打入候、不日可一途儀、仍此方進発候、暇事中候処、職之儀善被仰付、方々御思案之時分ニ候間、遅々候、猶其方事、弥御廻斗略被抽軍忠候者肝要候、併憑入候、委細神保可申候、恐々謹言、

（文明九年）十月七日　　政長

湯河(新脱カ)庄司殿

文明九年十月二日、畠山義就の河内下向に呼応して、義就に味方する勢力が政長方の籠もる高田土居を攻めた。これを受けて、政長に味方する湯河氏は、後詰として軍勢を派遣し、忠節を尽くした。河内での軍事行動と連動して、紀伊国内でも高田土居をめぐる両派の抗争が繰り広げられたのである。

【史料５】[31]

去八日牢人等令出張田辺表、則馳加高田之要害候由、註（注）進到来候、尤以神妙候、弥被抽忠節候由肝要候、次当国之敵去十三日八ヶ所并十七ヶ所差寄、所々令放火、殊於十七ヶ所度々及合戦、敵御方数多討手手負候、於尓今取結候上者、不移時日、早々出陣候者、可喜入候、委細猶神保与三可申候、謹言、

（文明十五年）八月十六日　政長判

目良左京亮殿

文明十五年八月八日、義就方の勢力が田辺表に進出し、高田土居を攻めたことを、目良左京亮が政長に注進した。この件について、政長は目良に対し忠節を求めるとともに、河内での戦闘に出陣するよう要請している。

【史料６】[32]

就湯河退治、去年以来於所々忠節無比類候、殊近日敵依楯籠高田城、昼夜粉骨神妙候、弥申合野辺、可抽戦功事肝要候、謹言、

六月五日　尚慶（花押）

目良左京亮入道殿

史料６は、明応七年（一四九八）夏から永正五年（一五〇八）八月に比定される書状である。畠山基家・義英方の勢力が高田土居に立て籠もり、目良らがその攻略に向けて粉骨している様子がうかがえる。この時、湯河氏の内部でも基家・義英方に呼応する動きがあり、目良はその「退治」にもあたっていた。[33]

このように、高田土居は河内・紀伊を股にかけた政長流・義就流の抗争において、義就流の勢力が度々制圧してお

り、湯河氏や目良氏など政長に味方する勢力は、その都度対応を求められている。南方の拠点で、畠山氏の目が必ずしも行き届かないため、在地勢力の協力がなければ安定的に維持できなかったのである。

高田土居は、十五世紀第Ⅳ四半期以降、外郭ラインの整備を伴う改修がなされたことが発掘調査で明らかにされている【図3】。おおむね北側の防御が強化されており、政長方が義就方に対抗して整備したのではないかと評価されている(34)。いずれにせよ、両畠山氏の抗争が常態化するなかで、防御性を高めるための整備がなされたことは間違いない。

なお、同じく南部の平須賀城（みなべ町）も、畠山方の拠点として維持されている。

【史料7】(35)

於平守城、連々忠節無比類之条、神妙候、弥無疎略可走廻事肝要候、委細神保五郎左衛門尉可申候、謹言、

十一月八日　　　　卜山（花押）

目良左京亮入道殿

弓倉が著書で永正十五～十六年に比定した、畠山卜山の書状である。「忠節」の具体的な内容は不明だが、畠山義英方との抗争に関わって、平須賀城が何らかの役割を果たしたと考えられる。ここでも、目良氏のような在地勢力が関与していることが注目される。

平須賀城は、標高二〇七メートルの曲輪を頂点に、曲輪群が階層的に配置され、大変まとまりのよい縄張となっている。畝状空堀群や横堀を効果的に配置し、統一的な防御ラインを形成している。発掘調査の結果、最高所の曲輪群において六棟の掘立柱建物の遺構を検出し、土器や石製品、武具など六〇〇点を超える遺物が出土した。遺物は十五世紀後半から十六世紀前半のものが大半で、当城の存続時期を考える貴重な手がかりを得た(36)。調査を担当した川崎雅

史は、遺物が集中する山上中心部が居住の中心であったとみる。さらに、威信財とみられる遺物の分布から、最高所の曲輪に城主が居住し、その下の曲輪に城主に次ぐ人々が居住したのではないかと想定している。[37]

平須賀城は、大永二年（一五二二）に熊野本宮の勢力に攻められ、落城したと伝わる。[38] このことは、出土遺物の年代観とも合致する。一方で、横堀によって城内のエリア分けを図る手法は、紀伊国の中世城郭のなかでは先進的なものといえ、廃城の時期はさらに下るのではないかとする見解もある。[39] 最近では、現存する縄張の年代を出土遺物の年代観に準拠して考えるべきとの指摘もあり、[40] 縄張研究においても評価が分かれている。紀州の中世城館の年代観に関わる重要な問題であり、慎重な検討が求められる。

以上、十五世紀後半以降の畠山氏の内訌に際して、新たな守護所が建設され、既存の守護拠点が整備されていったことを確認した。広の守護所は、山城と平地の守護館が緊密に連携し、町場や港湾を伴う、領域支配にふさわしい拠点であった。広城は、屈曲した出入り口と幅広い城道をもち、軍事性を高めつつも守護の権威を示す装置として整備されたと考えられる。畠山卜山は、大和国人の林堂山樹を取り立て、広城を拠点に南近畿の領国化を目指したことが明らかにされている。[41] 新たに整備された守護所は、畠山氏のこうした志向性を現実のものとするために活用されたのである。

南部の高田土居・平須賀城は、両畠山氏の抗争のなかで、在地の勢力を巻き込んでしばしば争奪戦が繰り広げられた。畠山氏にとって南部は、紀南支配のための橋頭堡といえ、その帰趨が戦況を大きく左右するものと認識されていたのであろう。畠山家の分裂に伴い、地方支配の拠点は、周辺の在地勢力を糾合するための軍事的な結集核としての役割が強く求められるようになったのである。

三、守護支配の後退と拠点の行方

永正十七年（一五二〇）、畠山卜山は広城を追われる。

【史料8】[42]

八月（永正十七年）、尾州（畠山卜山）内衆与被及合戦、打負テ、人二、三十人ニテ泉界迄没落候ト云々、仍広ノ城大将之事、尾州御曹司（畠山稙長）河内ニ被座弟お内衆トノ相定云々、尾州近年当国ヲ林堂（山樹）并熊野衆以下ニ被出之、及度々寺社領押領候、併大明神（春日）之御罰云々、

畠山卜山は内衆と戦って敗北し、二・三十人ばかりの手勢とともに和泉国の堺まで没落した。広城の大将は、内衆との協議のうえ、河内にいる畠山稙長の弟に定めた。卜山は近年、紀伊国の支配を林堂山樹と熊野衆らに任せ、寺社領の押領を繰り返していたとある。同年六月、林堂は広城で殺害されている[43]ので、卜山の方針に反発した内衆らが、裏で稙長と結んでその排斥に踏み切ったことがわかる。

次の史料は、畠山卜山の追放に関する史料として、弓倉が著書で紹介したものである。

【史料9】[44]

野辺掃部允慶景依不思儀之覚悟、国忩劇出来、所々合戦、湯河・玉置動被思召無比類御許容処、国人知行其外光春（湯河）押領、種々雖被成御届、不致承引、剰広庄押而可罷入候由言語道断、然者御敵造意候欤、所詮非可被捨国候条、慶景并令同心仁躰被召置御恩地、被仰付上者、如先々各可被申合、若背御下知輩在之者、永代被放御被官、至知

行者忠次第可被仰付、然時者忠節可為肝要候、於時宜者神保式部丞・保田五郎右衛門尉被仰含之由、可申上候、恐々謹言、

（永正十七年）八月廿日　　（丹下）盛賢（花押）
　　　　　　　　　　　　　（遊佐）長清（花押）

小山八郎（春次）左衛門尉殿

同日付の畠山稙長書状[45]に対する副状である。これによると、政長流畠山氏の内衆で、奥郡の支配にあたっていた野辺慶景によって卜山が追放された。慶景に加担した湯河・玉置両氏は、所々の合戦において比類ない働きをみせたので、赦免した。ところが、国人の知行などを湯河光春が押領し、度々の通告にも従わず、広庄に押し入ろうとしている。稙長は、野辺慶景とそれに同心した者たちの恩地を召し置き、許容したうえで、忠節を求めている。卜山の追放を機に、本拠の広が湯河氏に脅かされる事態が生じていたのである。

次の史料も、本件に関わるものと思われる。

【史料10】[46]

今度被差下上使処、所々知行等（湯河）光春押領、度々雖被成御届候、不被去渡候、無是非次第候、近日国之儀、以御思案如先々可被仰出候、然上者、平守之事肝要被思召候、堅固之覚悟被任御下知、其働可為神妙之由可申旨候、恐々謹言、

（永正十七年）七月十一日　　丹下備後守
　　　　　　　　　　　　　盛賢（花押）

遊佐左衛門大夫
長清（花押）

小山八郎（春次）左衛門殿

湯河光春の押領が問題とされており、史料9と同じシチュエーションである。傍線部の「平守」は平須賀城のことと考えられる。畠山氏は、平須賀城を中心に奥郡の在地勢力を結集させ、湯河氏の押領に対処しようとしたことがわかる。しかし、平須賀城を預かる野辺慶景が卜山を追放することになり、文面通りにことは進まなかったようである。

畠山卜山は、大永元年（一五二一）に広城を攻めるが、敗北し、淡路島に没落する。(47) こうして、卜山は領国支配の核であった広城を失い、翌年には死去する。

広城が畠山氏の内衆や国人らによって攻略されたことで、畠山氏は本格的な山城である鳥屋城（有田川町金屋）に拠点を移したと弓倉弘年はいう。ただし、鳥屋城は地形的に制約があり、交通の便もよくないことから、行政拠点としては不十分であった。そのため、広に一定の政治機能を残したのではないかと弓倉は想定する。

鳥屋城は、天正十三年（一五八五）三月に羽柴秀吉方の軍勢に攻め落とされた。

【史料11(48)】

急度申候、去々年以来、根来悪党雑賀一揆原相語、対秀吉令慮外条、為成敗、去廿一日出馬候之処、自雑賀・根来泉州岸和田表構城、相防之処、押詰、則小山・田中城両城、申刻責崩、一人も不残根来・雑賀奴原依刎首候、明候城之事、畠中・積善寺・千石堀・岸・佐和・佐野以上六ケ城令退散候間、廿三日ニ不継息根来寺へ押懸候処、山々ニ城を搆雖相踏、右ニ責殺、城ニおゐて用ニも立候者共討殺候ニ付而、少も不相抱北散候、即根来寺不残令放火、廿四日ニ雑賀表へ取懸、土橋平丞城先手之者共取巻候処ニ、夜落ニ行方不知罷成候、此表依為多人数、手を分、①千石権兵衛尉（秀久）・中村孫平次（一氏）・小西弥九郎（行長）其外人数至湯川館差遣候処、畠山式部太輔・村上六右衛門親子三人・柏原父子・根来寺法師蓮蔵院以下数多討果、畠山居城戸屋城乗捕候、三日之内ニ泉州・紀州任存分候、然者、②湯川一城相抱候条、即取巻、秀吉儀者紀湊ニ拵城、国中置目等為可申付、可令逗留覚悟候、猶追々可申候、謹言、

（天正十三年）三月廿五日　　秀吉（花押）

小早川左衛門佐（隆景）殿

仙石秀久以下の軍勢が、畠山式部大輔らを討ち果たし、畠山氏の居城である鳥屋城を乗っ取ったことが記されている。弓倉は、傍線部①の「湯川館」を広に比定し、畠山式部大輔は広で討ち取られたとする。これは、傍線部②の「湯川一城」が本拠である小松原（御坊市）を指し、傍線部①の「湯川館」とは異なるという理解に基づく解釈である。

しかし、拙稿で述べたように、両者はいずれも小松原の居城を指すとみるべきである。すなわち、秀吉は「湯川館」を攻略するために軍勢を送ったところ、その途中で畠山式部大輔以下の勢力が鳥屋城に籠もり、抗戦の構えをみせた。そこで、秀吉勢はひとまず彼らを攻め滅ぼし、鳥屋城を乗っ取った。傍線部①はそのように解釈すべきである[49]。鳥屋城の攻略は、湯河氏の館を攻める途中で行われたのであり、畠山式部大輔は「湯川館」ではなく、鳥屋城で討ち取られたとみられる。鳥屋城は、秀吉に抵抗する畠山氏以下が籠もっていたからこそ、攻略されたのである。

鳥屋城は、標高約三〇七メートルの鳥屋城山上に築かれた。曲輪群が東西に細長く展開し、曲輪Ⅰ・Ⅳを中心とする西の曲輪群と、曲輪Ⅴ・Ⅵを中心とする東の曲輪群の大きく二つのまとまりを見出すことができる【図5】。西の曲輪群では、曲輪Ⅱ・Ⅲの北側斜面下に城道の遺構が残り、曲輪間のアクセスを確保しようとする意識がうかがえる。

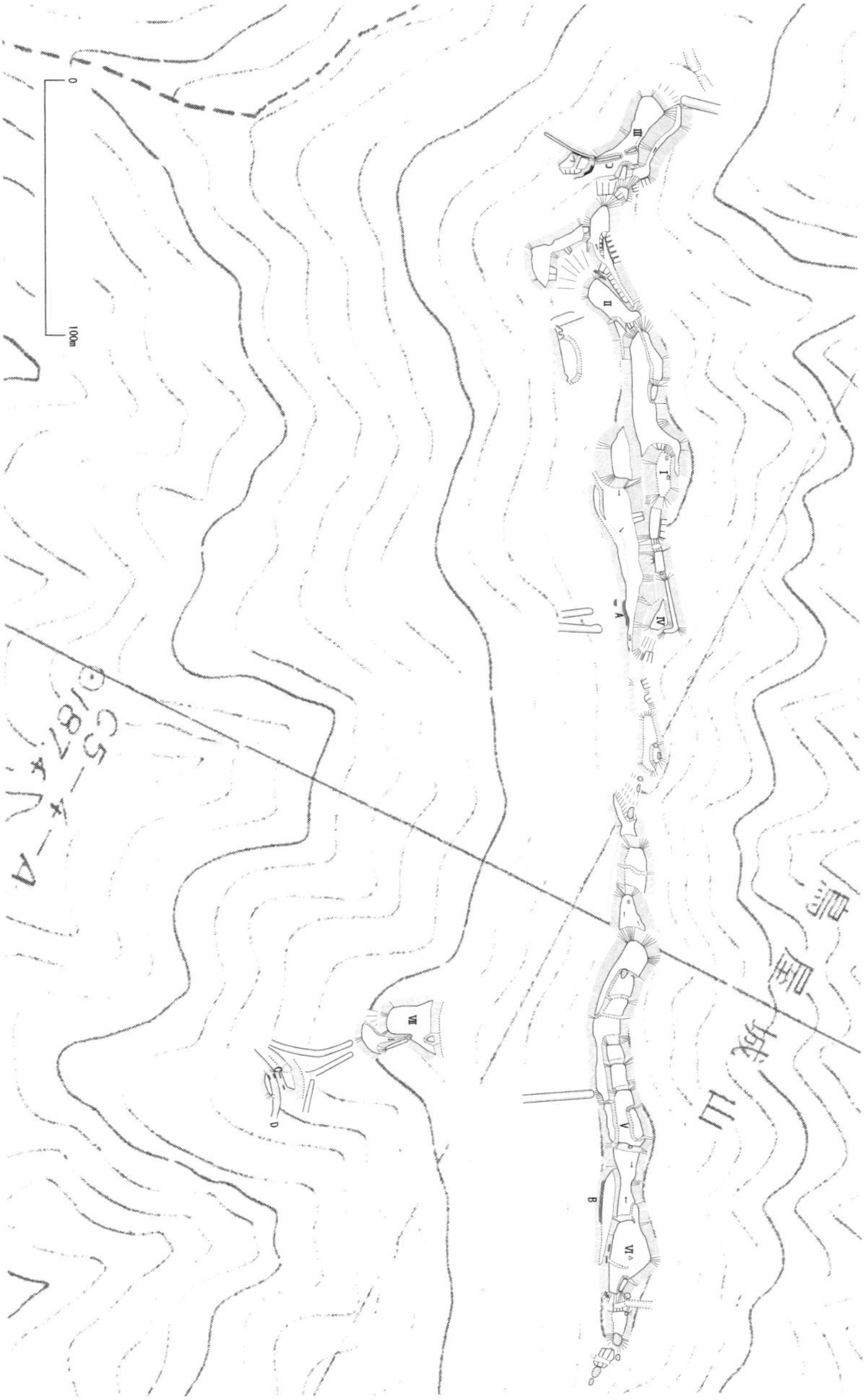

図５　鳥屋城縄張図　作図：新谷和之

鳥屋城跡の石垣　和歌山県有田川町

とりわけ、曲輪Ⅲの東側には、土塁によって動線を屈曲させた虎口があり、防御上の工夫が認められる。このように城道を明確に設定し、折れを伴う虎口をもつ点は、広城と共通する。

東の曲輪群は、尾根の地形に沿って曲輪を段々に配置した単純な構造である。ただし、曲輪Ⅵの南下に石積みBがある。これは、曲輪Ⅳの南下の石積みAと様相が似ており、中世の石積みとみられる。髙田徹は、急峻で岩場が露出した山上において曲輪の広がりを確保するため、石垣が多用されたと指摘している[50]。曲輪Ⅶは、最近の調査で新たに発見された遺構で、南側に虎口をもち、スロープ状の城道が付随する。堀切Ｄが城域の境をなし、尾根上に構築された二条の竪堀によって曲輪Ⅶとの一体化が図られている。

鳥屋城は、天正十三年に使用されたことが確実である。しかし、縄張は単調であり、天正十三年以前に整備された可能性が高いと髙田徹は論じる。また、従来、紀州の城郭史では天正十三年に軍事的なピークを想定して中世城郭の年代観を構築してきたが、当城は年代観の基準に据えにくいのではないかと髙田はいう。縄張のうえでは、広城の方が鳥屋城よりも発達した段階にあるといえ、鳥屋城が守護の拠点としてどの程度整備されたのか慎重な検討が求められよう。

なお、鳥屋城の約二キロ西方に、畠山氏またはその被官の神保氏の館と伝わる金屋土居がある。かつては東西一二〇メートル、南北一〇〇メートルの範囲を囲む堀が明瞭に残されていたようだが[51]、現在は失われている。守護所としてふさわしい規模であり、鳥屋城とは居館と詰城の関係にあった可能性がある。

有田郡で畠山氏との関係を伝える城として、岩室城（有田市宮原町）がある。畠山氏の系図では、政国・高政が当城で亡くなったことになっている。これをそのまま史実とみることはできないが、当城が畠山氏の戦略上、何らかの役割を担っていたことは十分に想定できる。

岩室城は、鳥屋城の約八キロ西方に位置し、熊野街道を見下ろす位置にある。鳥屋城よりもはるかに規模は小さく、大規模な軍事行動に耐えうる拠点でない。わずかに折れを伴う堀切が確認でき、広城との関わりが注目される。構築年代を絞り込むことはできないが、街道を押さえる目的で、広城や鳥屋城と連携して機能したと考えられる(52)。

大野城跡の竪堀　和歌山県海南市

海南市の大野城も、同じく熊野街道を強く意識した城である。当城は、熊野街道より東に派生する間道を見下ろす形で築かれた。通称「東の城」と「西の城」が二五〇メートルほどの間隔を空けて営まれ、縄張の様相も異なる。東の城は、堀切と竪堀を組み合わせ、高低差のある防御ラインを構築している。曲輪間は堀切で分断され、行き来がしづらくなっている。一方、西の城は横堀を防御の主体とし、曲輪の造成は甘い。熊野街道の間道を広く押さえるために、曲輪群をあえて分散させ、それぞれの戦略に応じた形で整備したと評価できる(53)。

大野城は、一般的には守護所の大野に対する詰城といわれているが、現存する縄張は大野に守護所があった時期のものとはみなしがたい。熊野街道を押さえる大規模な軍事拠点として、戦国期に整備されたとみられる。なお、当城の真西にあり、熊野街道を見下ろす地蔵峰寺城（海南市）は、畝状空堀群をもつ小規模な城である。紀北で畝状空堀群をもつのは、大野城と地蔵峰寺城だけである(54)。このことから、大野城と地蔵峰寺城が連携して熊野街道の掌握が目指されたと考えられる。

河内国との国境に位置する橋本では、東家館が伊都郡支配の拠点として使用されていたが、十六世紀には長藪城（橋本市城山台）が軍事的な結集核となっていたことが知られる。

【史料12】(55)

総州（畠山義堯）ノ陣所仁王山へ河内コンタ井寺（金胎寺）城衆ツメヨスルト云々、次次郎殿（畠山稙長）身方根来一山悉以総州後へ出陣云々、吉野衆長藪城衆トヒトツニ成テ、是モ同総州後へ取寄スト云々、

大永四年（一五二四）十一月、畠山義堯が陣を張る仁王山（河内長野市天野）に金胎寺城衆が詰め寄せた。畠山稙長に味方する根来一山や、吉野衆・長藪城衆も後詰として出陣したとある。

岩倉哲夫は、傍線部の「長藪城衆」を守護方の城番衆とみる。これは、「三箇家文書」所収の畠山卜山書状にみえる「伊都郡衆」と同一であるという。「伊都郡衆」は、伊都郡の守護被官となる国人で、在地の隅田一族や相賀一族の贄川氏などで構成されていたと岩倉は推定する(56)。「長藪城衆」の構成についてはなかなか詰め切れないが、当該期に長藪城が在地の勢力を結集する軍事拠点となっていたことは指摘できよう。

長藪城は、通称「東の城」「西の城」「出城」の三つの曲輪群からなる。総じて堀切と切岸を防御の主体とし、技術的に新しい要素は見受けられない。角田誠は、東の城の虎口が土塁や食い違いを伴うことから、戦国末から織豊期に改修を受けたと評価する(57)。しかし、角田の注目する虎口は基本的には平入りであり、新しい時期の改修とみることは

できない。三つの曲輪群は同時期に連携し、一体的に機能していたと評価すべきである。(58)

なお、西の城にて十五世紀後半の備前焼擂鉢片が採集されており(59)、築造年代を考える材料として注目される。弓倉弘年は、長藪城は戦乱に対応する軍事的必要性により築造され、東家館の詰城として機能した可能性を指摘している。東家館がいつまで存続したかによるが、その可能性は考慮すべきであろう。

以上、畠山卜山が広城を追われた後、広を拠点とした畠山氏の支配の様相は史料上みえづらくなる。羽柴秀吉の紀州攻め時に鳥屋城が畠山氏の居城としてあらわれることから、卜山の追放を機に守護所が鳥屋城に移ったといわれている。しかし、弓倉も指摘するように、鳥屋城は立地・構造の両面において行政拠点にふさわしくなく、広城に一定の政治機能が残された可能性がある。そのようにみると、守護拠点の機能が広城と鳥屋城に分化したということになり、守護所が広から鳥屋に移ったと単純にはいえなくなる。十六世紀における守護拠点の変遷については、湯河氏の領域支配が深化していく動向も見据えながら、なお検討を重ねる必要がある。

長藪城跡の土橋　和歌山県橋本市

畠山氏が分国内の各所に配した山城は、十六世紀前半までは存続が確認できる。これらは、いずれも交通の要衝にあり、周辺の在地勢力を軍事的に結集する機能を果たした。それゆえ、打ち続く畠山家内の抗争においては、こうした山城を手中に収めることが重要な意味をもったと考えられる。

ただし、これらは在地勢力の協力がなければ維持しえないものであった。南部では、平須賀城が大永二年に落城し、高田土居も十六世紀半ばまでには廃絶し、鋳造施設に転換している[60]。こうして、地方の拠点が維持できなくなると、畠山氏は地域支配の足がかりを失うことになり、紀伊国への影響力を相対的に低下させていくこととなった。

おわりに

本稿では、文献史学・考古学・城郭史などの研究成果を踏まえて、紀伊国における政治的・軍事的な拠点の展開過程を論じた。最後に、紀伊国における守護拠点の特質についてまとめておく。

紀伊国の守護所は、国衙の所在地より徐々に南下していった。移転の背景には、弓倉弘年がいうような政治情勢の変化があり、とりわけ南朝勢力との戦闘が直接的な要因となっていたと考えられる。もともと国衙が紀伊国の北端にあり、南に守護所を置くことで紀伊国全体に目配りがしやすくなる側面もあろう。その意味では、守護所の移転は、国衙段階の支配構造を「克服」する過程とみることもできる。

一方で、国衙の周辺地域や紀伊湊に対する守護の支配については、判然としない。守護所が移転した後、那賀郡や伊都郡のように、郡支配の拠点が当地に置かれた痕跡は見受けられない。戦国期に守護所が置かれた広では、町場や港湾が整備されるが、紀伊国全体ではやはり紀伊湊が突出した流通拠点といえよう。守護は、諸勢力の利害が錯綜する当該地域では、支配の基盤を得ることができなかったのではないだろうか。ともあれ、このような政治的枠組のもとで、戦国期には雑賀五組の地縁的な支配が展開されることとなる。

守護は紀伊国を治めるために、守護所以外に複数の拠点を形成した。そこでは、東家館のような郡単位の支配拠点もあれば、高田土居のように広く紀南を管轄する拠点もあり、既存の郡の枠組に即して拠点が設定されたわけではない。また、高田土居は大野や広の守護館を凌駕する規模と内容をもち、守護の拠点において守護所が必ずしも突出した存在ではなかった。守護所の優位性が相対的に低い点に、紀伊国の特徴を見出すことができよう。

要害がかなり早い段階で恒常的に維持されていたことも、興味深い。南部の平須賀城は、十五世紀前半には近隣の在地勢力の協力を得て維持・管理されていた。このことは、要害が単発の軍事的な緊張に備えて整備されるものではなく、守護の分国支配において恒常的に必要とされたことを物語ってくれる。すなわち、紀伊国では有事への備えが守護の支配において特に重要視され、在地勢力を軍事的に編成するために要害が取り立てられたのである。

以上のように捉えると、紀伊国の守護拠点は、強い軍事的要請のもとで形成されたことがわかる。これは、南朝勢力が根強く残り、奉公衆や寺社など自立的な勢力が割拠する地域において、軍事的な統一が最優先されたことを示している。もちろん、それぞれの拠点が担う役割は一様ではないが、拠点の配置や構造には総じて軍事的な側面が強くあらわれていることは注目しておきたい。

その反面、地域の権力秩序や流通経済の面では、守護の拠点は必ずしも突出した存在ではなかった。奉公衆の湯河氏は、守護の館を凌駕する規模の居館を築き、城下町を経営し[61]、畠山氏の領域を徐々にむしばんでいくこととなる。また、すでに述べたように、紀伊国最大の港湾である紀伊湊は、守護の支配の埒外に置かれていたと考えられる。守護は、諸勢力が錯綜する紀伊国を軍事的に掌握するため、守護拠点という「楔」を各所に打ち込んだが、地域の枠組そのものを大きく変えることはなかったのである。

なお、畠山氏段階の拠点配置については、河内国を含めてトータルで考える必要があるが、本稿では触れることができなかった。今後の課題としたい。

註

（1）内堀信雄他編『守護所と戦国城下町』（高志書院、二〇〇六年）、『第12回　東海考古学フォーラム　岐阜大会　守護所・戦国城下町を考える　資料集　（第２分冊）　守護所・戦国城下町集成』（守護所シンポジウム@岐阜研究会、二〇〇四年）。
（2）『守護所シンポジウム２@清須　新清須会議　資料集』（新清須会議実行委員会、二〇一四年）、石井伸夫・仁木宏編『守護所・戦国城下町の構造と社会—阿波国勝瑞—』（思文閣出版、二〇一七年）など。
（3）「紀伊における守護所の変遷」（『南紀徳川史研究』九、二〇一〇年）。以下、特に断りのない限り、本稿で引用する弓倉の見解はこの論文に基づく。
（4）『中世後期畿内近国守護の研究』（清文堂出版、二〇〇六年）。以下、弓倉著書は本書を指す。
（5）藤岡英礼「紀伊国北部における大規模山城の検討—特に伝畠山氏系城郭を中心として—」（『和歌山地方史研究』二十六、一九九四年）。
（6）国府の比定をめぐっては、文献史学と歴史地理学でそれぞれ異なる見解が提示されているが、現在の府中にあったことはほぼ共通認識となっている（寺西貞弘「紀伊国府遺構試論—その位置と規模について—」『和歌山地方史研究』二、一九八一年、中野栄治『紀伊国の条里制』古今書院、一九八九年）。
（7）高橋修『中世武士団と地域社会』（清文堂出版、二〇〇〇年）第一部第三章（初出一九九二年）。
（8）「山名城跡」（『和歌山城郭研究』十三、二〇一四年）。
（9）「山名館」（中井均監修『図解　近畿の城郭』Ⅲ、戎光祥出版、二〇一六年）。
（10）伊藤俊一『室町期荘園制の研究』（塙書房、二〇一〇年）第Ⅱ部第三章（初出二〇〇二年）。
（11）藤岡英礼「大野守護所」（中井均監修『図解　近畿の城郭』Ⅰ、戎光祥出版、二〇一四年、初出二〇〇四年）。
（12）高木徳郎『日本中世地域環境史の研究』（校倉書房、二〇〇八年）第一部第五章（初出一九九七年）。
（13）岩倉哲夫「畠山守護期、紀伊国那賀郡奉行館に関する試論」（『和歌山城郭研究』十二、二〇一三年）。

(14) 岩倉哲夫「東家館の考察―史実と伝承―」(『城』和歌山城郭調査研究会、一九九八年)、同「東家館跡」(『和歌山城郭研究』九、二〇一〇年)、同「東家館」(中井均監修『図解　近畿の城郭』Ⅲ、前掲)。
(15) 『東家遺跡・東家館跡発掘調査報告書』(橋本市遺跡調査会、二〇一四年)。
(16) 『中世再現　一二四〇年の荘園景観―南部荘に生きた人々―』(和歌山中世荘園調査会、二〇〇三年)。
(17) 『高田土居城・徳蔵地区遺跡・大塚遺跡』(和歌山県文化財センター、二〇〇六年)。
(18) 拙稿「高田土居」(仁木宏・福島克彦編『近畿の名城を歩く　大阪・兵庫・和歌山編』吉川弘文館、二〇一五年)。
(19) 禅久書状(「湯河家文書(東京)」4『和歌山県史　中世史料二』)。
(20) 拙稿「要害を維持するということ」(『城郭研究の軌跡と展望』Ⅲ、城郭談話会、二〇一四年)。
(21) 室町幕府奉行人連署奉書写(「古今采輯」弓倉著書一五六頁)。
(22) 足利義政御内書写(「湯河家文書(広島)」8『和歌山県史　中世史料二』)。
(23) 「広城跡の再検討」(『あかね』十七、一九九二年)。
(24) 拙稿「広城」(『近畿の名城を歩く　大阪・兵庫・和歌山編』前掲)。なお、野田理は、郷土史家和田堅一の調査記録をもとに、西の城の縄張を復元している(「広城」『和歌山城郭研究』五、二〇〇六年)。
(25) 「広城跡・要害山城跡出土の備前焼」(『和歌山城郭研究』五、二〇〇六年)。
(26) 弓倉弘年「広館」(『図解　近畿の城郭』Ⅲ、前掲)。
(27) 白石博則「守護畠山氏館(守護所)」(『和歌山城郭研究』五、二〇〇六年)。
(28) 『経覚私要鈔』文正二年二月十二日条。
(29) 弓倉弘年「畠山氏と南部・高田土居」(『中世探訪　紀伊国南部荘と高田土居―検注を拒否した人々―』和歌山中世荘園調査会、二〇〇一年)。
(30) 畠山政長書状写(「古今采輯」弓倉著書一六二頁)。
(31) 畠山政長書状写(「目良家古文書」前掲註29弓倉論文一〇六頁)。
(32) 畠山尚慶書状(「目良文書」弓倉著書二〇四頁)。

(33)弓倉著書第三部第二章（初出一九九七年）。
(34)伊藤俊治「高田土居城跡」（『和歌山城郭研究』十四、二〇一五年）。
(35)畠山卜山書状（「目良文書」『大日本史料』九―十六）。
(36)『平須賀城発掘調査報告書』（南部川村教育委員会、一九九六年）。
(37)川崎雅史「平須賀城の土器組成」（『和歌山城郭研究』三、二〇〇四年）。
(38)『熊野年代記』。
(39)藤岡英礼「紀州の横堀保有山城についての覚書」（『和歌山城郭研究』三、二〇〇四年）、同「平須賀城」（『図解　近畿の城郭』Ⅰ、前掲）。
(40)白石博則「平須賀城と野辺氏―みなべ町域の戦国期城館跡と在地武士２」（『和歌山城郭研究』十五、二〇一六年）。
(41)小谷利明「宇智郡衆と畠山政長・尚順」（『奈良歴史研究』六十一、二〇〇三年）。
(42)「続南行雑録（祐維記抄）」（『大日本史料』九―十一）。
(43)「続南行雑録（祐維記抄）」（『続々群書類従』四）永正十七年六月二十三日条。なお、小谷利明は、稙長が大和国人の反感を買っていた林堂を排除し、国人領主間の対立を止揚することで、領国の安定化を目指したと論じる（「畠山稙長の動向」矢田俊文編『戦国期の権力と文書』高志書院、二〇〇四年）。
(44)畠山氏奉行人連署状（「神宮寺小山家文書」５『日置川町史　第一巻』）。
(45)「神宮寺小山家文書」４（『日置川町史　第一巻』）。
(46)畠山氏奉行人連署状（「久木小山家文書」49『日置川町史　第一巻』）。
(47)「春日社司祐維記」大永元年五月十一日条（『大日本史料』九―十三）。
(48)羽柴秀吉書状（「小早川家文書」『大日本史料』十一―十四）。
(49)「文献からみた鳥屋城」（『和歌山城郭研究』十、二〇一一年）。
(50)「鳥屋城跡」（『和歌山城郭研究』十、二〇一一年）、「鳥屋城」（中井均監修『図解　近畿の城郭』Ⅱ、戎光祥出版、二〇一五年）。
(51)水島大二「鳥屋城（付、畠山館）」（児玉幸多・坪井清足監修『日本城郭大系』十、一九八〇年）、白石博則「金屋土居（井）跡」

（『和歌山城郭研究』十、二〇一一年）。

(52) 拙稿「岩室城跡」（『和歌山城郭研究』十、二〇一一年）。なお、城跡で十三世紀前半の中国製青磁碗の破片が採集されたが（北野隆亮「岩室城跡出土の中国製青磁」『和歌山城郭研究』十、二〇一一年）、城郭に伴う遺物かどうかは検討を要する。

(53) 拙稿「大野城の構造的特質とその役割」（『和歌山城郭研究』十一、二〇一二年）、同「大野城」（『近畿の名城を歩く　大阪・兵庫・和歌山編』前掲）。

(54) 白石博則「地蔵峰寺城跡」（『和歌山城郭研究』十一、二〇一二年）。

(55) 祐維記抄（『続々群書類従』四）大永四年十一月十三日条。

(56) 岩倉哲夫「永正・大永期の畠山氏の抗争と「小峰城」―大和・河内・紀伊国境付近の城郭と関連つけて―」（『和歌山城郭研究』五、二〇〇六年）。

(57) 角田誠「長藪城」（『図解　近畿の城郭』Ⅰ、前掲）。

(58) 拙稿「長藪城跡」（『和歌山城郭研究』九、二〇一〇年）。

(59) 北野隆亮「長藪城跡出土の備前焼」（『和歌山城郭研究』九、二〇一〇年）。

(60) 前掲註（17）報告書。

(61) 矢田俊文『日本中世戦国期権力構造の研究』第二章第五節（塙書房、一九九八年、初出一九八六年）、拙稿「奉公衆湯河氏の本拠の景観―小松原館周辺の空間構造―」（『和歌山地方史研究』六十八、二〇一五年）。

Ⅱ　山城から平城へ――一五七〇年代前後の畿内と城郭

中西裕樹

はじめに

戦国期の河内国守護は畠山氏であり、守護所を高屋城（大阪府羽曳野市）としたが、室町期には若江城（大阪府東大阪市）に置いたことがある。永禄十三年（一五七〇）頃、若江城には三好義継が入り、再び河内支配の拠点となった。以前の義継は、飯盛城（大阪府四條畷市・大東市）という巨大な山城を居城としたが、若江城は全くの平地に営まれた城である。天正元年（一五七三）、義継は織田信長の軍に囲まれた「天主」（『信長公記』）で切腹を遂げ、「石山合戦」に際し、城は信長の陣所として利用された。

若江城では、数次に及ぶ発掘調査が実施され、大量の瓦や壁下地などが出土し、検出された虎口は馬出状と評価されている。織田・豊臣政権による織豊系城郭は、瓦・高石垣・礎石建物を備え、馬出などの虎口空間の発達という特徴が把握されている(1)。この研究成果を受け、発掘で確認された最終の若江城の構造は織田段階とされた(2)。

しかし、戦国期大阪平野の拠点城郭は、その多くが周縁に存在するなか、低湿地の多い平野中心部に営まれたのは若江城だけとの重要な指摘がなされている(3)。当該期は、織豊系城郭の特徴が明確になる「過渡期」であり、若江城には畿内の拠点城郭という視点からの評価が必要だと考える。後述のように、一五七〇年前後の畿内では、すでに拠点城郭の山城から平城へという移動がみられ、建物には瓦を使用していた。

また、戦国時代の河内では、長らく二派に分裂した畠山氏の家督をめぐる覇権戦争が展開する。結果、河内南部（南河内）の山間地帯が両勢力の境目となり、軍事性の強い多くの山城が機能した。しかし、一五七〇年代以降は烏帽子形城（大阪府河内長野市）が代表的存在となり、羽柴秀吉による天正十一年（一五八三）の大坂築城後にも使用された。南河内の山城のうち、この烏帽子形城が最も平地に近い立地であった。

一五七〇年代前後の河内では、平地の城郭が山城に代わった。城郭史における「山城から平城へ」という動きは、織田政権以降に城下町経営が本格化したためで、中近世移行期の画期と説明される。[4]しかし、河内では「先行」していた。小文では、若江城、烏帽子形城と類例の比較を通じ、この動きを畿内という視座から検討してみたい。

一、若江城――平地の拠点城郭と「先進性」

1．一五七〇年代の畿内と平地の城郭

若江城の使用時期は、室町期に畠山氏の守護所として機能した第一次（～文明九年・一四七七）、永禄十一年（一五六八）に三好義継が入城した第二次、天正元年（一五七三）～同八年に織田信長が大坂本願寺を攻撃（「石山合戦」）する際の陣所として使用した三期に区分されている。[5]第一・二次の間が離れる一方、第二・三次は連続する。一九八〇年代の発掘調査では、大量の瓦や壁下地などが出土し、馬出状の虎口が検出された。[6]なお、第二次のはじまりは、『多聞院日記』

永禄十一年十月八日条に「飯盛城ニ三好左京大夫被入」とある一方、『二條宴乗記』永禄十三年正月十日条には松永久秀が若江に礼へ向かうとあるため、この間に変更しなければならない(7)。

永禄十一年十月に上洛した足利義昭は、摂津国で和田惟政に芥川城（芥川山城跡。大阪府高槻市）、池田氏に池田城（大阪府池田市）、伊丹氏に伊丹城（兵庫県伊丹市）、河内国で畠山秋高に高屋城、三好義継に飯盛城を与えた。いずれも数百メートルに及ぶ規模の城郭であるが、池田城と伊丹城は台地上に構えられた国人の城郭、高屋城は台地上の守護所であるのに対し、芥川城と飯盛城は三好政権の本拠たる巨大な山城であった。

このうち、和田惟政が翌永禄十二年五～六月の間、芥川城から平野部の国人入江氏が拠点とした高槻城に居城を移す。これは、三好義継が飯盛城から若江城へと居城を移した時期と重なる。城郭史上の「山城から平城へ」という動きは、天正元年（一五七三）の近江国における羽柴秀吉の小谷城から長浜城へ（滋賀県長浜市）、同十年の能登における前田利家の七尾城から小丸山城へ（石川県七尾市）という事例が知られ、権力の直接的な交通路掌握と城下経営として説明されてきた(8)。しかし、この傾向は、一五七〇年代の畿内周辺で顕著となる。

河内国では、私部城（大阪府交野市）が河内北部（北河内）を代表する城郭として機能しはじめた。飯盛城から北に約七km離れた平地の城郭で、元亀元年（一五七〇）に松永久秀の配下から織田方となった安見右近の城として文献上に登場する。それ以前には国人鷹山氏の利用が想定され(9)、天正十年頃の廃城が考えられている(10)。

山城国のうち、西岡と呼ばれる桂川以西の地域では、平地の勝龍寺城（京都府長岡京市）が拠点城郭となっていた。近くに勝龍寺という寺院があり、戦国期前半には守護が公的な場として使用していた。戦国期後半には、地域の国人らが結集する城と認識され、後にこの意識を権力が利用する。永禄十一年には、三好三人衆の石成友通が在城し、やがて将軍家臣の細川藤孝に代わった。また、将軍の御所として、永禄十二年二月からは、信長の取り仕切りで上京と下京の間で二条城（旧二条城。京都市）の築城がはじまる。

近江国では、元亀元年（一五七〇）に織田家の武将・佐久間信盛が平地の永原城（滋賀県野洲市）に入城する。元は国人永原氏の城館であり、近隣には小堤城山城など山城が所在した。また、元亀二年九月の比叡山焼き討ちの後、西山麓の琵琶湖岸で、比叡山の門前町である坂本に明智光秀が坂本城（大津市）を築く。

この時期の和田惟政や細川藤孝、明智光秀は、将軍家の武将としての性格が強い。三好義継も同様であり、信長の畿内支配は将軍義昭を名目とした。先述の池田城、伊丹城を含め、彼らが平地に営まれていた地域の拠点城館を取り立てていき、若江城もその一つの類例となる。織田家の武将・佐久間信盛の永原城を含め、この時期の「山城から平城へ」という動きは、一五七〇年前後の畿内における武家権力の動きとして把握すべきである。

2. 瓦・石垣・虎口・主郭と「天主」

若江城の発掘調査では、大量の瓦や壁下地が出土し、主郭西側で多聞櫓的な建物の存在が想定されている（図1）。堀幅は一五～三〇ｍと大規模で、虎口の形態は馬出と解釈された結果、これらは第三次、つまり織田信長の利用に伴う織豊系城郭と評価された[11]。しかし、若江城の調査は一九八〇年代に実施されており、近年では戦国期城郭の瓦使用の事例が増加するなど、再評価が必要となる。そこで、織豊系城郭の特徴を念頭に置き、若江城とこれらの城郭と瓦・石垣・虎口・主郭の特徴を端的に比較する。

【瓦】若江城では、一四二〇～九〇年代や一五六〇年代以前の瓦が認められ、織田段階を遡る可能性[12]や、信長の意を

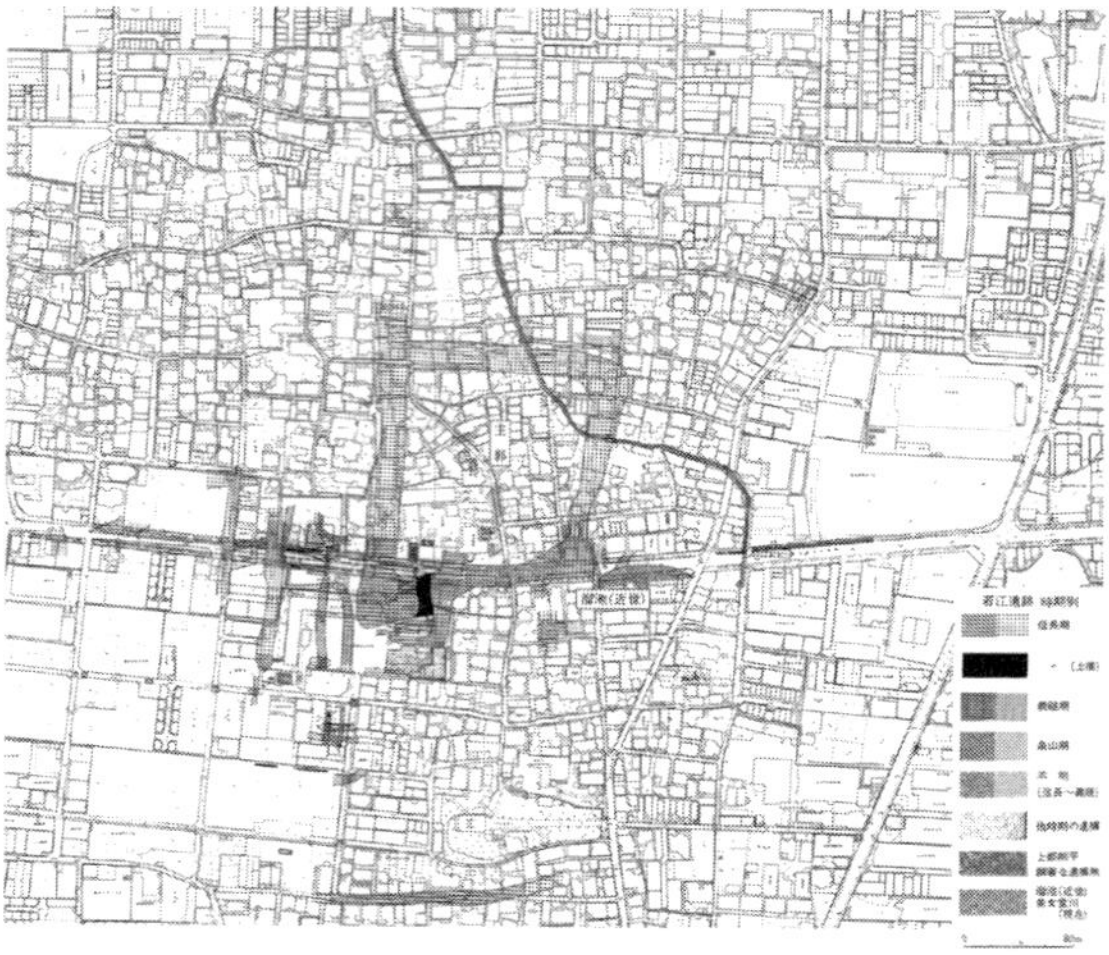

図１　若江城遺構図（註２福永信編より）

受けた三好段階との評価がある。[13] 一方、瓦笵と笵傷の関係から、出土した三葉唐草文の軒平瓦は、大坂本願寺→私部城→若江城の順での同笵関係にあり、私部城では近隣の山寺との同笵関係が指摘された。[14] この時期の瓦は、高槻城、勝龍寺城、二条城、永原城、坂本城で確認されている。[15]

【石垣】若江城では、主郭内部に石垣が検出されているが、用途は不明である。私部城、高槻城では未確認である一方、勝龍寺城では土塁・土居の裾部、虎口での使用が顕著であり、二条城は総石垣に近いと理解されている。永原城では土橋部分での使用が検出され、琵琶湖岸に築かれた坂本城では、渇水期に石列が確認されている。

【虎口】若江城の馬出とされる主郭虎口は、土橋に沿う土塁外部に位置する（図２）。城内からは直接アプローチできず、馬出が持つ堀対岸の出撃用の曲輪という機能にはそぐわない。一方、二条城は、『言継卿記』永禄十二年四月二日条に「南巽之だしの磊出来、只今東之だし沙汰之」とある。「だし」という表現は、虎口に伴う施設をイメージさせ、発掘で検出された北内堀の約六m×四mの突出部が虎口に該当する（図３）。永禄十一年（一五六八）に三好義継・松永久秀方の軍勢が入った和泉国の家原城（堺市）や、山城国西岡の国人物集女《もずめ》氏の物集女城（京都府向日市）でも突出部が認められ、戦国末期の畿内では、平地城館の虎口前面に小規模な空間が出現していた。[16] なお、勝龍寺城では、主郭北西隅で石垣を伴う内枡形虎口が検出されている。

【主郭】若江城の主郭は、一三〇～一五〇ｍの不整形な方形で、堀幅が一五～三〇ｍである。私部城の中心部の曲輪は、五〇ｍの方形と長辺一〇〇ｍ強の長方形の二つがあり、堀幅は二〇ｍを超える。高槻城の主郭は不詳であるが、江戸時代の本丸を念頭に置くと、一〇〇ｍ強の方形の可能性がある。勝龍寺城と二条城の主郭は一〇〇ｍ強の方形であり、勝龍寺城では堀幅約二〇ｍ（図４）、二条城では南内堀が最大幅二六・九ｍであった。永原城では、一辺一〇〇ｍに

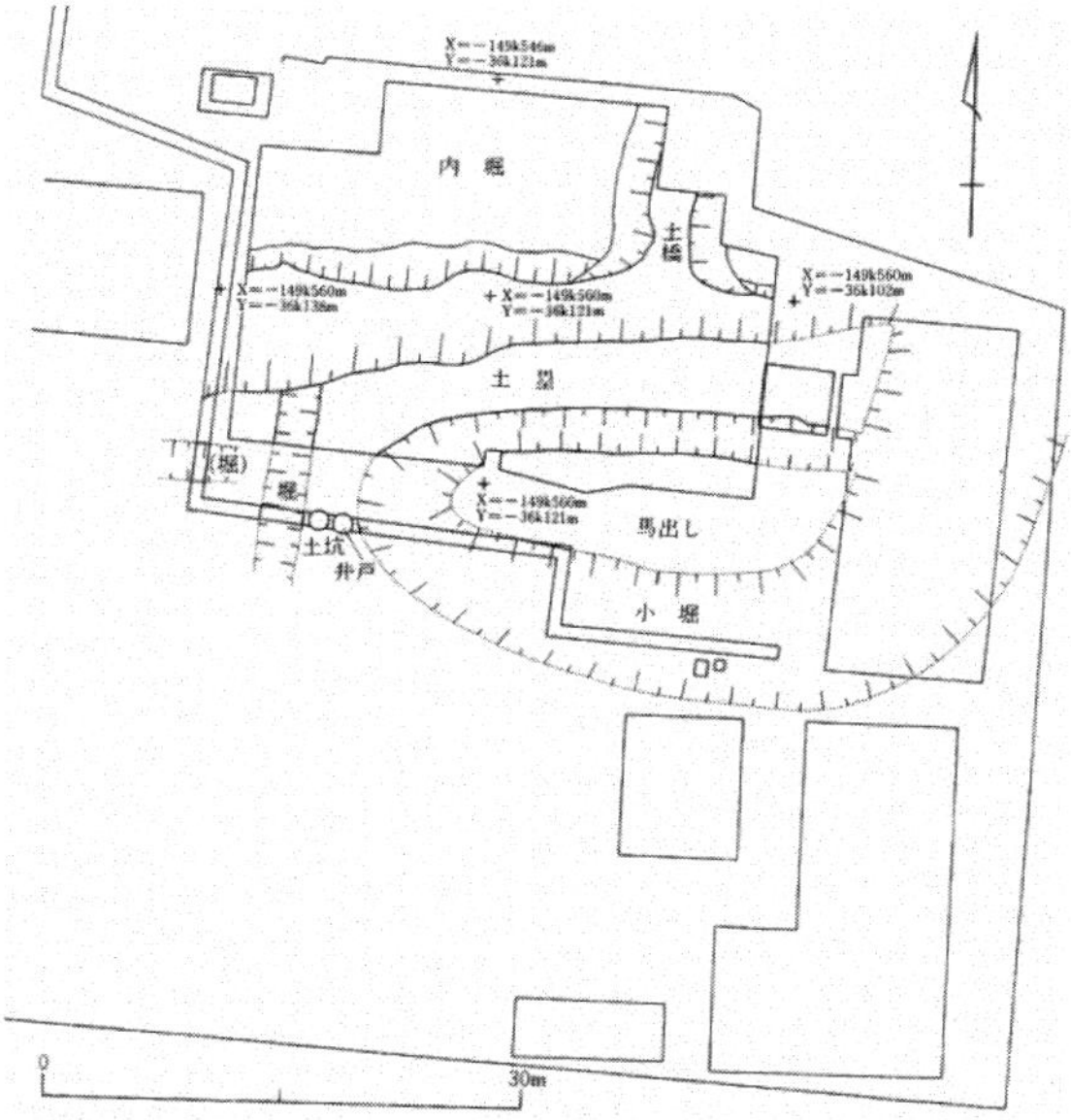

図２　検出された若江城の「馬出」（註２福永信編より）

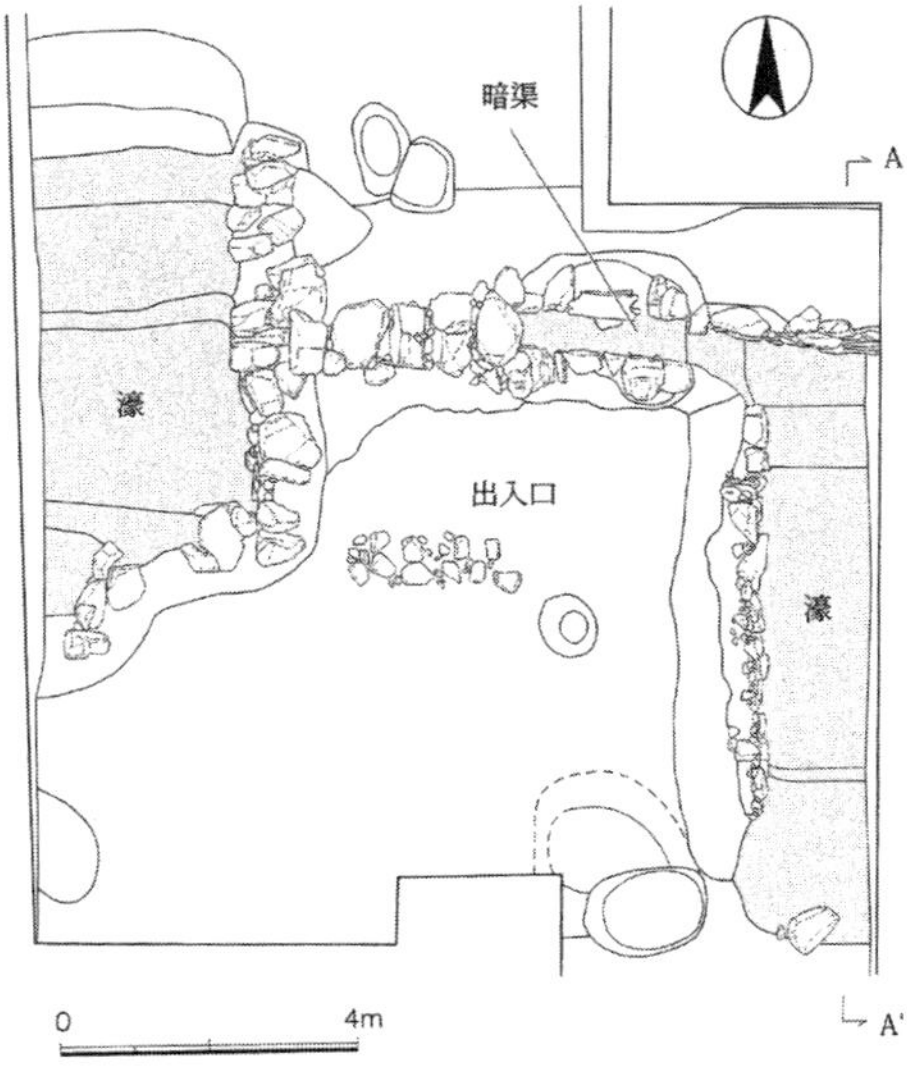

図３　（旧）二条城北側外堀付近の遺構（註 15 京都市文化財保護課より）

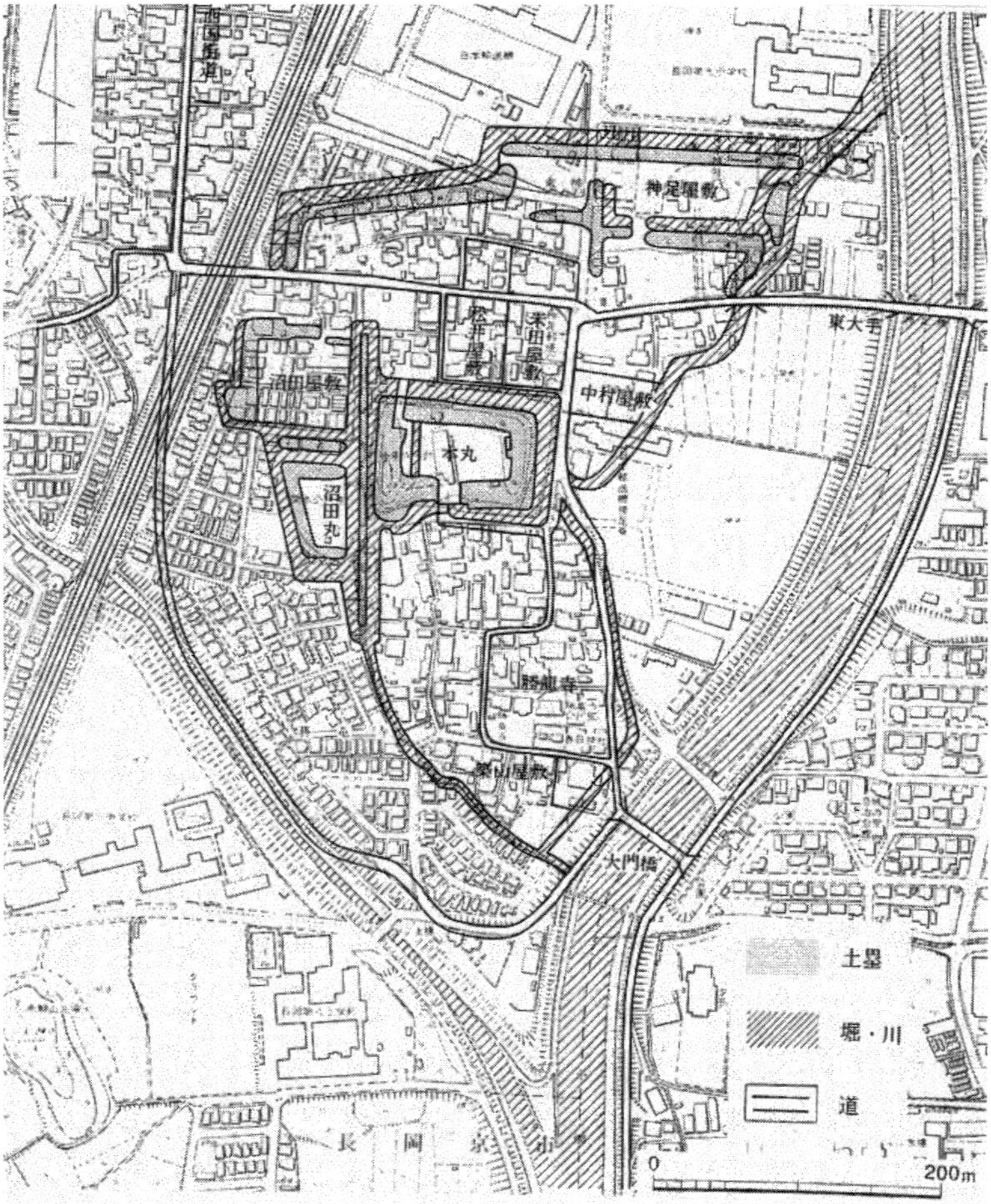

図４　勝龍寺城の縄張り想定復元図（註 15 岩崎編より）

近い四つの方形区画が確認されている。

以上をまとめると、一五七〇年代前後に畿内の武家権力が営む平地の拠点城館では、おおむね瓦の使用が認められ、寺院の瓦との共通性もうかがえた。主郭などの中心の曲輪は方形に近く、規模と堀幅は類似する。石垣の使用頻度には差があるため、地域差などが要因なのかもしれない。虎口構造には工夫が認められるが、前面の突出部、空間という評価に留めたい。若江城には瓦・壁土構造を持つ建物があり、織豊系城郭的な要素やイメージに被る。しかし、これらは当該期畿内の特徴といったんは理解すべきであろう。

さて、若江城のほか、二条城、坂本城、高槻城には、文献で確認できる最古の「天主」が存在した。「天主」の初見は、元亀二年（一五七一）七月の二条城の「当町若衆躍興行（中略）櫓南之前、天主之前」（『元亀二年記』元亀二年七月二十四日条）で、翌元亀三年十二月の坂本城、元亀四年二月の高槻城、同年十一月の若江城と続く。天主を「天下の主」と解釈すると、[17]永禄八年の三好義継らによる将軍足利義輝殺害後、天下の「再興」が意識された一五七〇年前後の武家権力（織田氏を含む）が使用した言葉として納得もいく。天主（守）は、近世城郭に続く高層建築物の呼称であり、初現が当該期の畿内にあることは、城郭の系譜として注目すべきであろう。

3．立地　都市と交通路

続いて、これら城郭の立地について、都市と交通路という観点で整理したい。「山城から平城へ」の説明は、これを要因とするためである。

若江では、大坂から大和国方面へと生駒山地を超える十三街道という東西道が通過する。この道は、舟運が発達した大和川の流れと若江付近で交わる。若江城は、この結節点に形成された二つの集落間に位置し、[18]以前から一向一揆が拠点とする場であった。[19]

同じ河内国の私部城では、京都から河内を南北に縦断し、紀伊国方面に至る東高野街道と、隣国の大和方面を結ぶ岩舟街道や「かいがけ道」が近くで連絡し、地域の基幹道である山根街道と私部街道が交差した。私部では、城の先

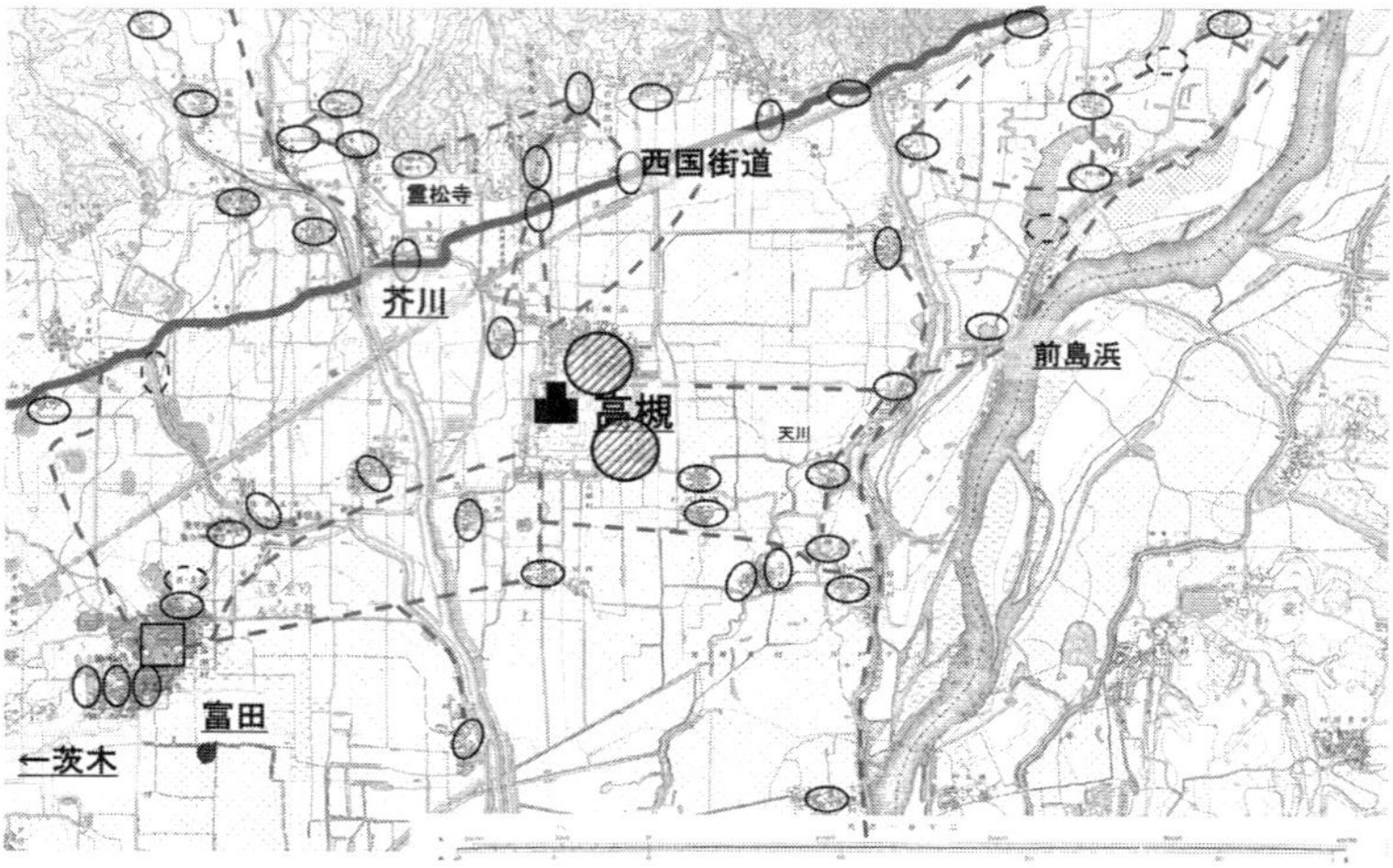

図5　戦国期高槻の立地と周辺（明治仮製図に慶長十年摂津国絵図の情報を加筆。□は村、小判型は集落、太線は西国街道、破線は集落間の道。中央斜線の○は戦国期高槻の推定集落）

行集落が山根街道沿いに存在し、城は集落に隣接しつつ、軍事的に不利な低地に位置した。

摂津国の高槻城では、京都と摂津西端の兵庫津（神戸市）という港町を結ぶ西国街道が北約一・三kmの場所を東西に通り、北の山間部からの道が同街道の芥川宿を経由して到達していた（図5）。また、西からは国人茨木氏や細川京兆家が城を構えた茨木と富田寺内町という町場を経由した道が到達し、高槻を経て東の淀川河港の前島方面に至った。高槻は、この二つの道の交差点として沿道に集落が形成され、接して国人入江氏が城館を営んだ。また、山城国の二条城は上京と下京という都市を結ぶ室町通に面し、同じく勝龍寺城は小畑川と西国街道の結節点に位置して、先行集落と国人神足氏の城館に隣接した。近江国の永原城では、京都と東国を結ぶ下街道が隣接し、国人永原氏が先行の城館を営んだ。

著者は、天正八年（一五八〇）以降の織田政権の拠点城郭が寺内町に隣接、もしくは近隣での同じ地理・交通環境の城郭を取り立てる傾向を指摘したことがある。[20] 同年は、織田政権が大坂本願寺（大阪市）との「石山合戦」に事実上の勝利を収めて、畿内で指出検地と破城令を実行し、国単位で機能する城館数を一桁代に限定した。このとき、選択された城郭が近世に存続するものが多く、畿内の近世城下町は戦国期の都市を前提に成立したとの解釈も可能である。やがて、中世有数の港町として栄えた兵庫津には兵庫城が築かれ、天正十一年には大坂本願寺の地に羽柴秀吉が大坂城を築くことになった。

この志向は、発達した都市のネットワークへの意識という点で、これ以前に畿内支配を行った三好政権に通じる。三好政権の芥川城、三好長慶が永禄三年（一五六〇）に移った飯盛城は直接の城下町を持たないが、三好氏は人的関係を通じた都市支配を展開し、とくに飯盛城では、山麓の集落を「城下」に機能せしめた。一方、織田政権が都市と直接「併存」したのは、東海地方が基盤の織田氏は畿内の諸階層との関係が希薄であるためと、織豊系城郭化によって平地に堅牢な軍事施設を構築せしめたことなどを想定した[21]。

一五七〇年代の畿内における平地の拠点城郭は、この三好政権と織田政権の狭間に位置する。これらは遠隔地と地域の基幹交通に関わる先行の集落（都市）に関係した立地で、多くが国人の城館を継承していた。やはり、その立地は、地域社会における都市のネットワークと城館との関係から理解できるだろう。若江城については、町場域の囲む惣構の存在が指摘されている[22]。しかし、集落に顕著な都市化の痕跡は見出せず、周辺では水路が入り組んだ[23]。評価については、慎重であるべきと考える。

4．小括

本章では、若江城をめぐる調査成果や評価を糸口に、一五七〇年代の畿内における平地での拠点城郭の成立を取り上げた。平面構造や築城技術、立地を念頭に置くと、戦国期の城館と織豊系城郭の間に位置し、「グレーゾーン」も多い。しかし、新たな城郭の立地は、従来の三好政権とは異なる権力の登場を意味し、織田政権をつなぐ流れに位置したと考える。飛躍を恐れずに述べると、当時の武家権力は、国規模の広域支配の場であった城ではなく、むしろ地域レベルの拠点城郭に「分散」し、従来の国人層に代わる「在地化」を意図したかのようにも思える。

また、地形的には、山城よりも軍事的に不利となる平地での城郭成立の背景には、瓦の採用、天主の存在などの織豊系城郭の先駆けになる築城技術の採用があった。「山城から平城へ」という視点に加え、これらの城郭に「先進性」を看取することは可能である。

二、烏帽子形城から——戦いの場の変化

1．境目の山城から地域の拠点へ

本節では、引き続き城郭史上における中近世移行期の「山城から平城へ」という動きについて、烏帽子形城（大阪府河内長野市）を事例に別の角度から考えてみたい(24)。

烏帽子形城が所在する南河内では、山城が交通路に沿った分布をみせる（図6）。大和国南部への山越えの道が通る金剛山（標高一一二五m）から派生した同一稜線上の国見山城・猫路山城・上赤坂城（大阪府千早赤阪村）と、東高野街道沿いの金胎寺城（大阪府富田林市）、烏帽子形城・石仏城（大阪府河内長野市）である。戦国末期の畿内で発達した横堀などの防御ラインを持ち、およその規模は一〇〇m以上、集落からの比高は平均約一七五m、距離は五〇〇

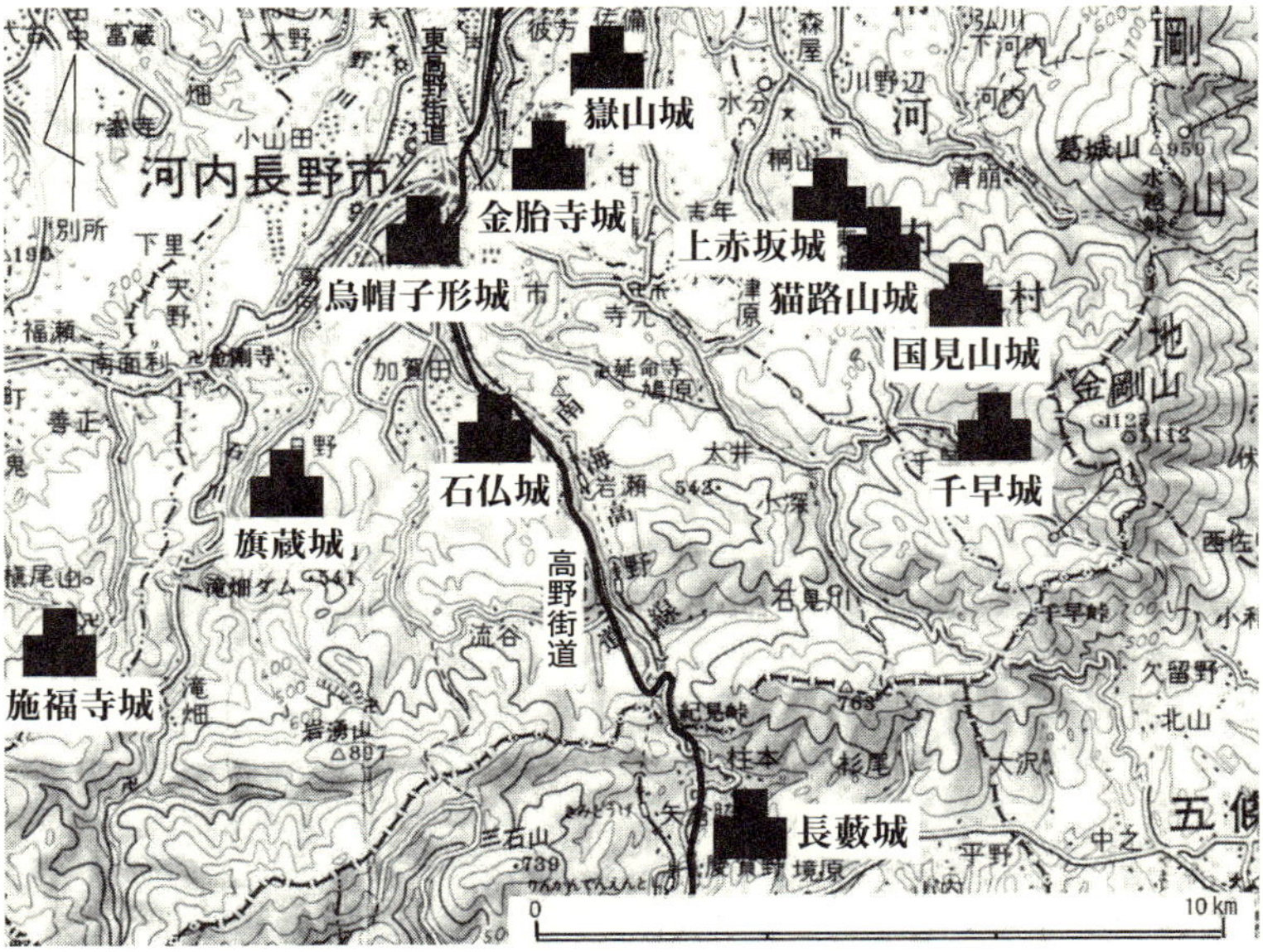

図６　南河内における主な城郭分布図

m以上である。これらの特徴は、城郭が在地の勢力ではなく、広域権力に運用されたことを示唆する。具体的には、紀伊国守護を兼帯した河内国守護の畠山氏である。

畠山氏の戦争は、家督をめぐり、軍事的な後背地となった紀伊国北部から守護所の高屋城（大阪府羽曳野市）の奪還を繰り返すものであった。たとえば大永四年（一五二四）、畠山義堯方が紀伊から仁王山城（大阪府河内長野市）に進出したのに対し、高屋城を押さえる畠山稙長方の「コンタ井城寺衆」が出撃し、「エホシカタト云所」、つまり烏帽子形城に軍を進め、義堯を高野山に追った（『祐維記』）。南河内は、勢力が衝突する境目の地域であり、山城は群として機能していたとみられる。

やがて、天文十八年（一五四九）以降の畿内では、細川晴元を追った三好長慶が勢力を拡大し、永禄三年（一五六〇）、長慶は居城の芥川城（芥川山城跡。大阪府高槻市）を息子の三好義興に譲り、飯盛城（大阪府四條畷市・大東市）に移る。同時に高屋城には、長慶弟の三好実休が入り、河

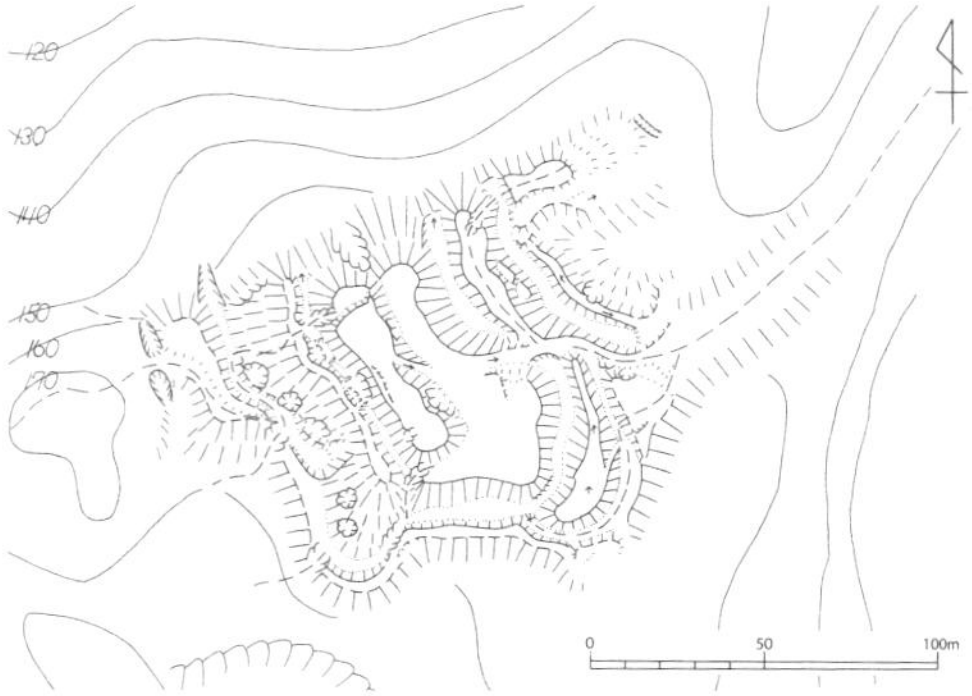

図７　烏帽子形城概要図　作図：中西裕樹

内での戦いは新しく畠山氏と三好氏の争いという局面を迎えた。永禄四年、畠山高政は反撃を行うが、翌年には教興寺（大阪府八尾市）で敗北し、烏帽子形城へと撤退した（『足利季世記』）。長慶の死後、永禄十年には、三好三人衆方の烏帽子形城へ畠山氏方の紀伊の根来寺方が攻撃を加え（『多聞院日記』）、元亀元年（一五七〇）には、逆に三人衆方が畿内に進出した織田信長に与した畠山秋高方の烏帽子形城を攻撃した（『言継卿記』）。限られた文献によるが、この時期の南河内では、烏帽子形城に利用が集中していく。

続く織田政権期では、天正三年（一五七五）に織田勢が三好康長らの高屋城を落とすと、大和国支配を担う塙（原田）直正が河内国内の城を破却したという（『信長公記』）。そして翌年の三月十一日、直正と堺代官・松井友閑は、徳政に背く南河内の有力寺院・金剛寺（大阪府河内長野市）を責め、烏帽子形城への使者を求めた（『金剛寺文書』）。なお、天正三年に宣教師ルイス・フロイスは、「烏帽子形」のキリシタンを訪問している。(25)

天正八年、織田政権は破城令を出し、城郭数が限定、選択されたことは先にふれた。河内では八尾城（大阪府八尾市）が取り立てられるなか、烏帽子形城も存続したようである。『イエズス会日本年報』によれば、同九年には烏帽子形城に三人の領主がいた。このうち二人がキリシタンで、ほかに約三〇〇人のキリシタンがおり、聖堂を建てようとしていた。織田政権が紀伊の高野山を攻撃した年であり、烏帽子形城の軍勢が派遣されたという（『高野山文書［松岡家

図8　烏帽子形城の立地と周辺（註24太田編に加筆）

文書』)。しかし、後述のように、同十二年段階では機能を停止していた。

　烏帽子形城の構造と立地を端的に述べると、城域は約東西一六〇m×南北一四〇mであり、一部で二重となる発達した横堀が内部を区画する（図7）。このためか、曲輪面積は狭隘で、最高所の曲輪は巨大な土塁のような形状である。北約八〇〇mの場所には、石川の舟運と東高野街道の結節点として成立した長野（大阪府河内長野市）という町場があった（図8）。山麓との比高差は約六〇ｍで、山腹には地域から信仰を集める烏帽子形八幡宮が鎮座する。山裾を高野街道が通過し、長野と宿場の三日市との間に位置した。

天正八年以降、織田政権が拠点とした城郭は、直接的には寺内町、間接的には戦国期に発達した都市とネットワークを意識した立地となった。南河内の山城では、烏帽子形城が町場など地域の人々の生活に最も近い立地の山城である。三〇〇人のキリシタンがいたという「烏帽子形」とは不明であるが、規模と構造をふまえると、城内には比定しがたい。城の周囲を含むべきであり、長野なども候補となる。また、畿内のキリシタンは、領主の保護が認められる都市的な場に多く、単なる山城ではないことを示唆する。

南河内は勢力の境目であり、軍事的に発達した山城が群として機能していた。しかし、戦国末期から織田政権期にかけ、平地や町場に近い平地の城郭が重視された結果、烏帽子形城のみが機能するようになり、支配・軍事の拠点となる様相が生まれていた。

2．天正十二・十三年の城と戦いの場

天正十二年（一五八四）の羽柴秀吉による紀伊攻めでは、「河内国高屋城ノ奥、ゑほしがたと云古城普請」（『宇野主水日記』）と、岸和田城（大阪府岸和田市）を守る中村一氏の手によって、「古城」となっていた烏帽子形城が「普請」された。烏帽子形城は廃城になっており、紀伊攻めに際して再度、取り立てられたと考えられる。

この時期に旧織田政権の武将が構築した城郭では、横掘に向く櫓台による横矢掛けや曲輪面での枡形虎口の採用などの平面構造を特徴とした。また、拠点となる城郭では、瓦葺きの礎石建物や高石垣などを採用しており、天正十二

年は秀吉が大坂城に入った年でもある。結論から述べると、このような織豊系城郭の顕著な特徴は、烏帽子形城に見出せない。

烏帽子形城では、数次の発掘調査がなされ、最高所の曲輪で瓦葺き礎石建物が二棟確認され、多聞櫓に近いとも評価される。この最終段階の建物は、まず、秀吉方の築城に伴うものと考えるべきである。一方、出土した瓦は十四～十六世紀のもので、寺院からの転用が想定され、十六世紀後半の陶磁器が出土するものの、生活遺物は少ない。また、火災後に曲輪面が拡大し、反面では瓦が出土した曲輪が横堀に改変されるなど、城郭構造には幾度かの変化が認められた。

現在、地表面に残る最終段階の城郭構造を見ると、二重となる横堀が城域全体と内部を区画し、横堀は東からのルート到達部分で土塁がくい違う虎口となる（前掲図7）。横堀が発達した南河内の山城の中でも、城域をほぼ取り囲み、明確な虎口を持つものは烏帽子形城だけである。また、一般的な虎口は曲輪面に設けられるが、烏帽子形城では横堀の上に設定され、防御ラインを重視した構造となる。この設定は、織豊系城郭の主流ではなく、類似事例には同時期に和泉国で築かれた千石堀城（大阪府貝塚市）がある。[26]

天正十三年、羽柴秀吉方と紀伊の根来寺方は、和泉国南部（泉南）の近木川流域（大阪府貝塚市）で衝突した。根来寺方の主体は村落の土豪らであり、城郭の大半は平地や丘陵に展開する集落と重複するなか、単独で機能したのが千石堀城であった。構造は、横堀をまわす長辺約一〇〇ｍの半円形の曲輪を中心とし、一部の横堀は二重となる（図9）。中心部は破壊を受けるものの、周囲に自然地形が残るため、横堀で防御ラインを構築した戦国末期の陣城と評価できる。そして、曲輪北側で土橋を挟んで横堀がくい違い、虎口となる。

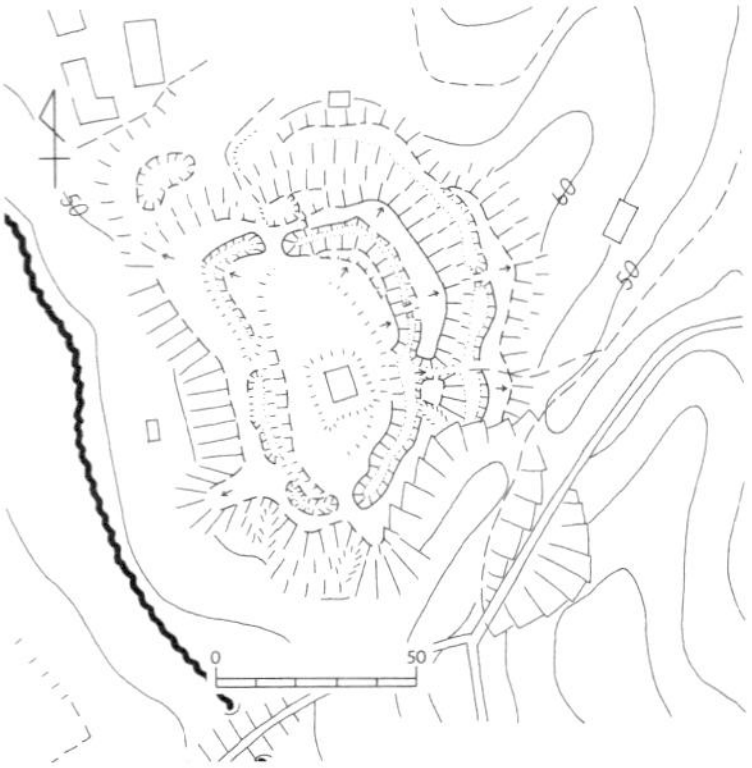

図９　千石堀城概要図　作図：中西裕樹

歴史的経過をふまえると、千石堀城は羽柴方ではなく、根来方の築城と判断すべきであり、横堀の発達と防御ライン上の虎口設定は烏帽子形城に類似し、かつ現大阪府下で同様の虎口を持つ城郭は稀である。虎口構造に注目すると、両城の遺構は天正十二・十三年前後で妥当といえるだろう。このため、羽柴方が烏帽子形城の横堀を直接的に構築した可能性は低く、同城の横堀は以前から存在したか、新規の構築であっても、戦国期以来の南河内の築城技術を反映したものと考えられる。

さて、烏帽子形城と千石堀城から、もう一つの点を述べておきたい。烏帽子形城の所在する南河内は勢力の境目地域であったが、和泉国では千石堀城が所在する泉南周辺の山間部が同様の地域性を帯びる。和泉国北部（泉北）を束ねる権力の守護代家松浦氏らに対し、泉南を掌握する紀伊国の根来寺勢が対峙した。この山間部には、紀伊・河内を結ぶ道が通過し、根来寺の根福寺城や松浦氏の蛇谷城・河合城・三ケ山城（大阪府貝塚市）などの山城が集中する。

泉南の山城のうち、横堀による防御ラインを持つ城は根福寺城のみであり、南河内とは様相を異にする。しかし、戦国末期の合戦において、山城群の機能が平地の城に移った事実は共通する。烏帽子形城は直接の戦場ではないが、城郭が持つ軍事性をふまえたとき、戦国末期の河内・和泉での合戦は山城群ではなく、平地の集落自体や町場近くの城郭が重視されたことになる。これは、地域社会と戦争との距離が接近したことを示し、城郭や軍事に関わる人々が広範に及んだことを予想させる。なお、両国では、すでに一五七〇年前後から山城ではなく、前章で取り上げた私部城（大阪府交野市）や家原城（堺市）など、平地の城郭で軍事的な局面が展開した事例がある。

3．境目の城の拠点化

天正十二年（一五八四）の羽柴方は、紀伊攻めに伴って「古城」の烏帽子形城を整備した。合戦を前提とした城郭であるが、同時期の和泉国では、戦国期以来の国の拠点であった岸和田城を羽柴方が最前線の城郭としていた。岸和田城主は、烏帽子形城の普請を担当した中村一氏である。戦時下という限定的な運用ではあるが、烏帽子形城が南河内の支配拠点という性格を帯びた可能性は高いように思う。

さて、このような特定の軍事動向に関わる城郭の拠点化という点で、唐突ではあるが、織田信長の小牧山城（愛知県小牧市）を取り上げたい。永禄六年（一五六三）、信長は美濃斎藤氏攻めを意識し、清洲城（愛知県清須市）から尾張国北部に小牧山城を新規築城し、居城を移した(27)。独立丘陵上を利用した連郭式山城であり、整った街区を持つ本格的な城下町が存在したことが判明している。しかし、美濃平定後の永禄十年、信長は居城を岐阜城（岐阜県）へと移し、この後に小牧山城が織田家の拠点として意識されることはなかった。

一見して、小牧山城と烏帽子形城とは異なるが、「前進基地」という点で、軍事的緊張感が高い場所に営まれた城の拠点化と括ることが可能ではないだろうか。時期は下るが、織田政権期に対紀伊攻めの最前線となった烏帽子形城は、天正十二年時点で「古城」になっていた。地域の拠点として機能した期間は決して長くないが、周囲には町場的なものが想定できる。前章で述べたように、畿内周辺では都市的な場の発達があった。これを意識し、後発の城郭は成立し、やがて拠点城郭は平地に営まれることになった。しかし、一方では、軍事的経緯の中から取り立てられる経緯を持つ城郭も成立しえた。

当該期は、城郭史上の「山城から平城へ」という転換期であり、日常的な大名の支配拠点としての城郭が城下町経営を意図して立地を移したものと理解される。ただし、烏帽子形城のように後の時代に継続しない、一時的な最前線の城にも同様の動きがあったという想定の必要を感じる。

4．小括

本章では、烏帽子形城を取り上げ、戦国期の境目の山城群から一五七〇年頃以降、単独で機能しはじめる様相をみた。その背景としては、平地の集落や町場近くの城郭が重視され、地域社会にとって戦争が身近となったことを想定した。戦いの場が変化したのである。

合戦は小競り合いではなく、やがて織田・豊臣政権による大規模な国内統一戦争となり、軍団の組織化と必要物量の増大を招いていく。たとえば、天正十二年（一五八四）に羽柴秀吉方と織田信雄・徳川家康方が尾張を中心に東海地方で衝突した小牧・長久手の戦いは、両陣営の総力戦と化した。この戦を契機として、特定の合戦のために作成し、参加武将に配布する陣立書という様式の文書が成立したとされる[28]。また、翌年の秀吉方による紀伊攻め以降は、従来の織田家中での争い、参加武将の所領が直接関わる合戦ではなく、遠隔地での対外戦争という局面を迎える[29]。

このような戦争の変化をふまえ、烏帽子形城のような特定の戦争に取り立てられた一時的な最前戦の城郭であっても、「城下町」的な物資の集積や人間の滞在を可能とするような場が必要とされたと推測したい。城郭への視点を広げる一助になると考えるためであり、後の朝鮮出兵に際して、秀吉の本陣となった肥前名護屋城と城下（佐賀県唐津市）

の存在は言うまでもない。時期的にも極端な事例となったが、小牧山城を取り上げた所以である。

おわりに

一五七〇年代は、城郭史における「戦国と織田」の結節点にあたり、織豊系城郭の展開や近世城郭の成立を考えるうえで重要な時期である。織田政権以降、城下町経営が本格的となり、城下町と一体化しやすい「山城から平城へ」という動きがあった。これに間違いはないが、全くの「オリジナル」で、地域社会とは無縁だったのだろうか。

小文では、発達した技術と流通を背景として、すでに一五七〇年代前後の畿内ではこの志向がはじまっており、平地での城郭の拠点化がみられる事例を取り上げた。畿内に基盤を置く「後発」の織田・豊臣政権は、戦争の大規模化と相まって、この動きを推進していったものと理解したい。その好事例が、南近畿に属する紀伊国と政治、軍事面で関わりの深い河内国の若江城、烏帽子形城であった。当否はともかく、少しでも城郭研究と戦国期畿内の評価に益するところがあれば幸いである。

註

（1）織豊系城郭に関しては、中井均「織豊系城郭の画期―礎石建物・瓦・石垣の出現―」（村田修三編『中世城郭研究論集』新人物往来社、一九九〇年）、千田嘉博「織豊系城郭の成立」（『織豊系城郭の形成』東京大学出版会、二〇〇〇年。初出一九八七年）を参照。

（2）福永信雄編『若江遺跡第三十八次発掘調査報告』（財団法人 東大阪市文化財協会、一九九三年）。

（3）仁木宏「戦国時代の河内と三好長慶―城・都市・キリシタン」（仁木宏・中井均・中西裕樹・NPO法人摂河泉地域文化研究所編『飯盛山城と三好長慶』戎光祥出版、二〇一五年）。

（4）村田修三「山城から平山城へ　近世城郭の理想形」（村田修三編『週刊朝日百科 日本の歴史21　城　山城から平城へ』朝日新聞社、

一九八六年)。
(5)註(2)福永編。
(6)才原金弘編『若江遺跡第二十七次発掘調査報告』(財団法人東大阪市文化財協会、一九八八年)、註(2)福永編。
(7)小谷利明「若江城」(仁木宏・福島克彦編『近畿の名城を歩く 大阪・兵庫・和歌山編』吉川弘文館、二〇一五年)。
(8)註(4)村田論文。
(9)小谷利明「文献史料からみた私部城」(吉田知史編『私部城跡発掘調査報告』(交野市教育委員会、二〇一五年)。
(10)註(9)吉田編。
(11)註(2)福永編、中井均「安土城以前の城郭瓦」(『織豊城郭』9、織豊期城郭研究会、二〇〇二年)。
(12)山崎信二『近世瓦の研究』(同成社、二〇〇八年)。
(13)中村博司「安土築城以前の瓦」(萩原三雄・中井均編『中世城館の考古学』高志書院、二〇一四年)。
(14)吉田知史「発掘調査成果からみた私部城」(仁木宏・中井均・中西裕樹・NPO法人摂河泉地域文化研究所編『飯盛山城と三好長慶』戎光祥出版、二〇一五年)。
(15)以下、各城郭の概要については、若江城を註(6)文献、高槻城を森田克行『摂津高槻城　本丸跡発掘調査報告書』(高槻市教育委員会、一九八四年)、勝龍寺城を岩崎誠編『勝龍寺城跡 発掘調査報告』(財団法人長岡京市埋蔵文化財センター、一九九一年)、二条城を京都市文化財保護課『京の城—洛中・洛外の城館—』(京都市、二〇〇六年)、永原城を福永清治「近江国永原城の石垣について」(『織豊城郭』13、織豊期城郭研究会、二〇一三年)、坂本城を吉水眞彦「坂本城」(大津市歴史博物館『戦国の大津—天下統一の夢、坂本城・大津城・膳所城』、二〇〇七年)、瓦については織豊期城郭研究会『織豊期城郭の瓦』(一九九四年)を参照した。
(16)中西裕樹「家原城」(中西裕樹『大阪府中世城館事典』戎光祥出版、二〇一五年)。
(17)中澤克昭「戦国・織豊期の城と聖地」(齋藤慎一編『城館と中世史料 機能論の探究』高志書院、二〇一五年)。
(18)福島克彦「若江集落の復元的考察と若江城」(一六一七会若江例会レジュメ、二〇〇六年)。
(19)註(7)小谷論文。

（20）中西裕樹「畿内の都市と信長の城下町」（仁木宏・松尾信裕編『信長の城下町』高志書院、二〇〇八年）。
（21）中西裕樹「城郭・城下町と都市のネットワーク」（中世都市研究会編『中世都市研究』18、山川出版社、二〇一三年）。
（22）前川要「河内における中世若江城物構えの復元的研究」（『光陰如矢―荻田昭次先生古稀記念論集―』同刊行会、一九九九年）。
（23）註（18）福島レジュメ。
（24）烏帽子形城と南河内の山城、畠山氏の軍事動向に関しては、中西裕樹「南河内地域における戦国期山城の構造」（『河内長野市城館分布調査報告書』河内長野市教育委員会、二〇〇一年）、同「戦国期における地域の城館と守護公権」（村田修三編『新視点・中世城郭研究論集』新人物往来社、二〇〇二年）、同『大阪府中世城館事典』（戎光祥出版、二〇一五年）。発掘調査を含む評価については、太田宏明編『烏帽子形城跡総合調査報告書』（二〇一一年）、河内長野市教育委員会『シリーズ河内長野の遺跡6 烏帽子形城跡』（二〇一一年）を参照されたい。なお、本文の引用史料の多くも所収される。
（25）松田毅一・川崎桃太訳『フロイス日本史』4（中央公論社）の三四二頁註（4）に引用の一五七五年五月四日付、堺発信、カブラル宛、フロイス書簡。
（26）千石堀城と泉南の城郭に関しては、註（24）中西「南河内地域における戦国期山城の構造」、同『大阪府中世城館事典』、中西裕樹「城郭史からみた岸和田古城と戦国期・近世岸和田城」（大澤研一・仁木宏編『岸和田古城から城下町へ 中世・近世の岸和田』和泉書院、二〇〇八年）を参照されたい。
（27）小牧山城については、中嶋隆「小牧山城―解明が進む信長の城」（千田嘉博編『天下人の城 信長から秀吉・家康へ』（風媒社、二〇一二年）を参照。
（28）三鬼清一郎「陣立書の成立をめぐって」（『名古屋大学文学部研究論集』38、一九九二年）。
（29）海津一朗編『中世終焉　秀吉の太田城水攻めを考える』（清文堂出版、二〇〇八年）、藤田達生『天下統一　信長と秀吉が成し遂げた「革命」』（中公新書、二〇一四年）。

Ⅲ　文明の和泉国一揆と国人・惣国

廣田浩治

はじめに

文明五年（一四七三）と文明九年（一四七七）から十七年（一四八五）の二回にわたり、和泉国では「国一揆」が発生した。特に文明九年から十七年の国一揆は、足かけ七年にわたって和泉国を支配し、和泉両守護細川家の和泉国支配は崩壊した。和泉国一揆の存在は、近年少しずつ知られるようになっている。

和泉国一揆の存在を最初に指摘したのは、『大阪府史』第四巻の今谷明氏の叙述である。今谷氏は、国一揆が兵粮米を徴収したことから、文明五年の和泉で国一揆が発生したと論じた(1)。これに対して、矢田俊文氏は『高石市史』本文編で、国一揆の兵粮米徴収とは守護役のことであると批判して、国一揆の存在を否定した(2)。しかし、近藤孝敏氏は、『岬町の歴史』で文明九年の和泉国一揆について論じ(3)、次いで大阪歴史学会の一九九八年度大会報告「惣国一揆の展開と構造―和泉国一揆を中心に―」で、和泉国一揆について関係史料を網羅して詳細な報告を行った（当時の大阪歴史学会中世部会担当は筆者）。これにより、近藤氏は和泉国一揆の実在を明らかにし、史料に「惣国」と現れる和泉国一揆を、守護公権を代行する一国防衛の体制であるとして、「惣国一揆」と評価した。

近藤氏の大会報告は、残念ながら論文発表されていないが、筆者がその成果に学び、『泉大津市史』で文明五年と文明九～十七年の和泉国一揆について通史叙述を行った。それ以後も、筆者は和泉国の国人連合、幕府と両守護の支配、中世後期荘園制（和泉国衙領体制）の考察に際して、和泉国一揆について論じてきた(4)。しかし、和泉国一揆全体の構造と展開を論じた研究はいまだにない。最も詳細な研究報告は近藤氏の大会報告であるが、論文にされておらず、その内容が現在に至るまで十分に継承・評価・批判されていない。

また、国一揆の性格やその支配、国人連合、村落や地域社会との関係について、筆者と近藤氏では見解の相違が大きい。筆者自身も、国一揆の見方が変化してきている。特に、和泉国一揆が惣国一揆なのか国人一揆なのかが大きな課題である(5)。近藤氏の報告から期間が経過し、後述するように、惣国一揆の研究が転回しつつある研究史のなかで、和泉国一揆の性格を問い直すことは不可欠である。こうした事情から、本稿では近藤氏の報告および収集史料を紹介・継承・批判しつつ、和泉国一揆について考察し、自己の見解を示したい。

一、国一揆の前提――和泉国人の連合

まず、国一揆の歴史的前提として、和泉国人の連合および国人と幕府・守護との関係について、近藤氏の報告やこれまでの拙稿をふまえて確認しておこう。

南北朝内乱後期、和泉国に地域権力を形成した楠木正儀の下で、鎌倉期以来の幕府・守護・地頭（旧関東御家人）を排除した在地領主の所領支配の方向性が開かれた(6)。内乱を生き残った大多数の在地領主と一部の関東御家人（地頭）

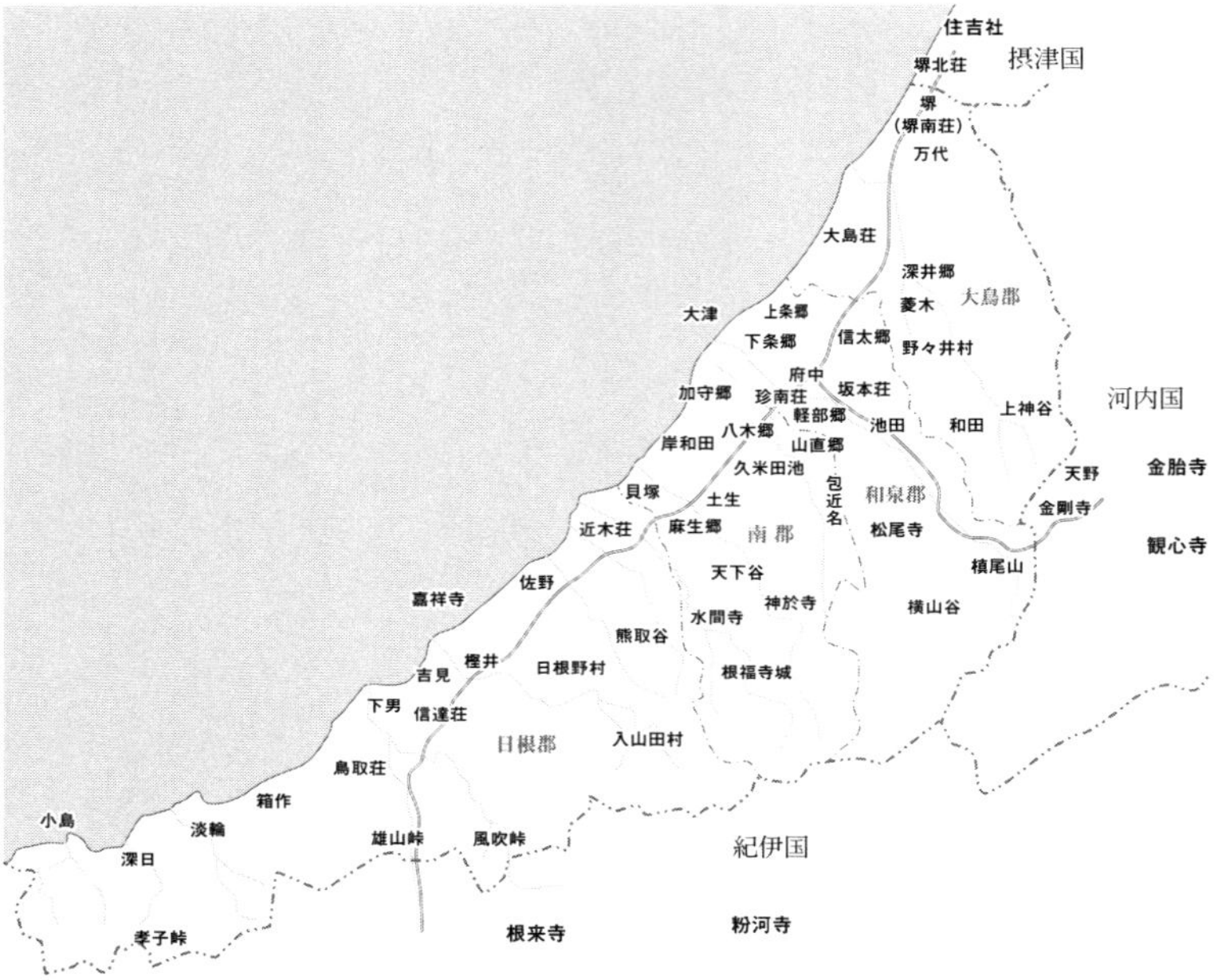

図１　中世後期和泉国地図

は、室町期に入ると在地・在国して国人（国衆）とよばれる(7)。これにより、鎌倉期以来の関東御家人（地頭）と在地領主・国御家人の身分差は消滅した。和泉国人の多くは、村ごとの比較的小規模な領主である。

応永二年（一三九五）、和泉国人たちは「和泉国々人等謹言上」で始まる目安をもって、和泉郡の信太郷地頭の成田氏（もと関東御家人・在京人で、在地して国人化）の所領安堵を幕府に訴えた。これは、幕府の「今度始而被改御下知・御教書」という所領改替の動きに対し、国人が連合して「如元信太郷地頭職被返付」を求めたものである(8)。

和泉国人は、相互に所領を保障しあう関係を形成した。応永三年、「国地頭御家人」（国人）十一名は連署して、日根郡の淡輪《たんのわ》氏の淡輪荘下司職の文書紛失状を作成した。

　　和泉国淡輪因幡守長重本領内淡輪下司職文書紛失
事

右、彼文書等二通、六波羅御下知状一通・領家補任、此外家系図等、紀州永尾宗秀預置之処、応安年中国狼藉乱焼失々畢、然間、国地頭御家人紛失連署之状、如件、

応永三年八月廿二日　　（以下、十一人の国人の連署）(9)

近藤氏は、この紛失状は幕府に提出したものとし、国人の連署を和泉一国規模の連合とみる。しかし、この連署状に名を連ねた国人は、淡輪氏に近い日根郡の国人（鳥取遠江守忠継・杁井《櫟井》石見守定秋・佐野隼人佐倫景）、国衙在庁（田所修理亮基家・惣官次郎左衛門尉景俊）・府中国衙周辺の国人（取石勘解由左衛門尉正勝・今井三郎左衛門尉宗定・助松三郎左衛門尉正勝、陶器美作守正朝・田代豊前守季綱）たちである（酒匂四郎左衛門尉頼直は本領不明）。つまり、日根郡の国人連合と、国衙・府中周辺の国人連合の合体と考えられる。(10) 幕府は応永十年、和泉国在庁（惣官・田所）に淡輪荘下司公文職の知行調査を命じている。(11)

しかし、応永期から幕府および都市領主の新たな支配が及んでくる。まず、幕臣・奉公衆の所領が設定される。大鳥郡の大鳥荘上条は波多野氏、神野荘は大和氏、南郡の八木郷と麻生荘は畠山氏庶家、日根郡の鶴原荘は佐竹氏庶家の所領となり、国人田代氏は波多野氏に従属した。次に荘園制の再編、寺社本所領支配の再建が進んだ。特に和泉国衙領十数か荘郷は禁裏（内裏）御料所となり、実質的には幕府が最高の領主となった。和泉国衙領の国衙職（代官）に和泉両守護（上守護・下守護）細川氏を、個別国衙領の代官に幕臣・奉行人を任じ、その荘務や得分権が幕府関係の権門寺社に配分された。さらに守護支配が確立する。応永十五年以後、和泉国は両守護細川氏の世襲分国となり、他国出身で在京の守護代・小守護代・奉行人が分国支配を担った。守護菩提寺領（建仁寺永源庵）も国内各地に置かれた。和泉国随一の都市・堺は、幕府・諸権門・両守護の共同所領となり、守護所が置かれた。(12)

国人に対しては、守護の所領安堵・宛行、国人の在国守護被官化が進み、国人は守護の軍役や使節遵行に従うことになった。しかし、国人が守護幹部に起用されることはほとんどなかった。幕府と国人の関係も、守護を介した間接的な主従関係となった。大鳥郡和田荘の国人和田氏は、和泉下守護に従いながらも管領畠山氏（河内・紀伊国守護）とも結びつき、幕府から知行安堵の「御判」を得ていた(13)。しかし、和泉国人の多くは幕府にとって陪臣・外様的な存在ゆえに、幕府直臣への道はほぼ閉ざされていた。将軍義教期には大鳥郡若松荘上神谷の上神氏、日根郡鳥取荘の鳥取氏、安野井氏（本領不明）が両守護に討伐されている(14)。鳥取氏は、正長元年（一四二八）までは管領畠山家の被官で、両守護とは距離のある国人である(15)。長禄二年（一四五八）には上神大宝ら上神一族、塩穴南新五郎（大鳥郡塩穴）・北村兵庫助（本領不明）の所領が幕府奉行人の飯尾為数に与えられている(16)。

康正三年（一四五七）、日根郡の国人九名は一味同心の契約を結んだ。

和泉国日根郡於国人等契約状之事

右、子細者、就公私、万事依水魚之思、可為一味同心者也、然上者、雖為一人之大事、相互不可見放、若背此旨於輩者、

日本国中大小神祇御罰、可蒙各々罷者也、子々孫々至、此契約不可破、仍所定置之状、如件、

康正三丁丑年六月廿六日　（以下、九人の国人の連署(17)）

この契約状には、鳥取備中守光忠・淡輪河内入道沙弥道本・箱作肥前入道沙弥道春・鳥取備後入道沙弥寿松・杁（櫟）井伊豆入道沙弥道永・新家新二郎影頼・杁（櫟）井幸楠丸代慶重・上郷二郎左衛門尉光景・日根野加賀守秀盛が連署している。

契約状には両守護への対抗は明示されないが、これまでの経緯からすると、幕府・両守護支配に対抗する国人の一揆

であることは明白であろう。応永の紛失状にみた日根郡の国人連合は、国人一揆に発展した。ただし、それはまだ和泉一国の一揆ではない。

近藤氏は、この日根郡国人一揆を和泉国で最初の国人一揆とみるが、これ以前にも宝徳三年（一四五一）、和泉国で「為徳政土一揆」が「蜂起」した。南郡の五ヶ畑本所の鷹司家・権大外記中原家の要請で、管領と下守護細川頼久は五ヶ畑百姓の「号徳政同心土一揆」が起こらぬよう、将軍下知と守護禁制の発給を約束している。(18) 宝徳の徳政土一揆の規模はわからないが、百姓だけでなく和泉国人も加わっていた可能性があろう。

二、文明五年の和泉国一揆

応仁・文明の乱が勃発すると、和泉国人は京都と和泉国で東軍（東幕府軍）の両守護に従って戦った。しかし、京都の戦況に対して「国々物謂」が広がった。「国々物謂」とは、東幕府方分国の国人や在国被官の不満や動揺であろう。(19) 文明二年（一四八〇）七月、畠山義就方の越智家栄（大和興福寺春日社の国民）の軍勢が和泉国に侵入、越智家栄は、西軍（西幕府軍）より和泉国守護職に補任されたとの風聞が立った。(20) 翌文明三年六月、畠山義就被官の甲斐庄氏が和泉に侵攻し、和泉守護代を敗死させた。(21)

文明二年三月、和泉国が吉野・紀伊で蜂起した南朝皇胤に味方し、後南朝の使者に請文を提出する事態となった。(22) かつて南朝が支配した和泉の国人は一時、西幕府軍と結ぶ後南朝に加担したことになる。和泉国人が両守護から離反する動きをみせた最初の行動である。

文明二年、和泉国衙領・春日社領の大鳥郡深井郷では、国人が惣荘年貢を押領した。この「先年」にも、深井郷の代官清秀数（東幕府の奉行人）が国人・在庁田所氏を語らい、在地に「公方制札」を打ち、春日社家住宅を襲撃し、国衙領年貢の「二重成」を強行した。(23)近藤氏は、これを幕府の国衙領支配の強化とする。(24)ただし、代官と国人の押領により幕府・国人・春日社の国衙領支配の共同関係は崩壊し、幕府の統制は弱体化した。和泉国人の年貢押領は、この後の和泉国一揆の兵粮米徴収の前提をなす、個別所領での年貢押領として注目される。

文明五年九月、助松貞勝（和泉郡上条郷助松の国人）と新坊某（本領不明）は、青蓮院領の和泉郡上泉荘包近名の代官を請け負い、次の請文に「国一揆兵粮米」の賦課に応じない旨を誓約した。これが、和泉国一揆の初見である。

請文

青蓮院御門跡領泉州上泉郷内包近名所務之事、

（二箇条省略）

一、国一揆兵粮米事、縦雖被相懸之申除、不可及立用候、

（三箇条省略）

文明五年九月十日

助松新左衛門尉貞勝（花押）

新坊　□□（花押）(25)

上泉荘包近名の代官職は、文明期になると和泉国人（助松貞勝・富秋盛忠・新坊某）がしきりに競望して代官請文を出しているが、(26)「国一揆兵粮米」の語が代官請文に現れるのは、先の文明五年の請文である。助松貞勝らの請文にある「国一揆兵粮米」の徴収命令に当たるものが、請文の翌十月に上泉荘包近名に宛てて発給された次の配符である。

配符　兵粮米事
　合五拾石
右、於府中西泉寺、来九日可有収納、若有無沙汰者、御使堅可被催促者也、如件、
　文明五年十月三日　　　　　　　　一判
　　　　　　　　　　　　　　　　　一判
　上泉之内兼近名百姓中[27]

この配符によると、兵粮米収納の場は府中の西泉寺であった。和泉国一揆が府中を根拠としたことがわかる。配符は二名の連署で発給され、納入場所は府中の寺院であるので、配符の発給者は府中の在庁（田所氏・惣官氏）の可能性があろう。十一月、兵粮米の減免交渉の結果であろうか、国一揆は兵粮米を五十石から十三石に減額して上泉荘包近名に納入を命じた。十一月末、兵粮米十石が上泉荘包近名から国一揆に納入されている[28]。十一月付で上泉荘包近名の兵粮米を含む次の年貢算用状が、富秋盛忠（和泉郡富秋の国人）によって作られた。富秋盛忠は兵粮米を納入した責任者であろう。

　包近名算用状之事
　　合参拾貫文者内
五貫文　（略）
拾弐貫文　助松方江十月廿四日　渡同□（略）
拾参貫文　国之兵粮米渡之

以上参拾肆貫二拾文内（略）

残四貫廿文過上

文明五年癸巳十一月　日　　盛忠（花押）(29)

最終的には、年貢三十貫文のうち十三貫文が、兵粮米として銭納されている。代官の助松貞勝にも十二貫文が渡されており、代官の助松貞勝は先のような請文を出しながら、兵粮米納入に抵抗しなかった。助松貞勝と富秋盛秋は本領も近く、代官としても互いに連携していたのであろう。後述するように、助松氏は文明十七年の国一揆崩壊時に滅んでいるため、助松貞勝も国一揆に加担していたと考えられる。

文明五年包近名兵粮米算用状

合拾参貫文者

拾石米代　八貫文　　弐貫文　吉井方へ礼銭

弐貫文　　惣中へ樽代　　壱貫文　太刀代

已上

残分者年算用状京進申者

文明七年九月十四日　　盛忠（花押）(30)

この算用状によると、兵粮米十三貫文のうち八貫文が現物米十石の代銭で、他は礼銭・礼物代である。むろん、兵粮米を徴収した国一揆への礼銭・礼物である。礼銭を送られた吉井氏は、包近名の近隣の南郡吉井郷の国人である。注目されるのは、「惣中」への酒樽代である。「惣中」は何らかの惣的な組織で、兵粮米を徴収した国一揆の組織を指す可能性が高い。

　このような「国一揆」の兵粮米徴収は、上泉荘包近名だけに賦課されたとは考えられず、国一揆方の国人（助松・富秋・吉井氏・在庁）が所領や代官職を持つ荘園・国衙領にも賦課されたに違いない。一方、両守護も文明四・五年に日根郡の日根荘で半済を徴収している。(31) 文明五年には、両守護の半済と国一揆の兵粮米徴収が競合していた。

　以上の考察をまとめると、文明五年の和泉国一揆は本拠を府中に置き、国一揆はおそらく「惣中」という組織を持っていた。助松・富秋・吉井氏・在庁が国一揆に参加し、和泉郡・南郡の府中・大津周辺の国人が国一揆の中心であった。さらに、国一揆は守護から独立した一揆であった。国一揆が府中を拠点とした理由には、都市堺を守護所とする両守護から距離を置くこと、府中が以前の和泉国の中心地であること、近藤氏も言うように、府中が和泉国惣社が所在する宗教的中心であり、賦課台帳でもある荘園公領の大田文を管理し、国衙領支配にも関わる在庁がいること、などが考えられる。

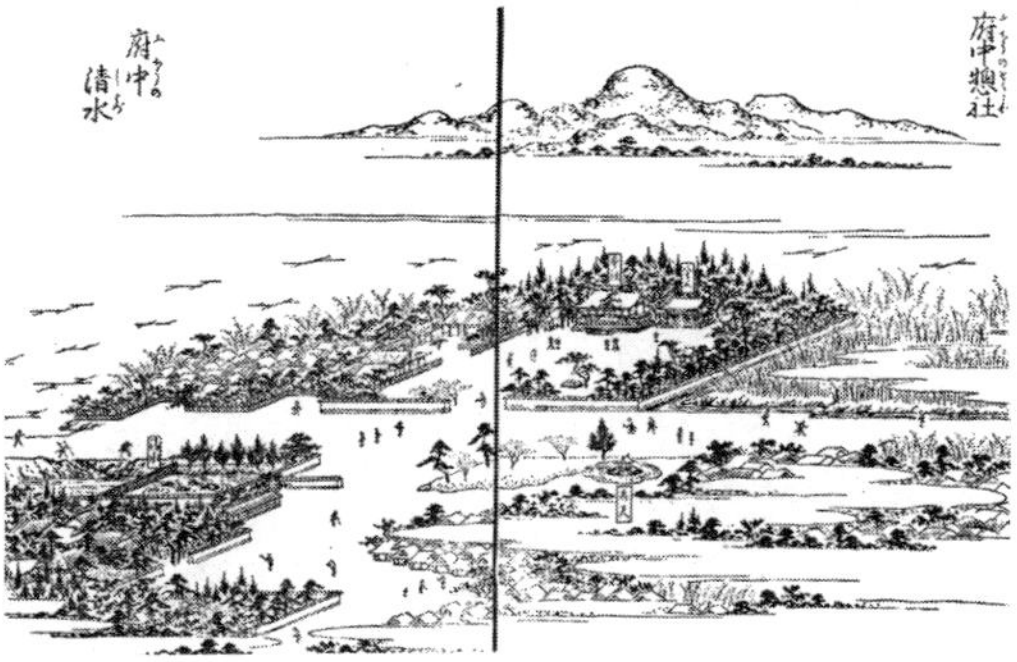

『和泉名所図会』に描かれた和泉惣社　当社蔵

　文明五年の国一揆は、応仁・文明の乱が引き起こした先述の危機的状況に対して、国人が結集することによって成立した。近藤氏が言うように、国一揆の兵粮米徴収は和泉一国防衛の実力行使である。ただし、近藤氏の言うような両守護の権限の代行とまでは評価できない。国一揆は両守護の命令を奉じておらず、国一揆と両守護がともに「国」を称し、競合して軍事権限を行使したとみるべきである。また、兵粮米は銭納されているため、兵粮というより戦費・防衛費であった。

さらに、兵粮米徴収が安全保障も意味することを踏まえると、国一揆が両守護の委任なしに地域社会の公権力として現れたと評価できよう[32]。

近藤氏は、文明五年の国一揆を惣国一揆とみるが、ここではこれまでの惣国一揆論が言うような、国人と百姓の一国規模での連合が見られない。つまり、百姓も参加した惣国一揆ではなく、国人一揆であると評価すべきである。近藤氏も言うとおり、文明五年の国一揆は長くは続かず、文明六～八年には国一揆の兵粮米徴収が見られない。それは、あくまで危機的状況に対する緊急行動としての国一揆（国人一揆）であった。

三、文明九～十七年の和泉国一揆

文明八年（一四七六）、高野山年預澄遍は天野社領近木荘代官を改易し、近木荘の国人神前二郎左衛門を代官に任じたことを、和泉の「国々面々」宛てに伝えた[33]。文明五年の国一揆後も、「国々面々」すなわち国人連合は一定の影響力を持っていた。

応仁・文明の乱が終結した文明九年九～十月、河内国を制圧した畠山義就軍は再び和泉国を攻撃し、越智家栄と義就被官の甲斐庄氏が再び和泉国守護職を競望した。下守護細川持久は和泉国への出陣を図っている[34]。このような状況のなか、和泉国人は和泉国内の荘園・国衙領に広く兵粮米を賦課した。

文明九年、畠山右衛門佐河州乱入之時、同泉州国人等寄事於左右、相懸兵粮米国中寺社本所領、年貢悉押取条、無其隠、如此之子細、連々雖申上置候、一途依不被仰付、国時宜無正躰者也[35]、

これは、文明十五年の和泉国衙領代官の清秀数（幕府奉行人）の言上状である。これによると、文明九年に和泉国人が「国中寺社本所領」に兵粮米を賦課して年貢も押領し、国衙領押領の事態を度々訴えたが解決せず、「国時宜」（守護の支配）は崩壊していると述べている。「泉州国人」とは国一揆のことで、その国衙領押領は文明九年以来続いている。文明十五年の和泉国衙領の目録によると、国衙領十四か所のうち四か所が「押領在所」とされている。[36] むろん、国人（国一揆）による押領である。

内裏御料所泉州国衙事、就懸国方兵粮米、為御代官、去文明九年申付候処、懸御年貢無尽期、可被算用之由、百姓等申云々、[37]

これは、文明十三年の史料で、「泉州国衙」（和泉国衙領）への「国方」（国一揆）の兵粮米賦課に際し、代官（清秀数）も兵粮米徴収に応じたが、「御年貢」の負担に対して百姓等が代官に「算用」を要求している。代官も当初は国一揆の兵粮米を認めていた。また、百姓等が国人（国一揆）への兵粮米の減免要求でなく、年貢算用を代官に要求していることは注目される。

其後和泉国人等三十六人令組、寺社本所領擬半済、同十六年迄押領、[38]

これは、賀茂社領の日根郡深日・箱作荘の史料で、文明七年以降の状況を記している。国人等が寺社本所領を半済・押領し、それが文明十六年まで続いている。ここでも国人の賦課は兵粮米に留まらず、実際の所領支配へと進展している。近藤氏は、国一揆を「国人等三十六人」の結合とするが、近藤氏も指摘するように、和泉国に限らず畿内の国人一揆では国人が三十六人とされることがしばしばあり、これが一揆に参加した国人の実数とは考えられない。三十六人という数字には、一揆に関わる象徴的な意味合いがあると思われるが、その意味についてはここでは深入りしない。

文明十年には、国人が伊勢神宮領の鳥取荘に兵粮米と称して毎年課役を徴収し、幕府は和泉両守護代に「国人交名」の注進を命じた。鳥取荘では、翌文明十一年に「下界地下人等」（おそらく鳥取荘の近隣の下男郷の地下人）が山木を伐採し、幕府は両守護代と和泉南部の公権力となっていた紀伊の根来寺にその処罰を命じた。[39] 地下人の動きは、国人の課役賦課に乗じたものであろう。

日根荘でも文明十二年に半済十貫文、同十四年には半済出銭分二十五石（銭額二十二貫文）を支払い、文明十四年には「国方へ御礼銭」七貫文を支払っている。これらも国一揆の半済、国一揆への礼銭である。文明十四・十五年には、日根荘の収取から「守護半済御奉書之礼」一貫三〇〇文、「守護半済之礼内」三貫五〇〇文が支払われたが、半済より少額であり、守護半済の免除（半済免除の幕府奉行人御奉書の受給）の礼銭であろう。[40] 日根荘では文明十四年に「百姓中トクセイ」が起こり、本所九条家が米を下行した。[41] 本所も承認するなかで、在地徳政が行われたのであろう。

文明十四年には、国人が「南方出陣」と称して兵粮米を賦課し、年貢を押領した。

北野宮領和泉国坂本郷庄・大鳥下条等事、国人等号南方出陣、相懸兵粮米押妨年貢云々、太不可然、所詮不日可止其責之旨、可令下知之状如件、

文明十四年十月廿四日　　（花押）

細川五郎殿[42]

この幕府下知状は、兵粮米徴収の停止を上守護細川元有に命じているが、もとより両守護にそれを執行する力はなかった。「南方出陣」とは、管領畠山政長による畠山義就討伐の出陣である。政長は和泉国に出陣し石津・久米田に

陣取り、河内で義就軍と戦った。[43] 政長の幕府軍は和泉の中央部を行軍し、国人の日根野五郎左衛門尉は政長軍に従った。[44] しかし、それでも国一揆は崩壊していない。国人（国一揆）の兵粮米賦課・年貢押領は政長の出陣に乗じるものであった。国一揆が政長の幕府軍に従う関係にあったことは注目される。

文明十五年、守護所の置かれた相国寺崇寿院領堺南荘では庄主（聞都寺）の入部に対して、徳政の土一揆が蜂起し合戦となった。

当院領和泉国堺南庄々主職事、就被補任之入部之刻、土一揆等号徳政蜂起之條、及合戦、属無為了、仍失墜借物過分之処、前院主不可用之由被申、不便由歎申、[45]

徳政（借銭破棄）を要求したこの徳政土一揆は、堺南荘の地下人（都市民）の一揆であろう。それは、金融業者でもある荘主（禅寺の東班衆《とうばんしゅう》）の入部を排斥する蜂起でもあった。また、和泉両守護が守護所の堺すら維持できていないことがわかる。この徳政土一揆は合戦により鎮圧されたが、借物（債務）の「失墜」（破棄）を実現している。

文明十六年、「惣国」（国一揆）は日根郡上郷の国人上郷氏を通じて日根荘代官（根来寺僧北谷明俊）に兵粮米二十貫文を徴収し、かつて両守護が徴収していた「国方段銭」も賦課し、三貫文を徴収した。また、日根荘日根野村からは国一揆に「国方半済過分失墜」を支払っている。[46] 国一揆は、ここではじめて「惣国」とよばれている。

以上の考察をまとめよう。文明九年に蜂起した国一揆も、畠山義就の攻撃という危機に対するものであったが、国一揆は文明十七年まで続いた。国一揆は和泉の荘園・国衙領に広く兵粮米を賦課し、さらに本所得分である年貢も押領・徴収し、荘園によっては守護の権限である半済・段銭徴収も実現した。国一揆は義就から和泉国を防衛する一揆から、両守護を排除した和泉一国の公権力へと成長し、「国方」「惣国」とよばれるようになった。国一揆は「国人等三十六人」とされたように、多数の国人が参加した。国一揆の本拠は不明だが、後述するように、府中・大津周辺の国人が一揆鎮圧後に所領を没収されていること、畠山政長軍が府中・大津にも近い久米田に駐留していることから、やはり府中・大津地域に国一揆の本拠があった可能性が高い。この国一揆も、守護の命令を奉じるものではなかった。国一揆の期間の両守護は発給文書が激減し(47)、和泉国の支配権をほとんど喪失した。しかしながら、一方で国一揆は幕府軍と連携する性格を持っていた。

四、文明九～十七年の国一揆の性格と「惣国」

本章では、文明九年から十六年の和泉国一揆の支配構造と性格について論じる。まず、先にあげた文明十五年（一四八三）の和泉国衙領の目録を紹介する。

和泉国衙分事　除信太郷

下条郷　廿八石　　吉見庄　地下請　十二石

麻生郷　ほり廿石　はふ　　下男　守護請　五十貫文

菱木　地下請　十貫文　　新免上郷　地下請　十五貫文

山直郷　十石　　万代庄　地下請　十六石

軽部郷　十八石

此外押領在所

八木郷畠山中務少輔　　加守郷さか三会院
上条郷讃岐殿　　深井郷春日御師但御直進也
文明十五年七月　日(48)

ここには国一揆の「押領在所」が四か所あるが、他はそうではなく、そのうち「地下請」が四か所ある。国一揆に押領されず、本所（幕府・禁裏・寺社）に年貢が納められる国衙領があった。これは、国一揆と国人が本所年貢の納入に応じたからである。このうち、「守護請」は有名無実となり、国一揆方の国人の請負となっていたであろう。「地下請」は地下の年貢請切制であり、その「地下請」を保障する権力は、国人（国一揆）に他ならなかった。

文明十六年、国人の馬場左京亮伊光が、次の上泉荘包近名代官職請文を提出している。

請文
青蓮院門跡御堂料所和泉国上泉庄之内包近名御代官職事
（二箇条省略）
一、如此間、為国役中兵粮米・段銭・人夫已下被相懸候者、為御代官可償申、然上者、不可及散用候也、
（二箇条省略）
一、天下役属静謐、無守護已下之違乱者、申合請口於可加増申者也、
（一箇条省略）
文明十六年正月日　　馬場左京亮伊光　判
無量寿院僧正御房(49)

馬場伊光は、「国役中」（国一揆）の兵粮米・段銭・人夫役は荘園年貢から支払わず、代官として弁償する旨を誓約している。「国役中」は近藤氏の言うとおり、国一揆の執行組織であろう。国一揆は人夫役も徴発している。馬場氏も後述のように、国一揆と命運を共にしているので、国一揆方である。兵粮米等は代官が弁償するという文言は、国一揆の賦課を回避したい本所が求めた内容であろうが、馬場氏の立場からみても、それが守られる保障はなかった。

また、この請文には「天下役属静謐、無守護已下之違乱者」と書かれている。戦乱が終息して両守護支配が復活する可能性は、本所も代官（国人）も認識していた。国一揆方の国人にとっても、両守護を排除した国一揆の長期的な存続は自明のものではなかった。当時の上泉荘包近名の代官は、近隣の国人たちが勤める職であった。馬場伊光が兵粮米の弁償という条件を受け入れてでも代官職を求めたのは、両守護支配が復活した場合に備えて、国人たちの利益のために寺社本所領代官職の立場を確保しておくためであろう。こうした意図から、国一揆や国人は寺社本所領や国衙領の本所年貢納入を容認したのである。

大鳥荘でも文明十六年、幕臣の松田隠岐守が所務のため被官を在地に派遣した。

備州松田隠州状至、被官大田持至、泉州大鳥所務之次也、[50]

大鳥荘は、下条が国一揆の兵粮米徴収・年貢押領を受けていた。幕臣の大鳥荘所務（年貢収納）も国一揆の容認により可能となったのだろう。国一揆は幕府の支配も一定度容認していた。文明十六年、上神源次貞基と同名六郎左衛門尉の「鉾楯」（合戦）に対して、幕府は貞基に合力するよう近隣の国人和田筑後守に命じている。[51] また、国一揆の国人は和泉国外でも幕府支配に関与した。文明十六年、在庁の田所大和守・惣官新左衛門尉は、幕府から御料所の摂津国中島内賀嶋荘の段銭催促を命じられている。[52] 国一揆は押領により幕府・本所権門（都市領主）の支配を掘り崩していたが、荘園支配を全否定はせず、幕府・本所権門の支配を支える側面もあった。また、国一揆は畠山政長の幕府軍に属している。このような年貢上納・幕府命令執行・軍役奉仕により、国一揆は幕府や権門の承認を受けていた。

むろん、在地領主である国人は郷村の支配者であり、国一揆には中世の国家機構の一員として郷村の百姓と対立する性格があった。寺社本所領・国衙領における国一揆の年貢・段銭徴収は、深井郷の事例のように、百姓にとって「二重成」となる恐れがあった。ただし、和泉国衙領にみたように、国衙領の百姓は国一揆の兵粮米徴収へは抵抗せず、代官に算用を要求している。算用の要求とは、国衙領の年貢から兵粮米を支出するよう要求し、兵粮米を百姓に転稼することを拒否するものだったと思われる。国一揆の賦課する半済・段銭も、日根荘の算用状によれば、本所年貢段銭から支払われている。国衙領や日根荘の百姓は、国一揆の賦課は容認やむなしとしたが、負担の転嫁は認めなかった。

近藤氏は、「下界地下人」の山木伐採、日根荘の百姓徳政、堺南荘の徳政土一揆を、国一揆と連動したもので「在地社会における恒常的一揆状況」と評価する。一揆が起こりうる状況であるのはそのとおりで、百姓徳政や土一揆は国一揆に乗じた地下の動きではあるが、いずれも荘郷ごとの行動であり、百姓の徳政や土一揆が和泉国内全域で起こったわけではない。百姓の土一揆は和泉一国規模で蜂起したものではなかった。

近藤氏は、文明九年から十七年の和泉国一揆も惣国一揆と評価する。しかし、これまでの考察から、これも惣国一揆論が言うような国人一揆と百姓の土一揆が一国規模で連合した一揆とは考えられず、その性格は国人一揆と考えられる。[53] 近年では、惣国一揆とされてきた山城国一揆や乙訓惣国一揆でも、国人と百姓の連合がみられない国人一揆であるとして、惣国一揆論は批判されている。[54] 和泉国一揆も「惣国」とよばれはしたが、惣国一揆ではない。史料上「惣国」とよばれる国一揆が、すべて惣国一揆なのではない。

ただし、文明九年から十七年の和泉国一揆では、荘郷単位の百姓の徳政・土一揆・代官排斥が見られ、堺南荘の地下人の徳政土一揆は国一揆の利害とも合致していた。もとより、荘園の代官である国人も百姓の徳政土一揆と敵対しうる関係にあったが、和泉「惣国」においては国一揆と荘郷の百姓の土一揆が重層し、部分的には共同関係にあった。和泉国一揆は、山城国一揆や乙訓惣国よりも百姓の徳政や土一揆の動きがわかる。

おわりに――国一揆の崩壊と国人連合

文明十六年末になると、両守護は分国回復の動きを本格化させた。十二月、上守護細川元有は助松氏と馬場氏の所領を「欠所」として、菩提寺の建仁寺永源庵に寄進した[55]。文明十九年にも、上守護が大鳥郡草部下条内の助松左京亮跡半分を永源庵に寄進している[56]。

翌文明十七年三月、「泉府」（堺）で「兵乱」があり、両守護細川元有・基経は都市堺を回復した[57]。同月、両守護は南郡の加守郷（国衙領）春木の守護被官春木氏を討伐した[58]。春木氏も国一揆の国人であろう。春木氏の跡は、下守護被官の多賀蔵人助に与えられた[59]。六月、両守護は「当国牢人」乱入の雑説に対して、大鳥郡の田代源次郎から起請文を取り、忠節を誓わせている[60]。「当国牢人」とは、国外に逃れた国一揆方の牢人であろう。八月にも「浪者」「和泉落人」（国一揆方の浪人・落人）が和泉国に入り、両守護と戦った[61]。九月、両守護は加守郷の国人春木氏・磯上氏・藤岡氏の所領を没収して跡地を押領し、近隣の国人の松村左京亮と沼間楠鶴に知行させた[62]。彼らは国一揆から両守護方に転身したのかもしれない。同年十月、両守護軍は国人方の城と思われる大鳥郡の上神城を攻撃し、「泉ニワノ城解囲」、すなわち上神城を降伏・開城させた。近隣の和田次郎左衛門尉・和田又八が、この「上神合戦」に従っている[63]。十一月には、「泉州之士卒」が蜂起し、「洲辺之民屋」（堺の海辺）に放火した。[64] これも国一揆方の抵抗と思われる。しかし、これ以後は国人や浪人の反抗が終息し、和泉国一揆は完全に崩壊した。

所領を没収された国一揆方の国人は府中・大津周辺に多く、助松氏・藤岡氏は史料に現れなくなり滅亡したと考えられる。ただし、春木氏・磯上氏・馬場氏・上神氏は以後も存続している。再建された両守護支配の下では、国人の守護被官化が一層進展した。明応年間の下守護の結番交名には八十二名もの守護被官がおり、本稿で述べた国一揆方国人の一族では、磯上氏・吉井氏・上神氏・富秋氏・惣官氏がみえる。[65] また、国人でない守護被官（多賀蔵人助など）の国内配置が進み、両守護支配は以前にも増して国内に浸透した。

以後、和泉一国の国人連合や国一揆は現れなくなる。しかし、両守護支配下でも地縁的な国人連合は存在した。戦国期の前半、大鳥郡には大鳥城に在城する国人（田代・綾井・取石・玉井・馬場氏）の連合があった。[66] 府中にも、戦国期和泉国の公権・松浦氏の下で在庁衆の結合があった。[67] 戦国期の日根郡佐野荘（佐野市町）には守護被官と国人衆の連合があり、彼らは信長政権下で「佐野在城衆中」とよばれている。[68] 両守護の支配は近藤氏も言うとおり、こうした国人の地域的連合に支えられていた。

近藤氏は、文明～永正期と天文～天正期の二度にわたり、和泉「国侍」（国人）である「三拾六人衆」（三十六郷士）が惣国一揆を形成したとする。詳しく批判する紙数がないが、文明十七年以降には、和泉国人の国一揆・惣国一揆は起こっていない。天正十二・十三年に秀吉軍と戦った「下和泉一揆」は、和泉国南部の土豪・百姓が紀伊の根来寺・雑賀衆と連合した一揆で、惣国一揆と言えるが、秀吉軍に属した和泉国人は「下和泉一揆」に参加しなかった。[69] 近藤氏が挙げる和泉三十六人衆・三十六郷士の史料は、近世に書かれた軍記や国人伝記（二次史料）であり、[70] 直ちには信頼できない。多くが村ごとの領主である国人が、和泉四郡で三十六人しかいないとも考えられない。近藤氏の言う近世の国人伝記にみえる和泉三十六人衆・三十六郷士の「半国触頭制」も、戦国期に存在した根拠がない。文明以降の和泉国人の連合は、両守護ついで戦国領主松浦肥前守に従属しており、国一揆・惣国一揆ではない。

本稿では、国人一揆としての和泉国一揆を明らかにしてきた。史料上は「惣国」「国一揆」とよばれていても、国人一揆と惣国一揆は区別せねばならない。ただし、和泉国一揆は百姓の徳政や土一揆と無関係ではなかった。和泉国一揆の下では、限定的ながら国人一揆と百姓の土一揆が並存する状況が存在した。そして何より、和泉国一揆は名高い山城国一揆よりも先んじて成立し、存続期間の長さも山城国一揆に匹敵する。和泉国一揆は山城国一揆に優るとも劣らない、畿内を代表する国人一揆であった。

近藤氏の報告にはたびたび批判を行ったが、報告論旨を継承している点も少なくない。特に、引用した史料のほとんどは近藤氏が初めて考察したものである。最後にあらためて、近藤氏の研究とその恩恵に敬意と謝意を表して結びとしたい。

註

（1）『大阪府史』第四巻第四章第二節「国人層の台頭」（今谷明執筆、一九八一年）。
（2）『高石市史』第一巻七章（矢田俊文執筆、一九九一年）。
（3）『岬町の歴史』「五　戦乱の時代と岬町」（近藤孝敏執筆、一九九五年）。
（4）『泉大津市史』第一巻本文編（上）中世編第三章（廣田執筆、二〇〇四年）、廣田浩治（A）「中世中後期の和泉国大津・府中地域」（『市大日本史』八号、二〇〇五年）、（B）「戦国期和泉国の基本構造」（小山靖憲編『戦国期畿内の政治社会構造』（和泉書院、二〇〇六年）、（C）「中世後期の畿内・国・境目・地域社会」（川岡勉編『中世の西国と東国』、戎光祥出版、二〇一四年）。

(5)惣国一揆には多大な研究史があるが、さしあたり、これまでの惣国一揆の概念を、国人と村落・百姓または国人と土豪（小領主）が一国規模で連合した一揆（地域権力）としておく。
(6)廣田「南北朝内乱期の畿内在地領主と地域」（『日本史研究』六五八号、二〇一七年）。
(7)堀内和明「和泉の国地頭について」（『日本歴史』五七一号、一九九五年）、註（3）『岬町の歴史』、註（4）『泉大津市史』・廣田（A）論文。
(8)『高石市史』史料編「田代文書」応永二年和泉国々人目安案。
(9)「京都大学文学部所蔵淡輪文書」応永三年淡輪長重文書紛失状。
(10)註（3）『岬町の歴史』、註（4）『泉大津市史』・廣田（A）論文。
(11)『阪南町史』史料編「淡輪文書」応永十年足利将軍家御教書。
(12)註（4）廣田（A）～（C）論文、廣田「武家政権・地域公権の都市としての中世界」（『堺市博物館研究報告』三二号、二〇一三年）、「中世の神野荘は泉佐野市上之郷か」（『泉佐野の歴史と今を知る会』三五一号、二〇一七年）、山田徹「室町領主社会の形成と武家勢力」（『ヒストリア』二二三号、二〇一〇年）。
(13)『続群書類従』「和田系図（和田文書）」年欠畠山政長書状写、長禄四年（一四六〇）畠山政長守護代連署奉書写。「和田文書」については、泉佐野の歴史と今を知る会『地域論集Ⅴ　南北朝内乱と和泉』（二〇一五年）。
(14)熊本大学文学部附属永青文庫研究センター編『永青文庫叢書　細川家文書　中世編』年欠三月十六日・四月十日室町将軍足利義教御内書。
(15)『建内記』正長元年（一四二八）五月十四日条。
(16)『続群書類従』「和田系図（和田文書）」長禄二年加賀守・丹後前司（室町幕府奉行人）連署奉書。
(17)『新修泉佐野市史』「日根文書」康正三年日根郡国人等契約状、泉佐野の歴史と今を知る会『地域論集Ⅱ　日根野氏』（二〇〇九年）。
(18)『康富記』宝徳三年八月八～九日条。
(19)「和田文書」年欠六月十一日下守護細川常繁（頼久）書状。
(20)『大乗院寺社雑事記』文明二年七月十八日・八月五日条。

(21)『経覚私要鈔』文明三年六月十七日条。
(22)『大乗院寺社雑事記』文明二年三月十六日条。
(23)『和泉市史』第一巻「京都御所東山御文庫記録」文明三年春日神社社司等言上状。
(24)『泉大津市史』第一巻本文編（上）中世編第三章第三節一「応仁・文明の乱と和泉国」（近藤孝敏執筆）。
(25)『葛川明王院史料』文明五年上泉郷包近名代官所務請文。
(26)『葛川明王院史料』文明三年上泉荘包近名代官職補任状案、年欠四月二十四日祐深書状。松岡久人編『広島大学所蔵猪熊文書（一）』「青蓮院文書」文明三年上泉荘包近名代官職補任状案、年欠四月日助松貞勝請文案、年欠閏八月二日富秋盛忠書状。
(27)『葛川明王院史料』文明五年十月三日上泉郷包近名兵粮米配符案、註（4）廣田（A）（C）論文。
(28)『葛川明王院資料』文明五年十一月二日兵粮米配符案・十一月三十日請取状案。
(29)『葛川明王院資料』文明五年上泉郷包近名年貢算用状。
(30)『葛川明王院史料』文明七年上泉郷包近名兵粮米算用状。
(31)『新修泉佐野市史』第四巻「九条家文書」文明四年日根野・入山田村年貢散用状、文明五年日根野村年貢散用状。
(32)戦費としての兵粮米については久保健一郎「中世における「兵粮」の展開」（『戦国期戦争経済論』校倉書房、二〇一五年）、兵粮米徴収と安全保障機については、小林一岳「南北朝の「戦争」と安全保障」（『日本中世の一揆と戦争』校倉書房、二〇〇一年）。
(33)『続群書類従』「和田系図（和田文書）」文明八年年預澄遍書状写。
(34)「和田文書」年欠十月九日下守護細川持久感状、『大乗院寺社雑事記』文明九年十月十七日・二十六日条。
(35)「京都御所東山御文庫記録」文明十三年清秀数言上状。
(36)『新修泉佐野市史』第四巻「裏松家本　集」文明十五年和泉国衙分目録。
(37)『親元日記別録』文明十三年十一月三日条。
(38)大阪歴史学会近藤氏大会報告レジュメ「座田家文書」延徳三年（一四九〇）正祝重則社解職却記。
(39)『三重県史』資料編中世1（上）「物官家旧記」文明十一年室町幕府奉行人奉書写、廣田「地域における公権力としての中世根来寺」（『根来寺文化研究所紀要』二号、二〇〇五年）、註（3）廣田（C）論文。

(40)「九条家文書」文明十二年借銭利銭并年々損亡注文、文明十四年日根野・入山田村段銭納帳案、日根野・入山田村領家方御年貢納帳并散用状、同年日根野・入山田村年貢納帳并散用状、文明十四年日根野村年貢散用状・文明十五年日根野村年貢散用状。
(41)「九条家文書」文明十四年日根野・入山田村年貢納帳并散用状案。
(42)『永青文庫叢書　細川家文書　中世編』文明十四年室町将軍家御判御教書。
(43)『大乗院寺社雑事記』文明十四年閏七月二十日・八月一日・十日条、『永青文庫叢書　細川家文書　中世編』文明十四・十五年足利義政御内書。
(44)「日根文書」年欠八月二十四日畠山政長書状。この文書の包紙裏書（後筆）には文明十五年との記述があるが、本文書は文明十四年の可能性が高い。
(45)『室町幕府引付史料集成（上巻）』「政所賦引付」文明十五年十一月二十日条。
(46)「九条家文書」文明十六年根来寺北谷明俊書状。
(47)註（4）『戦国期畿内の政治社会構造』の「和泉国地域公権力受発給文書一覧」（廣田作成）。
(48)註（35）和泉国衙分目録。
(49)『葛川明王院史料』文明十六年上泉郷包近名代官職請文案。
(50)『蔗軒日録』文明十六年十月十六日条。
(51)『続群書類従』「和田系図（和田文書）」文明十六年室町幕府奉行人奉書写。
(52)『大日本史料』「香具波志神社文書」文明十六年某奉書。
(53)廣田も、『泉大津市史』や註（4）（B）論文では文明九～十七年の和泉国一揆（「惣国」）を惣国一揆と理解していたが、本稿の考察のように修正する。
(54)近年の惣国一揆論批判には、呉座勇一「乙訓『惣国』の構造」（初出二〇一一年、『日本中世の領主一揆』思文閣出版）、川岡勉『山城国一揆と戦国社会』（吉川弘文館、二〇一二年）。
(55)阿波郷土会編『永源師檀紀年録』文明十六年上守護奉行中沢有貞奉書写。
(56)『永青文庫叢書　細川家文書　中世編』文明十九年細川元有寄進状。

(57)『蔗軒日録』文明十七年三月二十七・二十八日条。
(58)『永青文庫叢書　細川家文書　中世編』年欠三月十八日足利義政御内書。
(59)『京都府立総合資料館紀要』一六号「板原家文書」文明十七年下守護細川持久奉行人連署奉書、下守護代斎藤頼実遵行状、年欠五月三日某実延（下守護小守護代若林源六実延）書状。
(60)「田代文書」年欠六月二十六日上守護細川元有感状・下守護細川基経感状。
(61)『蔗軒日録』文明十七年八月十七日条、『大乗院寺社雑事記』文明十七年八月二十七日条。
(62)『蔭凉軒日録』文明十七年九月十一日条。
(63)『蔗軒日録』文明十七年十月二十一日条、「和田文書」年欠十月二十日細川基経感状。
(64)『蔗軒日録』文明十七年十一月二十一日条。
(65)「板原家文書」年欠六日番交名。古野貢『中世後期細川氏の権力構造』第二部第二章「「細川京兆家―内衆体制」と守護分国和泉」（吉川弘文館、二〇〇八年）、註（12）廣田「武家政権・地域公権の都市としての中世堺」）。
(66)註（4）廣田（C）論文。
(67)註（4）廣田（A）（B）論文。
(68)廣田浩治「庄氏・多賀氏・佐野荘」（初出二〇〇二年、泉佐野の歴史と今を知る会『地域論集Ⅲ　佐野町場　中世・近世前期編』二〇一〇年）、註（4）廣田（B）論文。
(69)註（39）廣田論文、廣田浩治「中世根来寺の戦争と武力」（『和歌山地方史研究』五〇号、二〇〇五年）、註（4）廣田（B）（C）論文。
(70)『続群書類従』「中村一氏記」、泉州郷土史研究会『和泉国郷士記』（北村文庫会、一九七五年）、福島雅蔵「『泉邦四縣石高寺社舊蹟并地侍伝』について」（『大阪経大論集』第四二巻六号、一九九二年）。

Ⅳ　戦国時代の大和国にあった共和国

田中慶治

はじめに――戦国時代の共和国とは

イエズス会のポルトガル人宣教師ルイス・フロイスは、「紀の国と称する国」に、「共和国の如きもの」があると記している。ルイス・フロイスのいう「共和国」の実体とは何であったのか。その実体とは、惣国一揆（惣郡一揆）であった。惣国一揆（惣郡一揆）は、戦国時代の畿内近国に数多く存在した。有名な山城国一揆をはじめ、伊賀惣国一揆、甲賀郡中惣などがあり、ルイス・フロイスが述べているのは、紀伊国の雑賀惣国のことである。

大和国だと宇陀郡一揆があり、本稿で取り上げる大和国宇智郡にも惣郡一揆が存在した。ルイス・フロイスはなぜ、惣郡一揆のことを「共和国」と呼んだのか。本稿ではその点を検討してゆくこととする。

一、宇智郡はひとつ

宇智郡には、宇智郡一郡という意識が存在した。本節ではまず、この宇智郡一郡という意識から検討する。

宇智郡に所在する大日寺の造営には、宇智郡一郡という意識が見ることができる。

【史料1】実銀田地寄進状(1)

「大日寺造栄方寄進状」

寄進　大日寺造栄方料田之事

　合伍段者、

　　在大和国宇智郡二見郷、

　　　（中略）

右件水田五段者、比丘実銀買得相伝之領地也、然大日寺造栄未終功、一郡無力之折節、旁以修造、不便、不可不悲、仍寄進之畢、更以不可余用之儀、僧俗若任我意自専者、大日如来・聖徳太子・當寺鎮守春日五所、又御霊・雨師等之御罰可蒙者也、

仍為後日所定置之状如件、

応永五年（一三九八）戊寅十二月十八日

比丘　実銀（花押）

物領主源光長（花押）

【史料1】は、実銀という僧が、大日寺の造営料として、水田五段を寄進したときのものである。実銀は寄進の理由を、「大日寺造栄未終功、一郡無力之折節、旁以修造、不便」としている。一郡が無力であるので、いまだに大日寺の造営ができない。よって、水田を寄進したというのである。このことから本来は、大日寺の造営は一郡で行うべきもの

であったことがわかる。

吉井敏幸氏は、宇智郡では平安時代初期より御霊信仰が盛んになり、宇智郡が御霊信仰を核にひとつにまとまっていたことを明らかにされている。また、御霊神社は宇智郡内の村々二十一ヵ村の村鎮守社として勧請されているが、宇智郡の郡界を越えると、御霊神社が勧請されなくなることも明らかにされておられる。(2) これらのことからも、宇智郡が御霊信仰、御霊神社を中心に一郡としてまとまっていたことがうかがえる。

また、宇智郡は郡外の勢力からも、一郡として把握されていた。例えば室町幕府重臣の畠山氏なども、宇智郡を一郡として把握していた。

【史料2】畠山政長判物(3)

為郡衆使者、大岡参洛、誠感悦不少候、殊従惣衆中太刀一腰、金弐百疋到来今時分祝着至候、明春者早々可令進発候之間、各堪忍肝要候、併憑入候之外、無他候、謹言

十二月十二日　　政長（花押）

三ケ殿

【史料3】畠山卜山（尚順）判物(4)

就其方働之儀、度々注進趣、得其覚候、尤神妙候、敵未大澤小峯楯籠之由候、然者早々伊都郡衆申談可被取懸候、此口之儀者、近明ニ可合戦候、委細猶林堂忠兵衛可申候、謹言

八月廿一日　　卜山（花押）

宇智郡衆中

【史料2】は、宇智「郡衆」が「惣衆中」として、畠山政長に金品を贈ったことに対する政長からの礼状である。この中で政長は、宇智郡の武士を「郡衆」、「惣衆中」として把握しており、畠山氏が宇智郡を一郡として掌握していたことがわかる。

【史料3】は、宇智郡の武士に畠山卜山が出陣を命じたものである。卜山はこの文書の宛先を「宇智郡衆中」としており、宇智郡の武士をグループで把握していることがわかる。この史料からも、畠山氏が宇智郡を一郡として把握していたことがわかる。

また、【史料3】では卜山は、宇智郡衆に伊都郡衆と相談して攻撃するように命じている。これらのことから、戦国時代の宇智郡の武士と伊都郡の武士が連携して行動していたことが指摘できる。

中世後期の宇智郡には、一郡・惣郡という意識があったものと思われる。この一郡・惣郡という意識が、宇智郡に独自性・独立性を与え、惣郡一揆の成立に影響を及ぼしたものと推測される。

二、戦国時代の宇智郡武士の存在形態

本節では、戦国時代の宇智郡武士の存在形態について検討をしてみる。特に宇智郡武士の同名中に注目したい。

1．二見氏

二見氏が同名中を形成していたことがうかがえる史料があるので、以下に掲げる。

【史料4】遊佐就盛書状(5)

此刻可被致忠節之由被申上候趣、披露仕候、御祝着之旨候、其方之儀、各被申談、別而可被抽忠儀(義)事肝要候、仍御本地并御同名知行分、不可有相違之由候、弥御粉骨可然候、恐々謹言、

三月廿四日　　就盛（花押）

この書状は、畠山義就流の畠山義英方の守護代であった遊佐就盛より発給されたものである。遊佐就盛は永正八年（一五一一）八月に舟岡山の合戦で戦死するので、それ以前の書状である。(6)宛先は不明であるが、犬飼家所蔵の文書の多くが二見氏関係の文書であるので、おそらく二見氏宛と推測される。文書の内容は、義英方への忠節を求めたものである。この書状のなかに「御同名知行分」とあることから、この文書の宛先と推測される二見氏が、同名中を形成していたことがわかる。

【史料5】三好康長書状(7)

御身上之儀、郡落着次第無異義様ニ馳走可申候、不可有疎意候、委細田紀・奥左可被申候、恐々謹言、

（永禄末年）
七月四日　　三山入
　　　　康（花押）

牧野左兵衛尉殿
嶋野新介殿
二見治部殿
（二見）（蜜蔵）
同　蜜院

御尊報

この書状は、永禄末年頃に三好康長より宇智郡の国人衆に宛てて出されたものである。この宛先のうち二見治部は、二見氏の惣領と推測される。そして、この惣領の他に「同(二見)　蜜院(蜜蔵)」、つまり、二見密蔵院という人物が宛先にあげられている。この密蔵院という人物は、高野山の僧である。このように、三好康長書状の宛先に二見氏の惣領とは別の一族があがっていることから、二見氏は同名中を形成していたものと思われる。

二見氏の同名中では、惣領の力は大きなものであった。次の史料より、そのことがわかる。

【史料６】二見光秀田地寄進状[8]

奉寄進　大日寺時(斎)田事

合壱段者、字カマウタ云、年貢ハ米壱石四斗、麦六斗桝ハ殿方之納桝之定、

四至限東地類、限南地類、限西路、限北溝、

右件水田者、於田役反銭計也、余除之、二見遠江守光秀買得相伝之下地也、為滅罪生前(善)往生極楽、大日寺時田仁

永代奉寄進者也、若違乱之子細有出来者、為二見宗(惣)領方致糺明、可加成敗者也、仍後代之証文状如件、

延徳四年(一四九二)壬子五月日　遠江守光秀（花押）

二見左京亮光遠（花押）

この寄進状は、二見光秀が二見郷の中心寺院である大日寺に田地を寄進したものである。この寄進状の文言の中に、「若違乱之子細有出来者、為二見宗(惣)領方致糺明、可加成敗者也」とある。そのうえで、二見同名中の惣領と思われる光遠が署判をしている。これらのことは、一族の者が田地の寄進を行うとき、惣領の許可が必要であったことと、寄

進の保証を惣領が行っていたことを示しているものと思われる。(9) このことから、二見同名中において、惣領の力は大きなものであったといえるのではないか。

以上のことから、二見氏については同名中を形成していたこと、同名中の惣領は一族の者の土地寄進に関与するなど、大きな力を持っていたことが指摘できる。

2. 牧野氏

牧野氏も、二見氏同様に同名中を形成していたものと思われる。

【史料7】

大和国宇智郡青蓮寺奉寄進(10)

南無阿弥陀仏

牧野桜井入道頼珍往生極楽

【史料7】は、牧野氏の一族である桜井頼珍が寄進した自筆の六字名号である。この名号で、頼珍は「牧野桜井入道頼珍」と署名しており、頼珍が牧野桜井と二重名字を名乗っていることがわかる。このことから、牧野氏も同名中を形成していたものと考えられる。

牧野氏の同名中でも、二見氏の同名中と同じく、惣領の力は大きなものであったと思われる。次の史料から、そのことがわかる。

【史料8】牧野善七郎書状(11)

於今度冷水仁、我等鑓前にて樫内孫太郎討死、無非（比）類高名忠節、祝着無是非候、為其恩掌（賞）樫内給分之外、買地名付掠候分、頼珍・同孫太郎跡を次奉公候頼珍之孫両人進候、然上者、可有永代知行候、猶委細大善高政可被申分候、恐々謹言、

牧野善七郎

天分廿一（一五五四）年壬子九月吉日　　尹（花押）

桜井頼珍入道

孫太郎跡人体両人江

この書状は、牧野同名中の構成員と思われる樫内孫太郎が戦死したさいに、同名中惣領の牧野尹より出されたものである。この文書は書状形式であるが、内容は感状・知行宛行状である。このことから、牧野尹は同名中惣領として、一族の者に感状や知行宛行状を発給するほどの権力を有していたことがわかる。なお、この文書から、牧野同名中が少なくとも牧野氏、樫内氏、桜井氏の三氏から構成されていたことがわかる。また、この書状を取り次いだ大膳高政という人物の存在から、牧野氏が家政機関を有していたこともわかる。ちなみに、この大膳という人物は、同名の下位に位置する侍クラスであったのではないかと思われる[12]。

以上のことから、牧野氏が同名中を形成し、その惣領の持つ権力が大きなものであったことがわかる。

３．坂合部氏

坂合部氏が同名中を形成していたことを示す史料が数点残されている。

【史料9】坂合部郷定書(13)

坂合部郷領際目之事

一犬飼村・上野村際目之出入在之、

一表野村之中山ニ付テ、大津村ト表野村ト出入有之ヲ、種々郷中より曖候へ共、相不済候ニ付、先年ヲタツ子、領堺目相済申候、此上少も違乱申間敷候条、

（中略）

一ケヲ院（花応）・弁在（才）天・成道院ノオコナ井ハ、宮坊アンニチジ（安日寺）・念仏寺此衆カナラスオコナ井可致候、善不叶指相候ハ、、不相替代僧ヲ可立候、成道院ノビクニンモ必可被出候者也、

明応五年（一四九六）辰ノ正月十一日

坂合部紀伊守次房　（花押）

誠神民部秀次　（花押）

辻元市右衛門吉政　（花押）

古沢右近次政　（花押）

念仏寺引接院

【史料9】は、坂合部郷内の村々の境争論の解決について、あるいは郷内の宗教行事について記したものである。史料の奥に署判している坂合部次房から念仏寺引接院までの五名は、坂合部同名中のメンバーと思われる。おそらく、坂合部次房が同名中の惣領であろう。

長谷川裕子氏は、同名中が地域の紛争解決を行うことから、同名中が「公」権力的側面を有したことを指摘されている。(14) 坂合部同名中でも、【史料9】のように、同名中が郷内の境争論を解決している。このことから、坂合部同名中も公権力的側面を有していたものと思われる。

【史料10】坂合部郷定書(15)

（端裏書）坂合部郷定書

坂合部四方垣

大和国宇智郡坂合部郷中領内之四方限之事

（中略）

一宮ノ社人水主神主侍ノ家ヨリ仕ナリ其外ハ百姓ヨリ仕ナリ、一神子ノ事ハ神ノ御縁次第ニ仕ヘシ、

一ヤブサメ乗テ同アゲノ乗テ侍ノ者ナリ、

一御ヘイサシ百姓　一小ヘイサシ本中間ヨリ、

（中略）

一心経会諸堂ノ坊主同銘若トウ参候事巳時迄ハ待申事ニ候巳ノ時過候ハ、同名衆同名寺衆ハ心経千巻ノクワタイ
若トウ衆諸堂ノ坊主衆ハ心経五百巻ノクワタイ此心経毎月ケダイアルヘカラス是ニ付シサイ有、

（中略）

一念仏寺ノ寺衆モ上下候モ侍ノ坊主ハ侍ヨリ次候事下トヲリハ百姓ヨリ次候事、
念仏寺衆知行諸ノ法度前々之コトクニ可仕候事六人之頭人若トウ百姓ニヨラス可仕候事、

一花ミトウ二人ハ同名ヨリ被立候事、
一念仏寺ノ諸法度者坂合部インチヤウ院ヨリ可被申付候事、
一坂合部之家ニ付太破仕候者辻本可次事、　下知
正永（永正）七年（異筆）（一五一〇）五月十一日

坂合部出羽守頼房　（花押）
辻本甚左衛門尉政次（花押）
誠神兵部卿久秀　（花押）

【史料10】は、すでに西村幸信氏によって検討が加えられている史料である。[16] 西村氏はこの史料より、坂合部郷の基本身分として、同名、若党、百姓が析出でき、役負担や座次が個々の身分に対応した形に決められている。また、身分が地域祭祀を中心に位置づけられる、とされた。西村氏の検討は、首肯できる。筆者はそれに加えて、このような定書が、同名中のメンバーを中心にして作成されていることから、同名中が郷内の祭祀権と身分設定を握っていたと考えられることに注目したい。

また、郷内の中心寺院も同名中が握っていたものと思われる。そのことは、「念仏寺ノ諸法度者坂合部インチヤウ院ヨリ可被申付候事」という条目からわかる。この条目に登場する「坂合部インチヤウ院」とは、【史料9】に署判している「念仏寺引接院」のことと思われる。引接院は「坂合部インチヤウ院」と名のることから、坂合部同名中のメンバーであることは明らかである。【史料10】の「同名寺衆」という存在であろう。おそらく引接院は、【史料10】の「同名寺衆」という存在であろう。その引接院より、念仏寺の諸法度は申し付けられるべし、ということは、郷内の中心寺院である念仏寺を同名中が掌握してい

たと考えられるのではないか。

このように、【史料10】からは、坂合部同名中が郷内の祭祀権や中心寺院を掌握し、郷内の身分を同名・侍・若党・百姓等に設定していたことがわかる。

【史料11】坂合部氏定書(17)

先世ヨリ万事定事

一木原村・畠田村ハ牧野殿ノ御領中ニテ御座候へ共、知行ハ坂合部へ取、万事人足百姓是也、

（中略）

一坂合部幕之文（紋）ハ井筒ニ山鳩、然共同名ヱモ前々ヨリ井筒計ユルシ申候、

一石井喜兵衛ヱモ□（同）名ニナシ申候事ハ、世ニカハリテカラノユルシニテ候、是ハ紀刕糸（伊都）ノ郡ノ侍衆宇知之郡侍衆ノ中ニテ手柄ヲモツテ同名ニナシ申候、其時両郡之侍衆より御褒美トシテ具足大刀刀被下候ニ付、坂合部殿モ是ニコシス御喜候テ井筒ニ山鳩ノモン（紋）クタサレ候、是ハイマモツテノ事ニテ候、井筒ニ山鳩ノモン（紋）ハムカシヨリ後々マテ有間敷候也、

永禄十一（一五六八）年九月十九日

坂合部兵部之大夫頼重（花押）

辻元伝助政清（花押）

誠神蘭之助正経（花押）

古沢又之丞正次（花押）

【史料11】は、大変興味深い史料である。この史料から、石井喜兵衛という侍が手柄を立てたことにより、同名成していることがわかる。池上裕子氏は、伊賀惣国一揆が百姓の侍成を行っていることに注目された。そして、惣国一揆による侍成を戦国大名が行使した権限と同じであるとされ、伊賀惣国一揆を惣国一揆の到達点とされた[18]。とするならば、坂合部同名中の行っている侍の同名成という身分変更も、戦国大名が行使した権限と同じであり、同名中の到達点を示しているといえるのではないか[19]。

また、宇智郡、伊都郡両郡の侍衆が石井喜兵衛に褒美を与えていることから、この時期、国人衆や百姓衆ばかりでなく、侍クラスの者も一揆を結んでいたこともうかがえる。

本節で述べたことをまとめると、次のようになる。二見・牧野・坂合部氏らは同名中を形成していた。彼らの同名中の特徴は、①同名中が地域の紛争解決を行い、公権力的側面を有した（明応五年）。②同名中が地域の中心寺院や祭祀権を掌握し、郷内の身分を設定していた（永正七年）。③惣領と同名（庶子家）の間には、明確な身分差がある（天文二十一年）。④同名中が身分変更を行う（永禄十一年）。

三、『三箇家文書』に残された二つの史料

五條市の三箇弘毅氏がご所蔵の史料のうち、大変興味深い内容をもつ二点の史料がある。この二点の史料は、戦国期の宇智郡のみならず、紀伊といった隣国にとっても重要な内容をもつものであり、戦国期宇智郡の新しい一面を描き出すものと思われる。本節および次節では、この二点の史料について考察を行う。

まず、二点の史料の全文を掲げてみる。

【史料12】宇智郡百姓衆連判状

就去年日損之儀郡内御百姓あまりニ
致迷惑候、此分ニ候てハ御公事足等儀も
減可申候、馬借之儀雑説候て蔵本なと
一向ニ無之候、拾年程之間ハ徳政御そせう（訴訟）
中間敷候之間、高野其外何かたへも
被仰合候而銭主之御ひけい（秘計）奉憑候、
為其皆々以連判申上候、恐惶謹言、

弘治四年（一五五八）二月二日

レウアンシノ（霊安寺）
兵衛九郎（筆軸印）
ミヤケノ（三箇）
ハカ太郎（筆軸印）
イマイノ（今井）
スエノ（須恵）
源藤次（筆軸印）

五郎太夫（筆軸印）

（紙継目）

フタミ（二見）ノ

孫衛門（花押）

同

九郎衛門（花押）

ハタケタ（畑田）ノ

弥九郎（筆軸印）

マキノ（牧野）ノ

藤十郎（筆軸印）

同

彦五郎（花押）

ヲカ（岡）ノ

二郎左衛門（花押）

同

藤二郎（筆軸印）

チカウチ（近内）ノ

ヲワノ（小和）
左近二郎（筆軸印）

クルノ（久留野）
四郎太郎（花押）

スカワノ（住川）
助五郎（筆軸印）

ニシカワチ（西河内）
善五郎（花押）

サキヤマ（栄山）ノマキ（牧）ノ
新衛門（略押）

アタノ（阿陀）
与太郎（筆軸印）

同
五郎太郎（略押）

同
十郎（略押）

刑部太郎（略押）

御国衆様まいる

人々御中

【史料13】宇智郡国衆連判状

就去年日損郡内之儀餘令迷惑
既所々相果候、方々銭主申合
相続事ニ候、然仁向後馬借以下
造意候者不寄何之被官可被
加成敗候、被相拘候て者対蔵本
失面目候、縦天下一同仁付而従
河州成下候共、面向者不及力
内儀之事更以不可有別儀候、
百姓共連判仕堅相究候谷
之儀茂同前ニ候上者、自然
後々相違之方候者可為儀絶候、
平殿へ之儀も此通申入御心得ニ候間、
猶以可為堅固候、仍定所如件、

（紙継目）

弘治四年弐月八日

栄山弥三郎

実

同　弥六
実（花押）

同　彦左衛門尉
実（花押）

嶋野市兵衛尉
澄（花押）

近内善右衛門尉
遠（花押）

久留野善介
藤（花押）

溜田孫右衛門尉
尹（花押）

表野彦四郎
頼（花押）

犬飼彦五郎
頼（花押）

吉原宗兵衛尉
頼念（花押）
福岡源右衛門尉
光（花押）
瀧　孫三郎
光（花押）
阿陀賀市左衛門尉
治
大岡主計助

（紙継目）

頼（花押）
牧野孫七郎
宗尹（花押）
二見左京亮
光重（花押）
三箇治部左衛門尉
頼盛（花押）

宇野左京進　知治（花押）
坂合部彦三郎　頼家（花押）
野原禅那坊　頼勢（花押）

【史料12】は、弘治四年（一五五八）二月二日に大和国宇智郡の百姓が連判して作成したものである。[20] 宛所は「御国衆様まいる人々御中」となっている。【史料13】は、同年二月八日に宇智郡の国人が連判して作成したものである。[21] この二通の史料は、一見して関連のあるものだとわかる。【史料12】を宇智郡の百姓たちが作成し、国人衆に宛てて出し、それをうけて宇智郡の国人が【史料13】を作成しているのは明白である。以下、この二通の史料の検討を行う。

まず、【史料12】の検討を行う。この史料の作成された前年、すなわち弘治三年（一五五七）は日損がひどく、このままでは「御公事足」、つまり百姓・地下人[22]も減少してしまうと嘆いている。そのうえ、馬借一揆の雑説もあり、金融業者である「蔵本」もいなくなっている。そこで、向こう十年ほどの間は徳政訴訟をおこさないことを誓い、高野（高野山）やその他の銭主に相談をしてもらい、金が借りられるようにしてほしい、という旨を国人に願い出ている。以上が【史料12】の内容である。

この史料でまず興味深く感じられるのは、史料の中に「馬借」・「蔵本」・「銭主」などの語がみられることである。

これらの語がみられることから、当時の宇智郡は、流通や経済活動が盛んであったことが推測される。

次に興味深く思われるのは、大和国宇智郡の百姓の借金の相手が紀伊国伊都郡の高野山であることであり、ここから、高野山が銭主として金融活動を行っていることがわかる。従来から、宇智郡は大和国よりも紀伊国の影響が強い地域であると言われている[23]。ここでも、宇智郡に高野山の持つ大きな経済力が入りこんでいることが確認でき、紀伊国の宇智郡に対する影響力の大きさがわかる。ちなみに、宇智郡内の坂合部・深山・丹原の諸荘園は、南北朝期までは高野山領であった[24]。また、織田信長政権期には、高野山は宇智郡を一円支配していた[25]。高野山勢力は、宇智郡に深く進出していたのである。

次に、【史料13】の検討を行う。【史料13】では、まず百姓の申し入れをうけて、国人が「方々銭主」に相談をして借金ができたことを記している。次に、借金が可能になったうえは「馬借以下造意候者」、つまり、馬借一揆を企てた者は、「不寄何之被官可被加成敗候」と、どの国人の被官であっても成敗を加えることを取り決めている。国人の被官とは、具体的には【史料12】に連判している百姓たちであると思われる。そしてまた、彼らは馬借一揆をも引き起こすような存在だったのである。【史料12】にある「徳政御そせう《訴訟》」とは、馬借一揆をも含んでいるのであろう。【史料12】の「馬借之儀雑説」の原因は、ほかならぬ【史料12】の作成者たちにあったと思われる。【史料12】の彼らの連判によると、宇智郡内の村々から一名ないし三名が署判している[26]。彼らは村落の代表たる新興の地侍層であり、なおかつ宇智郡国衆のメンバーの被官でもあったものと思われる。

【史料13】では「天下一同」、つまり天下一同の徳政が行われたときの対処を取り決めている。「従河州成下候共」の解釈は難しいが、一応、「河内守護畠山高政よりの命令があっても」としておく[27]。「面向者」、つまり表向きは徳政に従うが、内々には従わないことを取り決めている。

次の「百姓共連判仕堅相究候谷之儀茂同前ニ候」に出てくる「谷」とは、【史料12】にある「高野」をさしていると思われる。[28] つまり、大和国内の銭主の債権を守るだけではなく、紀伊国高野山の債権を守ることを取り決めているのである。【史料12】に「高野其外何かたへも」とあるとおり、高野山が最大の債権者であった可能性もある。

宇智郡の国人は、右記のような取り決めを、河内守護畠山氏にも認めさせている。それは、【史料13】の「平殿へ之儀も此通申入御心得ニ候」という文言からわかる。「平殿」とは、畠山氏の下で小守護代や奉行人を代々つとめた有力被官平氏をさしていると思われる。[29] 宇智郡は大和国の西のはずれに所在し、紀伊国と河内国にその境界を接している。紀伊国が宇智郡に強く影響を及ぼしていたことは、前述のとおりである。河内国もまた、宇智郡に強い影響を及ぼしていた。[30] そして、宇智郡に強い影響を及ぼした紀伊国も河内国も、守護はともに畠山氏であった。この時期にも、畠山氏が宇智郡に勢力を及ぼしており、[31] 平氏が宇智郡の郡代的存在として、あるいは畠山氏奉行人として行動していたのではないかと思われる。[32] 宇智郡の国人は、「此通申入御心得ニ候」とあるように、平氏に取り決めを申し入れ、心得させているのである。

なお、【史料13】に署判している国人の多くは、前節で検討したとおり、同名中を形成していた。【史料13】に署判している国人たちは、それぞれの同名中の物領であったものと思われる。【史料12・13】それぞれに関する検討は以上である。

四、宇智郡惣郡一揆の成立

【史料12・13】より、弘治四年（一五五八）二月段階で、宇智郡内で二つの一揆が存在したことが推測できる。それは【史料12】百姓の一揆と、【史料13】の国人の一揆である。本節ではまず、この二つの一揆の内部構造について検討し、次いで二つの一揆の関連について検討してみる。

【史料12】の百姓の一揆の中核となったのが、前節でも触れたような国人衆の被官であった新興の地侍層である。彼らを地侍層と判断したのは、前節でも述べたように、各村々の署判者の数が一名から三名程度であり、村落の代表者であると思われるというのが一点である。もう一点は、彼らの署判である。彼らの署判をみてみると、筆軸印や略押に交じり、「九郎衛門」・「彦五郎」・「二郎左衛門」・「四郎太郎」・「善五郎」のように、花押を据えている者もいる。おそらく、彼らは村落を代表する地侍層であろう。彼らの署判の肩に書かれてある村落名は、ほぼ宇智郡全域を網羅している。つまり宇智郡一郡規模で、地侍を中核とする百姓の一揆が成立していたのである。そして、この一揆は「馬借之儀雑説候て蔵本なと一向ニ無之候」とあるように、地侍を指導者として一郡規模の馬借一揆をも蜂起させるほどの実力も持ちえたのである。地侍たちは、この実力を背景に国人衆に銭主への交渉を要求しているである。

【史料13】の国人一揆の構成員も【史料12】と同じく、ほぼ宇智郡一郡規模にわたっている。彼らの出自および、【史料13】が作成される時期までの彼らの祖先の活動について若干述べる。

近内氏・久留野氏・宇野氏はいずれも、十一世紀前半に活躍した大和守源頼親を祖とする大和源氏である。特に、宇野氏は早くから宇野庄での活躍がみられ、宇野庄の地頭職ももっていた。坂合部氏は紀州隅田党の一員であり、宇智郡坂合部を本拠としている。二見氏は東大寺・興福寺の僧の末裔、後醍醐天皇に従い宇智郡にきた美濃源氏の武士、宇野氏らと同様に大和源氏等の諸説があるが、いずれにしても、南北朝期より宇智郡での活躍がみられる。[33]【史料13】に署判している国人のうち、南北朝期にその名を見せる者は多い。太平記には、南朝方として「酒辺《坂合部》」・「宇野」・「崎《米》山」・「真《牧》木野」・「野原」等の名がみられる。また、二見・宇野両氏は興福寺とのつながりも有していた。二見氏は興福寺の国民であり、興福寺一乗院の坊人でもあった。[34] 一方、宇野氏は大乗院の被官であった。[35] 十五世紀半ばとなり、両畠山氏の争いが激化してくると、宇智郡の国人も両派に分かれて戦うようになる。【史料13】に署判している国人のうち、宇野氏・坂合部氏・野原氏・三箇氏は政長方につき、[36] 栄山氏・嶋野氏・二見氏は義就方についている。[37] 宇智郡ではこの両派の争いは長く続いたようで、天文二十年（一五五一）頃に至っても、二見氏は義就方の子孫畠山尚誠に従っている。[38]

それから数年後、おそくとも弘治四年（一五五八）段階では、宇智郡の国人は抗争をやめ、【史料13】のように大同団結して一揆を結ぶのである。

弘治四年段階で、宇智郡にはそれぞれ一郡規模の一揆が二つ存在した。一つは地侍を指導者とする百姓の一揆であり、もう一つは国人衆の一揆であった。宇智郡では、一郡規模の一揆が重層的に存在したのである。この二つの一揆が一つになった時、それは宇智郡惣郡一揆となる。湯浅治久氏は、惣国一揆の結合の理由を危機管理のための地域防衛システムであったとされる。[39]【史料12・13】が作成された前年の弘治三年（一五五七）には、宇智郡はまさに危機的状況にあった。つまり、日損のため郡内は「既所々相果候」という状況に追い込まれていたのである。宇智郡惣郡一揆は、このような危機的状況を乗り切るために結成されたのかもしれない。

第一節でも検討したとおり、宇智郡では古くから宇智郡一郡・惣郡という意識が存在していた。この古くからの意識が、宇智郡惣郡一揆を成り立たせた要因のひとつであったものと思われる。

百姓の一揆の構成員の中核である地侍は、国人衆との間に被官関係を結んでいた。この被官関係が二つの一揆を結びつける要因の一つであったと思われる。先述したとおり、坂合部氏が同名中を形成しており、坂合部郷では基本身分として同名・若党・百姓に分かれていたことが明らかになっている。地侍たちは、国人により若党に編成されていたと推測される。地侍は一揆の力を背景として、一郡規模の馬借一揆をおこすほどの力を有していた。この力を背景として、地侍は自らの被官主である国人衆に蔵本・銭主との借金の交渉を要求しているのである。一方、国人衆は百姓の要求をのみ、蔵本・銭主を説得し、金を借りることに成功している。そして国人衆総体として、被官たる地侍に馬借一揆を起こさせないことを確認している。そのうえで、惣郡一揆の力を背景に、河内守護権力に徳政に従わないことを申し入れているのである。また、国人の一揆はそれまでの抗争をやめて結成されたものであった。惣郡一揆は、危機管理のための地域防衛システムであったといえよう。

この惣郡一揆の状況こそが、ルイス・フロイスがいうところの「共和国」であったといえる。百姓（下院）のもつ力を背景にして、高野山や河内守護畠山氏といった権力者と対等に交渉する国人（上院）の姿が、この惣郡一揆からうかがうことができる。宇智郡はこの時期、まさに共和国のような状況にあったのである。

五、宇智郡武士のその後

「共和国」ともいうべき、宇智郡惣郡一揆を形成していた宇智郡の国人たちは、江戸時代にはどのような存在になっていたのであろうか。本節では、この点について検討する。宇智郡惣郡一揆に加わった国人のうち、三箇氏、二見氏、表野氏の三氏を取り上げることとする。

まずは、三箇氏から検討する。中世国人の系譜をひく三箇家の近世中期段階での親族関係を、三箇家に残された親類書より復元してみると、興味深い事実が浮かび上がってくる。

【史料14】

(端裏)「三ケ倫之介殿　覚　　彦岑」

三箇倫之介親族

一　父　　和州宇智郡之地士今井庄三箇之城地ニ罷有候、三ヶ殿与呼申候、祖父三ヶ飛騨守先祖以来三箇之城主ニ而御座候、従畠山家奉書之勘状等事も所持仕候、　　三箇弥平次

一　兄　　古屋新十郎方ニ罷有候、　　(新十郎猶子)同久太郎

一　弟　　高野興山寺ニ罷有候、　　同久米之助

一　叔父　能勢出雲守殿組大坂ニ罷有候、知行弐百石　（古屋新十郎　弥平次カ兄

一　同　同組知行弐百石　（伊駒彦太夫　母カ弟

一　従弟　一乗院御門跡之家老南都ニ罷有候、知行百五十石　（湯浅三河守　彦太夫カ兄ノ子他名ヲ継

一　同　同御内ニ罷有候、小之姓相勤申候、　（伊駒半弥　同

一　同　本多能登守殿ニ罷有候、知行百五拾石と承申候、　（河村半六　同他名ヲ継

（彦岑　興山寺弟子　彦太夫カ別腹ノ兄

右之通ニ而御座候、己上

元禄二年（一六八九）己巳二月十四日

まず、この親類書から、頼雄の父弥平次は宇智郡の郷士（地士）であり、三箇殿と敬称付きで呼ばれる存在である。弥平次の祖父は飛騨守といい、先祖以来、三箇の城主であったことがわかる。

頼雄の兄の三箇久太郎は弥平次の兄、つまり伯父の古屋新十郎の猶子になっている。古屋新十郎は大坂町奉行能勢頼相組下の武士であり、二〇〇石の知行を受けている。同じく母の弟、つまり母方の叔父である伊駒彦太夫も能勢頼相組下の武士である。頼雄の弟の三箇久米之介は、高野山興山寺に居住している。ちなみに、【史料14】の筆者である彦岑も興山寺の僧である。彦岑には「彦太夫カ別腹ノ兄」とあり、頼雄や久米之介の母方のおじであることがわかる。

頼雄のいとこたちは、次のとおりである。ここに登場するいとこ三人は、いずれも母方の叔父である伊駒彦太夫の「兄ノ子」であり、母方のいとこである。まず、一人目のいとこ湯浅三河守は、伊駒家を出て他家に養子にいき、興福寺一乗院の家老をしている。その弟と思われる伊駒半弥は、興福寺一乗院の小姓をしている。この三兄弟の末弟と思わ

れる河村半六は、他家に養子にいき、本多忠常に仕えて郡山藩士となっている。

次に、三箇家と高野山との関係について検討する。第二節から第四節で、戦国時代の宇智郡が高野山ときわめて深い関係にあることを指摘した。高野山との関係は、江戸時代になっても続いていることがわかる。頼雄の母方のおじの彦岑が高野山興山寺の僧で、頼雄の弟の久米之介も興山寺に居住している。久米之介が興山寺に居住しているのは、おじ彦岑のつてを頼ったものと思われる。いずれにせよ、三箇家が高野山と深い関係にあることがわかる。【史料14】から判明することは、おおむね以上である[40]。

第三節で、宇智郡の百姓の借金の相手が高野山であることを指摘した。近世の三箇家が高野山に人を送り込んでいたのと同様に、先述したとおり、二見氏をはじめとする宇智郡の中世国人も、高野山に人を送り込んでいたものと思われる。このことが、戦国期の宇智郡において百姓の借金の相手が高野山であったことの背景の一つであったものと思われる。

興福寺との関係についても検討しよう。中世宇智郡の国人は、興福寺と深くつながっていた。近世になっても、三箇家の親族が興福寺に仕えている。頼雄の母方のいとこである湯浅三河守が一乗院の家老であり、同じく母方のいとこである伊駒半弥が一乗院の小姓をしている。三箇家のような中世国人の系譜をひく家が、高野山と同様の権門寺院である興福寺とも、中世以来の深いつながりを維持しつづけていることがわかる。

頼雄の母の実家である伊駒一族は一乗院に仕えたり、幕臣、郡山藩士などになっている。伊駒氏は元来、桑山家新庄藩士であった。ちなみに、桑山家新庄藩は天和二年（一六八二）に改易となっているので[41]、元禄二年（一六八九）段階では桑山家新庄藩は存在しない。頼雄の父方の伯父である古屋新十郎と母方の叔父である伊駒彦太夫は、ともに大坂町奉行能勢頼相組下の幕臣である。このことは、あるいは新庄藩改易のため浪人となった彦太夫が、自分の姉の義理の兄である古屋新十郎のつてを頼った可能性もあるものと思われる。ちなみに、頼雄の兄の久太郎は、前述のとおり古屋新十郎の猶子となっている。

このように、三箇頼雄の親族を復元してみると、三箇家が実に幅広い親族ネットワークを有していることがわかる。中世以来の高野山・興福寺といった権門寺院との関係を近世になっても維持しつづけ、一族の多くは幕臣・藩士等の武士になり、二〇〇石～一五〇石程度の禄を食んでいる。まさに、中世の国人の系譜をひくにふさわしい親族関係といえるのではないか。

続いて、二見氏について検討を加える。前述したとおり、二見氏は南北朝期から宇智郡での活躍がみられた武士である。二見氏の最後の当主である二見金蔵の記した文書が残されているので、まずはそれを記してみる。

【史料15】

譲り証文之事(42)

一私儀妻子等も無御座候ニ付二見村先庄屋理助倅清蔵を致養子罷在候所不仕合ニ而右清蔵四年以前卯年致病死候ニ付私年罷寄余命も無候得者二見氏家名も絶候様ニ罷成申候ニ付元来当家と者古来因縁も在之貴殿ニ者子孫も多ク在之候ニ付私所持之二見氏之綸旨院宣廿通壱巻感状等之書物十二通定紋附之箱ニ入并十文朱柄之鑓壱筋貴殿へ譲り渡し御頼申入候、何とそ御子孫之内ニ而御見立被下末々二見氏之家名致相続候様御頼申入候所相違無御座候、私儀者只今より大坂表へ罷越し来年迄者日雇稼ニ而も渡世ニ仕罷立明後年者生年六十歳ニ罷成候ニ付諸国行脚仕候覚悟ニ御座候、尤私

此節困窮ニ付金子五両御恵投被下忝慥ニ請取申候、然上者此後私儀如何程困窮致渇命候程之難義仕候共貴殿御家へ対し合力無心等之儀少も申入間敷候、右之段親類其外違乱申者無御座候、私相果候後ニ而も万一私子孫親類等と申出右書物等之儀彼是申出候共以此書付御申披被下貴殿子孫之内ニ而家名相続被成可被下候、為後証譲り証文如件、

譲り主

安永三（一七七四）午年十月　　二見金蔵

証人　御蔵方二見村庄屋

理助

桜井藤次殿

（後略）

【史料15】は、二見氏の最後の当主二見金蔵から、桜井藤次に宛てて記された譲り状である。この譲り状によると、二見金蔵は六十才になろうとする老人であり、子孫もいないことが記されている。そこで、二見金蔵は桜井藤次に二見氏所蔵の綸旨・院宣[43]を譲るとしている。また、桜井氏から五両の金子を恵んでもらっている。そのうえで、桜井氏の子孫から人を選び、二見氏の家名を相続させてほしいと依頼している。二見金蔵本人は、大坂へゆき、日雇い稼で糊口をしのぎ、その後は諸国行脚の旅に出るとしている。

　しかしながら、二見金蔵の願いは聞き届けられなかったようで、その後、二見氏の家名は絶えてしまっている。南北朝以来の名門であった二見氏の最後は、このようにさびしいものであった。

最後に、表野氏について検討を加える。表野氏には、大変興味深い文書が残されている。まずはそれを記してみる。

【史料16】

御奉公ニ付起請文[44]

一貴殿いつかたへ成共もし御奉公に御座候ハヽ、何時成共御供申可参候、すこしもいつわり中間敷候、もしいつわりお申者

起請文誓言事（中略）

于時元和二年（一六一六）三月吉日

甚三郎（花押）

新吉（花押）

表野二平次殿

【史料16】は、甚三郎と新吉の二名から、表野二平次に宛てて出された起請文である。内容は、表野二平次が武士として奉公（仕官）をする機会を得たならば、甚三郎と新吉の両名も表野二平次の供としてついて行くことを誓約している。甚三郎と新吉は名字は名乗っていないものの、花押を据えており、侍身分であると推測される。おそらくこの両名は、表野二平次の家来の侍であったものと思われる。

この起請文のより興味深い点は、発給された年月で、元和二年（一六一六）二月である。つまり、この起請文は豊臣氏が滅亡した大坂夏の陣の翌年に発給されているのである。この起請文から、表野二平次は大坂の陣終結後も、浪人として仕官の道を探っていたことがわかる。決して武士への道をあきらめていない。まさに、中世の国人の系譜をひくにふさわしい行動といえるのではないか。

本節では、「共和国」ともいうべき、宇智郡惣郡一揆を形成していた宇智郡の国人たちの江戸時代における存在形態について検討を行った。

三箇家は、実に幅広い親族ネットワークを有していた。中世以来の高野山・興福寺といった権門寺院との関係を近世になっても維持しつづけ、一族の多くは幕臣・藩士等の武士になり、二〇〇石〜一五〇石程度の禄を食んでいる。まさに、中世の国人の系譜をひくにふさわしいというべき親族関係を形成していた。

南北朝以来の名門武士二見氏は、すっかり零落してしまい、その結果、家名は断絶してしまった。表野氏は大坂の陣終結後も、浪人として仕官の道を探っており、決して武士への道をあきらめていなかった。中世の国人の系譜をひくにふさわしい存在形態であったといえよう。

おわりに

ルイス・フロイスは、なぜ惣郡一揆のことを「共和国」と呼んだのか。その理由を、本稿では宇智郡惣郡一揆を素材として検討をした。

中世後期の宇智郡には、一郡・惣郡という意識があった。この一郡・惣郡という意識が、宇智郡に独自性・独立性を与え、惣郡一揆の成立に影響を及ぼしたものと推測される。

宇智郡の武士の存在形態についても検討を行った。特に、存在形態のあり方として、宇智郡の武士たちの同名中に注目した。二見・牧野・坂合部氏らは同名中を形成しており、彼らの同名中の特徴は、同名中が地域の紛争解決を行い、公権力的側面を有したことである。同名中が地域の中心寺院や祭祀権を掌握し、郷内の身分を設定していた。惣領と同名（庶子家）の間には、明確な身分差があり、同名中が身分変更を行うこともあった。

また、弘治四年に出された大変興味深い二点の史料「宇智郡百姓衆連判状」、「宇智郡国衆連判状」について検討し、宇智郡には宇智郡惣郡一揆が存在したことが明らかになった。弘治四年段階で、宇智郡にはそれぞれ一郡規模の一揆が二つ存在した。一つは地侍を指導者とする百姓の一揆であり、もう一つは国人衆の一揆であった。宇智郡では一郡規模の一揆が重層的に存在したのである。この二つの一揆が一つになった時、それは宇智郡惣郡一揆となる。この惣郡一揆の状況こそが、ルイス・フロイスがいうところの「共和国」であったといえよう。百姓（下院）のもつ力を背景にして、高野山や河内守護畠山氏といった権力者と対等に交渉する国人（上院）の姿が、この惣郡一揆からうかがうことができる。宇智郡はこの時期、まさに共和国のような状況にあったのである。

最後に、「共和国」ともいうべき、宇智郡惣郡一揆を形成していた宇智郡の国人たちの、江戸時代における存在形態について検討を行った。三箇家は、中世の国人の系譜をひくにふさわしいというべき親族関係を形成していた。南北朝以来の名門武士二見氏は、すっかり零落してしまい、その結果、家名は断絶してしまった。表野氏は大坂の陣終結後も、浪人として仕官の道を探っており、決して武士への道をあきらめていなかった。中世の国人の系譜をひくにふさわしい存在形態であったといえよう。

註

（1）『新修五條市史　史料編』所収、大日寺所蔵文書。

（2）「中世における地方寺院の研究」（元興寺文化財研究所『中世大和国寺院に関する調査研究』、二〇〇一年）。

（3）三箇弘毅氏所蔵文書。

（4）三箇弘毅氏所蔵文書。三箇氏所蔵の中世文書については、小谷利明「宇智郡衆と畠山政長・尚順」（『奈良歴史研究』五九、二〇〇三年）がくわしい。

（5）『新修五條市史　史料編』所収、犬飼正氏所蔵文書。

（6）遊佐就盛については、弓倉弘年「室町時代紀伊国守護・守護代に関する基礎的考察」（『和歌山県史研究』一七、一九九〇年）、小谷利明「戦国期の守護家と守護代家」（『八尾市立歴史民俗資料館研究紀要』三、一九九二年）がくわしい。

（7）『新修五條市史　史料編』所収、犬飼正氏所蔵文書。

（8）『新修五條市史　史料編』所収、大日寺文書。

（9）湯浅治久「革嶋氏の所領と乙訓郡一揆」（『駿台史学』七七、一九八九年）では、革嶋氏の惣領が、同族外部への土地の流出を防ぐ行動をとることが明らかにされている。ここであげた二見氏の事例も、革嶋氏の場合と同様のものと思われる。

（10）生蓮寺所蔵。

（11）『新修五條市史　史料編』所収、桜井藤太氏所蔵文書。

（12）侍については、後述する。

（13）『新修五條市史　史料編』所収、古澤準司氏所蔵文書。

（14）長谷川裕子「戦国期における土豪同名中の成立過程とその機能」（『歴史評論』六二四、二〇〇二年）。

（15）『新修五條市史　史料編』所収、古澤準司氏所蔵文書。

（16）西村幸信「中近世移行期における侍衆と在地構造の転換」（『ヒストリア』一五三、一九九六年）。

（17）『新修五條市史　史料編』所収、古澤準司氏所蔵文書。

（18）池上裕子「戦国期の一揆」（『一揆』二、一九八一年）。

（19）藤田達生氏は、「村の侍と兵農分離」（『人民の歴史学』一三三・一三四、一九九七年）において、伊賀物国一揆の侍成に関する史料である「伊賀惣国一揆掟書」の年代比定を行われた。藤田氏は掟書の制定を、永禄十二年十一月とされる。【史料11】は、永禄十一年九月のものであるので、このことから伊賀惣国の侍成と、坂合部同名中の同名成は、ほぼ同時期であることがわかる。そうしたことからも、【史料11】は興味深い史料といえよう。

(20)この文書の料紙の法量は、二五・四センチ×六四・二センチで、二紙を継いである。

(21)この文書の料紙の法量は、二五・五センチ×一一七・二センチで、三紙を継いである。

(22)永島福太郎氏は「公事足と公事屋」(『史学雑誌』六〇―八、一九五一年)において、公事足とは百姓・地下人であるとされている。

(23)村田修三「城跡調査と戦国史研究」(『日本史研究』二一一、一九八〇年)。

(24)『新修五條市史　本編』通史第六章第一節。

(25)藤本清二郎「近世高野寺領成立史に関する覚書」(『和歌山大学紀州経済史文化史研究所紀要』八、一九八八年)。

(26)一村で複数署名しているのは、その村が大村であったからと思われる。例えば三名が署名しているアタ(阿陀)は、『元禄郷帳』によると、元禄期には東阿陀村、西阿陀村、南阿陀村の三カ村に分かれており、中世にはかなりの大村であったと推測される。

(27)「河州」を畠山高政と比定したのは、以下の理由による。後述するように、この時期、畠山氏が宇智郡に勢力を及ぼしていたこと、この文書の後半に畠山氏の有力被官平氏の名が見え、平氏と国衆の間に徳政をめぐるやりとりがあること。この二点が、「河州」を畠山高政と比定した主な理由である。また、この「河州」が義就流の尚誠をさしている可能性もあろう。しかし、弓倉弘年氏は「畠山義就の子孫達」(『南紀徳川氏研究』四、一九九一年)において、この時期、尚誠の勢力は凋落してしまっていることを明らかにされている。勢力が凋落している尚誠が「河州」である可能性はないものと思われる。

(28)和多昭夫(秀乗)氏は「中世高野山の僧侶集会制度」(『密教文化』四五・四六、一九五九年)において、高野山の内部が谷上院谷・千手院谷・西院谷・中院谷・往生院谷等の各谷々に分かれており、それぞれ集会評定が行われていたことを明らかにされている。また、山陰加春夫氏は「日本中世の寺院における文書・帳簿群の保管と機能」(河音能平氏編『中世文書論の視座』、一九九六年)において、高野山の僧侶がこれらの谷々に分かれて居住しており、谷々ごとに文書を管理していたことを明らかにされている。これら先学諸氏が指摘されるとおり、高野山内部はいくつかの谷々に分かれていたのである。いいかえれば、高野山はこれらの谷々の集合体であるといえよう。このように認識されていたので、ここでは高野山を「谷」と表現したものと思われる。

(29)弓倉弘年「室町時代紀伊国守護・守護代等に関する基礎的考察」(『和歌山県史研究』一七、一九九〇年)。同じく弓倉氏は、「紀南戦国史序説」(安藤精一編『紀州史研究』四、一九八九年)において、平氏が紀伊国守護代であった可能性も示唆しておられる。また、平氏の畠山氏権力内での地位や家格等については、小谷利明「『天文御日記』にみえる河内守護勢力と本願寺」(『八尾市立歴史民俗資料館研究紀要』五、一九九四年）がくわしい。

(30) 例えば、宇智郡須恵庄および木原は河内国観心寺領であった。

(31)『新修五條市史　本編』通史第六章第二節では、宇智郡は畠山氏領国化したとしている。また、弓倉弘年氏は「天文年間の畠山氏」（『和歌山県史研究』一六、一九八九年）において、天文年間に至っても両畠山氏が河内・紀伊国境一帯に根強い地盤を有したことを指摘しておられる。

(32)『新修五條市史　本編』通史第六章第二節では、平氏は畠山満家の代のころに宇智郡に入部してきたとしている。平氏は畠山氏被官のなかでも、宇智郡に強い影響力をもっていたのかもしれない。

(33) これらの国人の出自については、『新修五條市史　本編』、『奈良県の地名』（一九八一年）、朝倉弘『奈良県史一一　大和武士』（一九九三年）等、参照。

(34)『新修五條市史　本編』通史第六章第二節。

(35)『大乗院寺社雑事記』寛正五年六月二日条に、「宇野ハ大乗院被官」とある。

(36)『大乗院寺社雑事記』文明九年一〇月八日条によると、「宇野」・「坂部《(坂合部)》」・「野原」が政長方として戦死していることがわかる。また、第一節でも述べたように、三箇弘毅氏所蔵文書のなかに、畠山政長判物が残されている。これらのことから、宇野・坂合部・野原・三箇の各氏が政長方であったことがわかる。

(37)『新修五條市史　史料編』所収の「二見家文書」の中に、天文初年頃と推定される「木沢浮泛書状」がある。木沢浮泛とは、義就流河内守護代の木沢長政の父である。この浮泛の書状で二見左衛門太夫方として「崎《(栄)》山」、「嶋野」が出陣要請をされている。この書状により、二見・栄山・嶋野の各氏が義就流方であったことがわかる。

(38)『新修五條市史　史料編』所収「二見家文書」の中に、天文二十年頃と推定される「畠山尚誠書状」があり、二見氏が義就流の尚誠に従っていたことがわかる。

(39) 湯浅治久「『惣国一揆』と『侍』身分論」（『歴史評論』五二三、一九九三年）。

(40) この親類書が作成された理由は不明であるが、頼雄の仕官のため、あるいは婚姻のためであった可能性もある。

(41)『改訂新庄町史　史料編』（一九八三年）。

(42)『新修五條市史　史料編』所収、桜井藤太氏所蔵文書。

(43)『新修五條市史　史料編』所収、犬飼正氏所蔵文書のなかに数多くの綸旨・院宣が収録されている。犬飼正氏所蔵文書のなかに、これらの文書が文政十二年（一八二九）に、桜井氏から犬飼氏に譲渡されたことがわかる譲り状が残されている。

(44)奈良県立図書情報館所蔵表野氏旧蔵文書。

V　織豊期の南近畿の寺社と在地勢力
――高野山攻めの周辺

小谷利明

はじめに

河内・和泉・大和・紀伊の四ケ国と摂津闕郡は、南北朝内乱期以降、「南方」と呼ばれ、ひとつの地域呼称として戦国末期まで用いられた(1)。本書の南近畿と呼ぶ地域は、およそ当時の「南方」と重なる。畿内の歴史は、天皇や将軍がいる山城国を中心に論じられる場合が多いが、統一政権が畿内近国を完全に制圧するのは、天正十三年（一五八五）の羽柴秀吉による紀州攻めである。このことから、織豊政権が畿内を統一する問題を考える時、「南方」の研究は重要であろう(2)。

また、紀州攻めの対象となったのは、根来寺などの寺社権力も含まれており、軍事的側面だけでなく、中世人の思想的担い手であった寺社権力解体の問題としても考えなければならない。これは、延暦寺や本願寺も含まれるが、紀伊の寺院は全国的に巡礼者が集まることが特徴である。「蟻の熊野」と呼ばれた熊野詣は、十五世紀後半がピークと言われるが、日葡辞書にも項目があるように、その隆盛は戦国末まで続いている(3)。また、高野山の子院は全国の武将と師檀関係を結んだが、それは高野聖の全国的な勧進活動によった。かれらの活動を支えた社会とはなんであったの

か、文化史的にもこの時期の特徴と見ることができる。(4)

本論の目的は、織田信長上洛後の畿内で、中世的権力が解体する過程を段階的に把握するため、畿内で起きた内乱を連続的に見ていく。ここでは、畿内守護権力の解体過程とその解体に伴って、守護家内衆がどのような政治的選択をしたのか、畿内で起きた内乱—大名間戦争、大坂本願寺の籠城戦、秀吉の紀州攻めなど、従来、個別に研究されていたものを、戦争の担い手を通して連続的に見ながら、最後は中世的寺社権力の解体までを考えてみたい。特に秀吉の紀州攻めでいえば、根来寺、雑賀攻めが貴重な研究成果を持つが、(5)ここでは従来あまり問題とされなかった、高野山の問題を取り上げてみたい。(6)

一、信長上洛と南近畿勢力

1．上洛以前の畿内

織豊政権成立をめぐる大きな画期のひとつは、織田信長が足利義昭を伴い上洛した永禄十一年（一五六八）に求められる。従来、この信長の上洛については、『信長公記』の叙述を中心としていたため、畿内勢力の動向は全く無視されてきたが、筆者はこれを批判して、「義昭上洛による義昭の幕府は、畿内の内乱の結果を色濃く反映したものであった」と指摘し、従来看過されてきた、永禄八年五月十九日の将軍足利義輝暗殺からはじまる畿内の内乱の評価について述べたことがある。(7)『信長公記』を台本とした信長中心史観は相変わらずつづいているが、その後、いくつかの新しい研究が出てきた。馬部隆弘氏(8)は、畿内の内乱の主役のひとりである三好義継と和泉の松浦孫八郎が兄弟であり、彼らは九条稙通の養女と三好長慶の弟十河一存の間に生まれた者たちであることを実証した。これによって、この時期の義継・孫八郎の政治的動向について、九条稙通の影響があったとした。

天野忠幸氏[9]は、三好三人衆や松永久秀の動向を整理した。ここで重要な指摘は、松永久秀が将軍足利義輝の暗殺に参加せず、後に将軍となる足利義昭（奈良興福寺の一乗院覚慶）を逃がすのに協力したことや、これによって三好家から排除された久秀が畠山政頼と連携し、永禄九年六月には久秀と義昭や信長の間で同盟関係が成立したとすることである。

畠山氏についても、弓倉弘年氏[10]の研究や拙稿[11]から簡単にまとめておきたい。足利義輝暗殺後にいち早く行動したのは、畠山政頼やその家臣安見宗房であった。一乗院覚慶が南都から脱出する四日前の日付で、関東管領となった上杉輝虎に公方切腹を知らせ、「天下御再興」を促している。両管領家による天下復興を目指したものと言えよう。同年八月には、内藤宗勝（松永長頼、久秀の弟）が丹波で討ち死にし、これについても畠山方と薬師寺弼長が連絡を取り合っており、十月には畠山方の安見右近が大和で軍事行動を起こしている。さらに同時期、遊佐信教が観心寺に禁制を掲げている[12]。畠山方の動きは、極めて早かったと言えよう。

また、弓倉氏は、畠山政頼がある段階から秋高を名乗ることに注目し、覚慶が還俗して名乗った義秋（永禄九年二月十七日～永禄十一年四月十五日）から偏諱を賜わったとした。このころから秋高は左衛門督を名乗っていることから、これも義秋から賜ったものであろう[13]。このように、義昭上洛前の段階で偏諱を賜った大名はおらず、両者の接近ぶりは際立っている。

また、義昭は上洛にあたって、秋高を通して紀伊の寺社勢力を動員しようとしていることも注意する必要があろう。

なぜならば、「大坂本願寺合戦」のはじまりは、義昭の動座による三好三人衆への攻撃であったが、義昭軍の主力の軍勢は、義昭の奉公衆と畠山・三好・松永などで、信長の本隊は近江に駐屯していた。このため、義昭の動員をうけた主力勢力は畿内の守護で、特に金胎寺、宇智郡衆、雑賀衆、根来寺衆など、秋高によって動員される河内・紀伊の国人や寺社勢力が大きな軍事力であった[14]。畠山氏の挙兵から「大坂本願寺合戦」に至る軍事的展開を見ると、これらの問題を過少評価すべきではない。戦国末期の畿内は、幕府、守護権力だけの問題ではなく、強力な軍事力を持つ寺社権力の動向も視野に入れなくてはならず、その際、重要なのは守護権力と寺社権力とのかかわり方と言えるだろう。

2.「大坂本願寺合戦」期の動向――安見右近とその妻

元亀元年（一五七〇）から天正八年（一五八〇）まで本願寺と信長が戦う、いわゆる「石山合戦」は、近年、この用語をめぐっていろいろと議論されている[15]。大坂に本願寺があった時代には「石山」地名は存在しておらず、「石山本願寺」や「石山合戦」と呼ぶのは問題であるとされるので、本稿もこれにならい、「大坂本願寺合戦」を使用する。さらに言えば、「大坂本願寺合戦」は元亀元年から天正八年までを一貫して括ってよいかどうかも、検討の余地がある[16]。

先にみたように、義昭が動員した軍勢は、畿内の守護勢力と寺社勢力が中心であった。したがって、畿内の守護勢力が解体し、また、義昭自身も反信長となった時、「大坂本願寺合戦」自体が大きく変化したと考えられる。「大坂本願寺合戦」の織田方の軍事力については、織田水軍に関する研究はあるが[17]、天正四年から本格化する織田方と本願寺との直接対決については、特に陸上部隊と呼べる本隊の研究はほとんどない[18]。天正八年八月に信長が発給した佐久間信盛父子への折檻状には、信盛に対して三河、尾張、近江、大和、河内、和泉、根来衆及び紀州などの「少分之者共」だが七ケ国の与力を付けて、佐久間信盛の人数を加えて戦ったとする。(19)このうち、ここでは河内・紀伊の軍勢を検討するわけだが、前提として畿内の守護権力の解体があり、旧守護勢力を再編して戦ったのが、「大坂本願寺合戦」である。

まず、守護勢力の解体の契機となった事件を挙げておこう。元亀四年（一五七三）六月二十五日、河内・紀伊守護の畠山秋高が高屋城で没した。これは、守護代遊佐信教による殺害とみられる。(20)守護家家臣はこれによって遊佐信教と協調するか、信長の家臣になるかを選択せねばならなかった。つづいて、天正元年（一五七三）十一月十六日に多羅尾綱知、野間康久、池田教正らの裏切りによって、若江城に佐久間信盛の軍勢を引き入れ、三好義継が自刃している。(21)裏切った多羅尾らは若江三人衆と呼ばれ、義継時代の支配を認められるが、彼らは信長家臣となったのである。つまりこの年、高屋城と若江城で畿内守護の滅亡が同時に起こったのである。さらに、天正三年四月八日には、信長が遊佐信教や三好康長の籠もる高屋城を攻め、康長は降伏し、信教はゆくえ知れずとなった。(22)こののち康長は、信長配下の大名として活動するようになる。また、和泉では、信長上洛後は松浦氏と根来寺が支配していたが、松浦氏の最後の家督と見られる松浦肥前守光の活動がわかるのは天正三年四月までであり、松浦氏の家中・被官支配は解体していった。(23)本格的な本願寺攻めは天正四年からであり、河内・紀伊・和泉の守護勢力が解体した後のことである。このことから、織田氏が畿内

大坂本願寺跡推定地　大阪市中央区・大阪城内

の武士をどのように編成して畿内支配をはじめたのかを検証しなければならない。

　ここではまず、北河内・大和・南山城に影響力を持った交野城（私部城）主安見右近について検討したい。これについては、馬部隆弘氏の研究と拙稿がある[24]。安見右近の活動がわかるのは永禄二年（一五五九）からで、河内守護畠山高政の武将として枚方寺内町と関わる活動が見られる。一方、翌永禄三年十月には、三好長慶によって河内支配が開始される。ところが、永禄四年正月には右近が河内星田の領主として登場してくる。どうやら、右近は三好方の武将となったようだ。

　再び右近の活動に変化が生じたのは、永禄八年五月に将軍足利義輝が殺害され、反三好方が畿内で蜂起した時である。安見右近は十月に大和で蜂起した。この年と思われる十二月十八日、遊佐信教は松永久秀に安見右近を預け、両者は同盟しており[25]、右近はこれ以後、松永久秀の与力として活動する。永禄十一年に義昭が上洛すると、三好義継を飯盛城主に、畠山秋高を高屋城主にしたが、永禄十三年正月以前に、三好義継は中河内の平野部にある若江城を築城して、ここを本拠とした[26]。飯盛城は北河内に位置し、大和国境にあり、さらに南山城にも通じる城であったが、これを放棄すると、大和・南山城に通じる北河内を支配する拠点的な城郭交野城の重要性が増してくる。交野城が文献に現れるのは、元亀元年（一五七〇）十月であり、義継が若江城主となってからであった。「高屋に畠山殿、若江に三好左京大夫、片野には安見右近」とあって、安見右近は両守護に肩を並べる存在であった[27]。

　ここで注目されるのが、右近の妻が佐久間信盛の娘である点である[28]。右近は、元亀二年五月十一日に松永久秀に奈良に呼び出され、自刃した。直後、久秀は右近の交野城（私部城）を攻撃するとともに、畠山秋高の居城高屋城を攻めたのである[29]。この事件は、久秀が右近を呼び出し、自刃させていることからみて、この段階でも右近は久秀の与力

安見右近の居城・交野城跡　大阪府交野市

であったと見られる。久秀は、武田信玄と同盟して反畠山、反信長として活動していることから、佐久間信盛を舅に持つ右近を自刃に追い込んだものと見られる。こののち、私部城は右近の同族と思われる安見新七郎が守った。これ以後、佐久間信盛と新七郎は枚方などで重層的支配を行った。また、天正八年初めには、安見右近の後室が安見家中を統括していることがわかる。また、その息子は十歳となり、右近の自刃頃に生まれたことがわかる。安見右近家では、この子供が家督を継ぐことが自明であったようだが、この年八月に佐久間信盛が追放されたため、それは叶わなかった可能性がある。

以上、少なくとも安見右近の息子の年齢からみて、右近と佐久間信盛の娘が婚姻を結んだのは、元亀元年以前といえる。このころ、三好義継が飯盛城から若江城に移っているため、北河内で右近の立場は大きなものとなったと見られる。右近は天下再興の戦いにおける畿内での中心人物ではあるが、河内で畠山秋高や三好義継と並ぶ存在として認識されていたのは、佐久間信盛との関係があったからと見るべきであろう。

3.「大坂本願寺合戦」期の動向――保田知宗の場合

次に、保田知宗について検討したい。知宗を取り上げる理由は、知宗が佐久間信盛とともに「大坂本願寺合戦」に参加し、信盛の右腕として活躍したからである。それを裏付けるのが、信長が佐久間信盛・信栄父子に対して出した折檻状である。そのなかで、佐久間親子と別に非難された唯一の人物が保田知宗であった。

【史料1】

覚

（中略）

一、（六条目）やす田之儀、先書注進、彼一揆攻崩ニおいてハ、残小城共大略可致退散之由、載帋面、父子（佐久間信盛父子）連判候、然処一旦届も無之送遣事、手前迷惑可遁之、寄事於左右、彼是存分申哉之事、

（中略）

右、数年之内一廉無働者、未練子細、今度於保田思当候、抑申付天下信長に口答申輩、前代始候条、以爰可致当末二ケ条（敵と戦い会稽を雪ぐか、または高野山に隠棲するかの二ケ条）、於無請者、二度天下之赦免有之間敷者也、

天正八年八月　日[30]

史料1から、保田知宗は本願寺攻めの作戦を立てており、それに佐久間信盛父子が連判し、信長に報告していた。末尾を見ると、知宗に対する信長の怒りは甚だしいことがわかる。後に見るように、知宗も信盛らとともに高野山に蟄居したものと考える。

保田知宗については、弓倉氏の研究がある[31]。保田氏は紀伊国有田郡保田庄を本拠にした国人で、知宗の父とみられる保田佐介長宗が、天文年間に畠山稙長の内衆として和泉・大和で活動している。また、秋高がまだ政頼と名乗る永禄八年段階で、父長宗の発給する文書[32]とともに、知宗も政頼の取次[33]をしており、畠山政頼が家督に就任して以来の内衆と言えるだろう。

柴田勝家画像『國史画帖 大和櫻』当社蔵

次に、畠山秋高が没した直後に足利義昭は信長と対立して槙島城に立て籠もったが、その時、（元亀四年）七月八日付で足利義昭の御内書が本願寺に出され、これをめぐって若江城の三好義継の使者として金山信貞と多羅尾綱知、高屋城の使者として知宗が遣わされ、協議が行われた[34]。このことから、知宗はいまだ高屋城に居り、守護方の使者として本願寺と協議する立場であったことがわかる。若江城の金山信貞は義継の宿老として活動しており、これらの使者は、両家の重臣に位置づけられた人々である。このため、守護家督が没した高屋城であったが、守護家宿老は依然として機能していたことがわかるのである。この時の知宗の立場は、高野山智荘厳院[35]とともに反信長方として南河内で活動しており、遊佐信教と行動を共にしていた。

ところが、（天正二年）五月十七日付け遊佐勘解由左衛門宛て羽柴秀吉書状が保田知宗の人質を要求しており、この段階で信長方となっていたことがわかる[36]。これには、秋高の内衆で最も重要な人物であった遊佐勘解由左衛門盛[37]が介在しており、遊佐勘解由左衛門盛もすでに信長方になっていることがわかる。

【史料２】

柴田かたへ書状披見候、肥高之事、無是非候、無念不可過之候、其方身上之理聞届候、両方衆相談及行、遊佐事可相果候由、尤簡要、就先調候趣、為此方分別不相届、可然之様ニ調略肝要候、於様体者柴田可申候、恐々謹言、

七月十四日　　信長御印

保田左助殿[38]

史料2では、知宗が人質を出して、信長が柴田勝家を通じて秋高の死没について悔みを述べている。「遊佐事可相果候」とあるように、秋高の死を遊佐と関わらせている。保田知宗が信長に差し出した人質とは彼の娘であったらしく、佐久間盛次の次男安政が知宗の婿となった[39]。

安政の母は、柴田勝家の姉である。安政の兄は佐久間盛政で、柴田勝家に属し、弟安政とともに賤ケ岳の戦いで活躍した。史料2にあるように、知宗の信長方への出仕後、柴田勝家が仲介していることを見ると、両者の関係は比較的早い段階で成立したものと見られる。なお、佐久間信盛との関係を見ると、『寛政重修諸家譜』によれば、信盛の曽祖父と安政の祖父が兄弟であった。保田知宗が大坂本願寺攻めの大将であった佐久間信盛の重臣として活動したのは、このような血縁関係にあったためだろう。

もうひとつ、保田知宗が重要であったのは、根来寺との関係である。

【史料3】

河内国天野山成金剛寺之事、自往古、代々以手継証文、雖為不入、近年国役少々納所依有之、根来寺為惣分一円可令免除旨被申候、然上者、無異儀令寄進候状如件、

保田左介

天正貳年二月十日　　知宗（花押）

大伝法院

宿老衆御中

御同宿中(40)

史料3は、保田知宗が河内の金剛寺の守護不入について述べた文書である。金剛寺は守護不入であったが、近年、国役を少々納めており、根来寺惣分として免除することを知宗が取り次いでいる。根来寺が河内に進出している史料と言えるが、それとともに根来寺惣分と交渉し、地域の安定を図る公権力として知宗が存在していたことがわかる。特にこの時期、知宗は反信長方として活動しており、根来寺も同調していた可能性がある。

【史料4】

急度令申候、仍昨日十九日午刻各至此表令参陣候、然者明日廿一日至高屋表相詰相働候之条、其替相催、来廿三日於高屋南可被合手候、無御油断御馳走簡要候、委細従保佐可被申入候、此節不日可為御出馬候之条、可被成候て御意得候、旁遂参会可申候、恐々謹言、

十月廿日

明智十兵衛尉　光秀（花押）
塙九郎左衛門尉　直政（花押）
蜂屋兵庫助　頼隆（花押）
羽柴藤吉郎　秀吉（花押）
丹波五郎左衛門尉　長秀（花押）
柴田辰千代　勝政（花押）
長岡兵部太輔　藤孝（花押）
佐久間右衛門尉　信盛（花押）

根来寺
御在陣衆中[41]

史料4は、天正二年十月に織田方が遊佐信教の籠もる高屋城を攻めた時の文書である。根来寺は一貫して畠山秋高の軍勢催促を受けて活動してきたが、この段階では織田方として高屋城を攻めた。その取次は知宗であった。知宗は、同年七月段階で信長の軍門に降ったが、すでに十月段階で高屋攻めの中心人物として働いていたことがわかるのである。

以上、保田知宗は、高野山智荘厳院や根来寺とともに軍事行動的活動を行っており、紀伊の寺社権力と通じていた。さらに佐久間安政を婿としたことで、佐久間信盛の右腕として「大坂本願寺合戦」を戦ったのである。

4. 「大坂本願寺合戦」期の動向――平三郎左衛門尉の場合

大和宇智郡は、守護不設置の大和国のなかで、畠山氏が直接支配した地域である。宇智郡は平成の大合併前の五條市にほぼ該当する地域である。南には高野山があり、経済的にも文化的にも高野山とのつながりが深く、興福寺勢力や高野山勢力、畠山氏など三者が争う国境地帯として複雑な歴史をたどった。

そのなかで、平氏を盟主とする国人連合が宇智郡国人一揆である。この国人一揆は、田中慶治氏によって紹介された弘治四年（一五五八）二月二日付け大和国宇智郡百姓衆連判状と弘治四年弐月八日付け大和国宇智郡国衆連判状で明らかになったもので、少なくとも国人一揆がこの時から存在していたことがわかる。[42]また、拙稿では政長方の宇智郡衆による結束が文明年間ごろからみられ、永正十年（一五一三）に宇智郡衆としてまとまった軍事行動に出ていることを指摘した[43]。その後、天文十一年（一五四一）に畠山稙長が紀伊、大和の勢を引き連れ、河内高屋城に復帰した時に、稙長の主力となったのが宇智郡の平三郎左衛門尉盛知と紀伊伊都郡では、高野山三宝院快敏（隅田氏）であった。この後、稙長の執事である丹下盛賢が没すると、盛知が丹下を継ぎ、あらたに平三郎左衛門尉を名乗る人物が登場してくる[44]。この人物が、弘治四年の国人一揆で推戴される「平殿」である。また、永禄十年（一五六七）三月には、大和国吉野山の和平実現のために吉野郡周辺の勢力が結集してつくられた「吉野郡八郷衆並に大和国方々曖証文」の署名者として「平殿使大串満介俊」と出てくる人物で、大和・紀伊・河内国境を代表する郡規模の領主権力である[45]。ただし、矢田俊文氏がいう[46]郡規模の権力である戦国領主とは違い、その実権は国人一揆のほうにあり、平三郎左衛門は推戴されているにすぎないだろう。

以上、縷々述べてきたが、宇智郡で自立していた平三郎左衛門尉も、信長の軍門に降ちたことがわかる。

【史料5】

就宇智郡之儀、度々根来衆迄申越候、平三郎左衛門尉儀も旧冬信長へ御礼被申上候、御懇之儀ニ候條、其表急度御無事之儀可為肝要候、猶近日可為上洛候間、其刻可申入候、恐々謹言、

（天正三年）
正月十一日　　勝家判

金剛峯寺
惣分沙汰所御中
御同宿中[47]

史料5は、天正三年（一五七五）のものと考えられ、旧冬に平三郎左衛門尉が信長にお礼を申し上げたとするから、

保田知宗や遊佐勘解由左衛門盛と同じく、天正二年に織田家臣となったことがわかる。その理由は、「宇智郡之儀」についてであり、これが金剛峯寺宛てであることからみて、宇智郡支配を高野山が狙い、それを阻止するために、平氏は根来寺を通して信長に訴えていることがわかる。畠山氏の滅亡とともに、宇智郡を維持するためには織田信長の家臣となる必要があり、この時、根来寺が存在感をもっていたことがわかる。

5．小括

以上、安見右近、保田知宗、平三郎左衛門尉の活動を見てきたが、安見右近と佐久間信盛の娘との婚姻や保田知宗の娘と佐久間安政との婚姻など、佐久間信盛との関係が注目できる。それとともに、柴田勝家は河内支配にかなり深くつながっていたことに気づかされる。ここで、柴田勝家の活動をまとめておきたい。

【史料6】

各以恕(署)判承之通遂披見候、義継、久秀前行(所)企不能分別候、□存分ニ昭高江啓達之条、不覃再説候、信長一点無疎意候、当城堅固ニ可被相抱之事専要候、猶柴田可申候、恐々謹言、

（元亀二年）六月八日　信長（花押）

高屋連署中(48)

史料6は、織田信長が高屋連署中に宛てて出した文書である。高屋連署中とは、後にみる史料9などの連署状を発給する秋高の宿老たちと見られる。この文書の発給された時期をみると、松永久秀らが高屋城を囲んでいる時期のものので、はじめて久秀が高屋城を攻撃したのが元亀二年五月末から六月四日までであることから、この時期のものであ

ろう。この時、取次を行ったのが柴田勝家であった。また、後にみるように、史料10で天正元年十二月に宇智郡の緊張状態を解決するために動いたのは柴田だった。さらに、前述したように、保田知宗の人質問題には勝家が関与している。加えて、知宗の娘に娶らせたのは勝家の姪であった。しかし、勝家は天正四年に越前平定と越前北庄を本拠として活動するため、南近畿での活動は見えなくなる。その後は、佐久間信盛親子を中心とした編成となった(49)。

二、信長時代の紀伊の寺社勢力——特に高野山について

次に、紀伊の寺社勢力について整理しておきたい。根来寺については前節でいくつか見てきたので、それを簡単にまとめておきたい。根来寺は、畠山政長時代以来、政長系畠山氏を支援してきた。例えば、永禄七年（一五七四）に高野山の西の誓度寺に牢籠していた遊佐信教が、河内観心寺から継目の安堵を得るとき、これを仲介したのが根来寺岩室坊勢春であった(50)。また、信長上洛後は畠山秋高の軍事動員を受けており、秋高の没後は保田知宗が取次となり、根来寺に軍事動員をかけていたことを見た。また、「大坂本願寺合戦」の主力のひとつは根来寺であった。さらに、宇智郡の平氏の支配を維持するために、平氏は根来寺に協力を仰がねばならなかった。

次に、ほとんど触れなかった金剛峯寺について見ていく。まず、畠山秋高と金剛峯寺の関係を検討しておきたい。

【史料7】

就今度当郡働之儀、差越使者停止候様ニと入魂様候処、無異儀則同心喜悦候、然者□之刻別而馳走候様、弥満寺へ才覚頼入候、猶於様躰者遊佐勘解由左衛門尉、碓井因幡守可申候、恐々謹言、

（永禄八年）
九月廿八日　　　　政頼（花押）
金剛峯寺
　　玉蔵院
　　蓮花上院(51)

これは、畠山秋高が政頼を名乗る時期の文書で、前述のとおり、畠山氏は天下再興の戦いを永禄八年十月からはじめ、安見右近が大和で軍事行動を起こし、同月、観心寺や金剛寺に禁制を掲げている(52)。したがって、この文書は畠山氏の軍事活動直前の文書と考えられる。この時、高野山は宇智郡あるいは伊都郡に対して出兵したが、畠山政頼が使者を派遣してこの動きを停止させ、高野山方が畠山氏の天下の再興の戦いに与同することを決めたとする内容である。これ以前、畠山権力は河内教興寺の戦いで敗北し、無力化していたため、このような高野山の動きとなったが、再び畠山氏が挙兵したため、応援したものと考えられる。
また、伊都郡衆や宇智郡衆から高野山に入寺した人々もいた。

【史料8】

三宝院知行分之儀、高坊一筆以筋目快祐申付候、其知行之内、高坊家へ遣之由、存分次第ニ候、此等之趣、具可申聞候、謹言、
　十月廿六日　　　　秋高（花押）
　　　遊佐勘解由左衛門尉殿(53)

岩倉哲夫氏(54)は、三宝院とは、小集会を構成する高野山の寺院で、在地武士の子弟が入る寺院であったとし、所在地

は山麓の慈尊院の地にあったと『紀伊続風土記』は伝えているとし、高野山政所の関係が濃厚であったとした。また、その先代は紀伊畠山氏の小守護代や郡代の地位にいた快敏であるとし、郡の拠点長藪城に居留し、高屋城にも拠点があったと指摘している。このように、金剛峯寺と在地武士の関係は続いていた。また、高野山三宝院の知行地を畠山秋高が補任しているように、三者の関係も維持されていたのである。

ところが、高野山が反畠山方として活動している史料もある。

【史料9】

当山衆分号連判、御敵令一味、宇智郡押妨無謂次第、被達上聞候、就其信長如直札、彼両城於無退散者満山御害歴然候條、被相支衆僧徘徊、至寺領可被及御行候、被得其意、対悪党可為異見候歟、無後悔候様相理可申之旨候、恐々謹言、

遊佐越中守
高清（花押）

卯月七日

三宅志摩守
智宣（花押）

遊佐勘解由左衛門尉
盛（花押）

金剛峯寺
惣分沙汰所御坊(55)

この文書は、奥野高広氏[56]によって永禄十二年（一五六九）に比定されている。この年、三好三人衆の将軍居処の襲撃を受けた反省から、信長は正月十日に上洛し、四月二十一日に京都を出るまで将軍御所建設について陣頭指揮を執った。史料9は、この時期の文書といえる。これ以外に、織田信長朱印状[57]と金山信貞奉書[58]の三通が同日付で出されていることを見ると、将軍御所の建築のため、畿内の武士は京都に集結しており、これらのメンバーも在京していたことがうかがえる。蛇足ながら、文書様式としては信長は単独で書状様式の文書を発給しているが、金山信貞や遊佐高清以下は、義昭の上聞に達したことを受けて、さらに「信長直書」の如くとして発給されている。二通は、形式的には将軍の意を得たとして出された文書であり、信長直書と同じ内容ながら、信長副状ではない。信長と三好・畠山が主従関係でないことを表しているのである。

高野山根本大塔　和歌山県高野町

さて、史料5にあるように、金剛峯寺は宇智郡を永禄八年段階からうかがっていたが、その動きが金剛峯寺の連判と号する僧によって行動に移されていた。宇智郡には金剛峯寺連判方の城がふたつ築城されている。岩倉氏はこれを坂合部と二見の城と推定している[59]。いずれも、宇智郡衆の構成員たちの名前であり、彼らは先にみたように、畠山氏と高野山に両属していた。二見氏の所蔵している文書を見ると、一貫して畠山義就系の子孫の文書を所持しており、この地域に義就系を支持する勢力がいたことがわかる。このため、彼らは高野山と組んで反秋高として活動したのであろう。高野山は一枚岩ではないのである。

次に、年未詳十一月十二日付隅田市兵衛宛て畠山秋高感状[60]と同日同人宛て遊佐盛副状[61]は、畠山方の伊都郡衆・宇智郡衆が高野衆と宇智郡の田殿郷で戦ったときに、隅田市兵衛に対して出された文書である。秋高は元亀四年七月一日に没しているため、この文書の下限は元亀三年となる。高野山は、畠山氏支配下の宇智郡や伊都郡に進出しようとしていたことがうかがえる。

畠山秋高没後の状況については、前記したとおり、秋高系列の高野山智荘厳院某は、保田知宗とともに反信長として南河内で禁制を掲げている。ところが、史料10をみると、金剛峯寺衆徒は信長方となっていることがわかる。

【史料10】

為在洛音信、銀子拾枚送給候、懇切之儀候、仍宇智郡敵陣ニ対し、所々被陣取、御馳走之由可然候、弥被励忠節候者、為自他尤候、高屋之事、来春早々、可討果候歟、萬事無油断候儀専要候、猶柴田修理亮可申候、恐々敬白、

（天正元年）十二月十五日　　信長（花押）

金剛峯寺
衆徒中
同在陣衆中[62]

ここで「宇智郡敵陣ニ対し、所々被陣取」、「高屋之事、来春早々、可討果候歟」とあり、秋高殺害後に高野山はいち早く織田方となった。一方、遊佐信教方は、宇智郡で反信長としての活動していたことがわかる。あるいは、平三郎左衛門尉が信教方として活動したのかもしれない。前述のとおり、三郎左衛門尉が織田方に降ったのは、天正二年末である。そして史料5にあるように、天正三年正月には、宇智郡の権益が平三郎左衛門尉の安堵という形で決着するのである。両者は、畠山氏健在の時期のように一応協調関係に入ったのであろう。天正五年と考えられる二月十八

日付金剛峯寺惣分沙汰所御坊御同宿中宛て根来寺宿老衆中書状(63)は、信長方である根来寺宿老衆中が金剛峯寺惣分沙汰所宛てに雑賀攻めを伝え、金剛峯寺からも大軍を用意するように伝えた文書である。「大坂本願寺合戦」が本格化するなかで、根来寺も金剛峯寺も信長の手先となって活動するよう求められている。(64)

いつの時点かわからないが、信長は史料13にあるように、金剛峰寺に対して宇智郡知行を認めている。

【史料11】

和州宇智郡坂合部兵部大夫城江夜中ニ伊賀衆忍入候処、南より水堀ヲ越諸口一番乗、於城中無比類働共諸人之目渡り其かくれなき儀難申尽候事、恐々謹言、

（天正八年）辰

八月四日

金剛峯寺

惣分沙汰所

一﨟坊（黒印）

二見密蔵院殿参(65)

【史料12】

今度当山不慮之相尅、依被驚思召、為　叡慮無別儀様、安土江可被仰宥旨、先内々被達天聴処、満山之評議一同之儀、被合聞召、可被相立御室御気色所候也、仍執達如件

（天正八年カ）九月廿一日

法眼（鳴瀧）　判

金剛峯寺惣山中(66)

【史料13】

大和国有智郡事、如近年宛行候訖、全可進退、自然不儀之子細有之者、可悔還候條、別而可抽忠節事、専一候也、

天正八

九月廿一日　　信長（朱印）

金剛峯寺惣中[67]

史料11は、金剛峯寺惣分沙汰所一﨟坊が発給した黒印状である。[68]干支から天正八年の文書である。これから金剛峯寺は、坂合部兵部大夫城を確保しており、これを伊賀衆が攻めたことがわかる。この伊賀衆とはだれなのか、いまひとつわからないが、これを受けて史料12と史料13が出されたと考えたい。史料12に「今度当山不慮之相剋」とあるように、先ほどの伊賀勢との闘いには、高野山内部の対立があったのではないだろうか。このため、史料12の仁和寺宮守理親王令旨が出され、信長も改めて、金剛峯寺に対して宇智郡の安堵を約束しなければならなかったものと見られる。ここに、平三郎左衛門尉の宇智郡支配権は後退していたものと見られる。

ところが、天正九年に信長と高野山が対立する事件が起こる。これについては岩倉哲夫氏の研究があるので、[69]これに学びながら、私見を述べておきたい。『多聞院日記』天正九年八月十九日条によると、高野山に追放された佐久間信盛が、この時に十津川で没し、その遺品の引き渡しを要求する信長の使者を全員殺した事件が起きたという。一方、『信長公記』では、荒木村重の牢人が高野山に抱えられており、その牢人を召しだすように命じた使者十名を撃殺したという。どちらが事実であるか不明だが、信長は報復として諸国の高野聖を捕らえ、殺害したという。『信長公記』によると、数百人もの人数に上ったという。

【史料14】

今度就高野山成敗、至有智郡罷出、可抽忠節之由、尤以神妙、依粉骨可加恩賞候条、別而可入情事専一候也

（天正九年）八月廿五日　（朱印）

平三郎左衛門尉とのへ(70)

史料14は小和田哲男氏が紹介した文書で、この時の高野攻めのひとりとして、従来、宇智郡を支配していた平三郎左衛門尉が再び登用されたことがわかる。天正十年七月二十六日付上杉景勝宛て高野山無量寿院清胤書状(71)によれば、天正九年に高野攻めが実行されるが、高野山がそれを退けたことが記されているので、この文書を請けた三郎左衛門尉は、実際に戦闘行為を行ったと見られる。

【史料15】

猶々先手之衆へ両人次第ニ仕候へと申付候、弥無越度様ニ見合頼入候、以上

信長様為御意松新伊都郡江罷越、則多和之城を拵、其より九度山表へ、日々夜々ニ被相働候、近日惣分之人数を出、悉々可打果分ニ以集儀相定候、然者其方両人之儀、先手之大将ニ相定候條、無越度様ニ見合可為肝要候、恐々謹言、

（天正十年）午

二月四日　金剛峯寺

惣分沙汰所

一﨟坊（黒状）

千手院

西山坊

同

二見密蔵院
参(72)

史料15によれば、天正十年の高野攻めは、三好義継の家臣だった松山重治を伊都郡方面に向かわせ、多和城を築城して九度山表から攻めていたことがわかる。これに対して、千手院西山坊と同二見密蔵院が大将としてこれを防いだことがわかる。金剛峯寺惣分沙汰所一﨟坊を名乗る人物は、史料11では感状を発給し、史料15では合戦の軍勢配置を命じるなど、大きな役割を果たしていることが注目される。しかし、この戦いも信長の死によって停戦となった。

三、羽柴秀吉と南近畿

1．高野山勢力と周辺勢力の動向

天正十年（一五八二）六月二日、本能寺の変によって織田信長が自刃し、南近畿はあらたな局面を迎える。同年六月二十七日に清須会議によって、信長亡き後の後継問題や領地の再配分などの問題が決められた。七月には、播磨に本拠を置いていた秀吉が山崎城を築城し、ここを本拠とする。そして、この年の終わりには、賤ケ岳の前哨戦である長浜、岐阜攻めが行われ、翌年正月には柴田勝家方の滝川一益の挙兵があり、二月に入ると勝家は雪の中、越前から近江に進軍するのである。（天正十一年）三月十一日付香宗我部左近大輔宛て勢雄黒印状(73)は、史料11で紹介した文書と同じ印だが、「吉」の字が若干違うとした文書である。黒印は複数存在したと見られるが、いずれにしても金剛峯寺惣分の構成員が出した文書であることがわかる。従来、根来寺と勝家方が連絡を取り合っていたことがわかっているが、金剛峯寺も柴田方として活動していたことがわかるのである。この文書の宛所である香宗我部左近大輔とは、長曾我部元親の弟の親泰のことである。

【史料16】

去月廿一日之御札、今日披閲本望候、仍此度以御手柄、即木津城被押落候由、無比類儀候、以故悉貴国平均由候、随而到淡洲（州）御入軍之由、旁珍重令存候、将亦越州表之儀、依不慮之働、柴田方敗軍候、於手前玄蕃舎弟保田久六郎、其弟三左衛門、当国保田佐助討死候、勝家者越前へ被打入、城中ニ而被切腹候、玄蕃茂賀州迄罷退、城内ニ而相果候、其外付々衆悉果申候、三七殿勢州長嶋へ被退候共、又岐阜ニ而御生涯共両説候、猶珍敷事候者、重而可申越候、雖然天下之躰、未相定候、畿内之儀茂不静候之間、一旦羽筑得利候共、其運又程有間敷候存候、然上者弥南方一味候、以御覚悟御調略乍恐可為簡要候、恐々謹言、

五月八日　　快春（印）

香宗我部（親泰）左近大夫殿

御宿所[74]

史料16は、賤ケ岳の戦いが終了した四月二十日より後に出された文書で、金剛峯寺惣分の黒印状が押された文書である。香宗我部親泰は、阿波木津城を落とし、淡路に入国したことを喜ぶ内容だが、賤ケ岳の戦いで、佐久間玄蕃盛政とともに、保田知宗の婿である保田久六郎安政や、その弟で柴田勝家の養子となった三左衛門勝政、また、紀伊の保田知宗までが討ち死にしたことが書かれている。これは誤伝を含んでいるが、佐久間信盛の右腕であった保田知宗が、この時期まで存命であったことがわかるのである。おそらく、佐久間信盛が高野山に追放された時に、知宗・安

『英名百雄伝』に描かれた佐久間盛政　当社蔵

政も信盛とともに行動したと思われるが、安政の叔父である柴田勝家の挙兵に呼応したものと考えられる。あるいは、天正九～十年にかけて行われた高野攻めの原因とも言われる信盛の没後の事件に、彼らが関わっていた可能性も考えられよう。安政の活躍は、賤ケ岳合戦屏風などでも描かれており自明のことだが、知宗までこの合戦に参加していたことは、従来注目されていなかった。

　さて、賤ケ岳の戦いに勝った秀吉は、六月二日に大徳寺において織田信長の葬儀を行い、大坂城入りを果たした。八月二十八日には、大坂本願寺時代とは全く違う大坂城を築きはじめる。そして、天正十二年三月六日以前に、根来寺および雑賀攻めが公表される。[75] これについて根来寺は秀吉に和を請うたが、引き続き和泉国の知行を望んでいる。根来寺の願いは、摂河泉の支配を目指す秀吉には受け入れられるものではなかった。同じころ、秀吉と対立した織田信雄に組した徳川家康が池田恒興や森長可と戦うなど、いわゆる小牧長久手の戦いが始まった。[76] 三月二十一日、秀吉は大坂城を出て岐阜に向かう。翌三月二十二日、根来寺、雑賀衆や奉公衆家であった紀伊の湯川・玉置らは、海路、陸路から岸和田城に攻めてきた。この時、岸和田城主中村一氏が奮闘し、根来寺勢らは没落したのである。

　これらの動きは、広域の連携のなかで行われた。小牧長久手の戦いの畿内版がはじまったことになる。この根来寺や雑賀衆の動きについては、さまざまな概説書にも書かれているが、高野山についてはほとんど明らかにされていない。そこで次に、高野山の動きを見ておきたい。

賤ケ岳の戦いで、金剛峯寺惣分が柴田方として動いていたことは先述したとおりである。その後の動きとしては、賤ケ岳の戦いが終わった一月後である天正十一年と見られる五月二十日付で、高取城主越智家秀が高野山西門院の僧で関東から帰山する某に宛てて出された文書[77]を見ると、「御山之衆」は「上様」よりお改めに候とあり、高野山に関係する者の取り調べが行われていた。また、この時の勝者である秀吉や織田信雄、また、徳川家康に対して「入魂」するよう求めている。高野山は、高野聖などの活動から全国規模で檀越を持っているが、非常に厳しい立場に置かれたことになる。（天正十二年）七月一日付清浄心院宛て徳川家康書状[78]は、徳川家康が高野山清浄心院に対して米田愛俊や越智家政を取り立て、家康に応じることを説いた文書である。越智家政は、上記の越智家秀の息子で、家秀は天正十一年八月二十六日に内衆によって殺害され、越智氏は滅んでいる[79]。このため、牢人の家政を取り立てて、大和方面で活躍させようとしたのであろう。ここに、高野山と家康が連携していたことがわかる。

【史料17】

今度鷹山鵜左衛門尉相談、鐵炮五百丁為持之、於被励忠信者、和州内貳萬斛之所可渡置之、然者当山聖以下廻国、不可有異儀之状如件、

天正十二年

九月十三日　　家康御書判

高野山

惣分中

金剛峯寺
惣分中(80)

【史料18】

一章令啓達候、仍河内表行之儀、遊佐与被申合、此節御馳走肝要候、将又爰元之様子能々得見聞之條、不能巨細候、旁期後音之時候、恐々謹言

天正十二年
九月廿四日　家康御書判
金剛峯寺
惣分中(81)

【史料19】

今度参陣之儀誠以奇特候、然者知行方之儀如先々申付候迄《上》者、不可有相違候、泉・河働之儀弥可被抽忠功候、謹言、

九月廿五日　信雄書判
遊佐河内守殿(82)

【史料20】

今度方々為才覚遠路参陣被申候儀、寔以令感悦候、然者知行方之事、如先々被遣上者、無相違可有其沙汰候、弥無油断馳走専一候、恐々謹言、

九月廿五日　家康書判

【史料21】

遊佐河内守殿[83]

為物分使僧蜜蔵院西山坊、然者従家康公就被仰下儀、即御書持参被申候、各被仰合御相談専要候、於被隋御意者入魂仕一統可企忠儀候、然上者其表之儀茂如先例不有相違候条、以　御意鷹山鵜左衛門尉殿被□（相カ）渡候、猶委細口上可被申上候、恐惶謹言、

金剛峯寺

惣分沙汰中

一臈坊（印）

十月二日

平三郎左衛門尉[84]

さて、史料17～20の史料は写しであったため、江戸時代に入り、高野山が徳川氏との関係を強調するために偽作されたものとされ、高野山研究で無視されてきた史料である。しかし近年、史料21が発見されたことで、これらの史料が矛盾なく説明できるものであることがわかった。以下、説明していきたい。

まず、史料17は、徳川方と見られる鷹山鵜左衛門尉と相談して鉄砲五百丁を持たせて戦うならば、二万石を与えるとする文書である。これは伊都郡、宇智郡支配の石高と考えられ[85]、従来から問題にした地域を支配することを認めたものであろう。また、高野聖の回国を許可しており、高野山にとって最も重要な案件でもあったことがわかる。また、鷹山は史料21にも見え、彼はもともと大和国の鷹山荘を本拠とした武士であったと見られる[86]。史料18～20は、高屋城から没落した遊佐信教のことと見られる。弓倉氏によると、義昭が備前鞆に移った天正四年以後、信教は本願寺の使

者として毛利に差し向かったとするが、[87]「大坂本願寺合戦」後は、両者は親秀吉派であり、信教は再びこの付近に潜伏していたことがわかるのである。

次に、史料21の解釈だが、惣分使者の蜜蔵院と西山坊は、これは史料15に松山重治と対決した二人の大将のことで、高野山の武力の中心と言えるだろう。彼らが家康方と連絡を取り、家康の御書を手に入れたことがわかる。そして惣分として談合し、挙兵することを決め、従来対立していたはずの平三郎左衛門尉に挙兵を促しているのである。

2．保田安政の動向

次に、保田安政の動きを見ておきたい。

【史料22】

対三郎兵衛《（滝川雄利）》書帖令披見候、仍其許之儀才覚之由尤ニ候、此節候之条弥無由断於抽忠儀者、可為祝著候、将亦此表之儀羽柴青塚《（尾張国丹羽郡）》迄打出候、幸之儀候条早速可打果事歴然候、於様子者可心易候、就其身上之儀何様ニモ可為望次第候間、諸山令相談計策肝要候、猶此者口上申含候也、恐々謹言、

卯月四日　　信雄御判

保田久右衛門《（安政）》殿[88]

【史料23】

去月廿四日書状非自具披見候、仍此表之儀、無油断候條、其方才覚之段、可被入情候、追々可申越候、恐々謹言、（尚々書略）

五月九日　　　信雄御判

保田久右衛門（安政）殿(89)

【史料24】

対榊原小平太（康政）来礼令披見候、仍河州表被打出、度々之一戦被得勝利之旨、無比類候、弥尽粉骨、於相稼候者、信雄御前之儀、聊も不可存疎略候、猶小平太可申候、恐々謹言、

九月十五日　　　家康公御判

保田久六郎殿(90)

【史料25】

追而染筆候、羽柴此中無事之儀、色々雖懇望候、一切無許容、此節可遂本意覚悟無二候間、其表之事、弥無油断可被相励儀専一候、北國表佐々内蔵助一味至賀能及行、七尾城取巻、所々任存分候、於此様子不可有其隠、根来与雑賀奥郡自其方被申届、泉州表出勢肝要候、猶三浦駿河守ヨリ可申候、恐々謹言、

九月廿三日　　　信雄

保田久右衛門殿(91)

史料22～25は、保田久右衛門あるいは保田久六郎に宛てて出された文書である。安政の父盛次は、名前を久六郎から久右衛門に変えているので、久六郎も久右衛門も安政を指すと見られるが、史料的に混乱がある。史料16から、天正十一年段階では久六郎を名乗っていたが、この後、久右衛門と名乗ったのであろう。信雄の文書が久右衛門とし、家康の文書だけが久六郎であるのは、家康が改名を知らなかったのかもしれない。史料22から、保田安政は「諸山令

相談計策肝要候」とあり、紀州の寺院勢力との連絡を期待されていることがわかる。また、史料24は、史料17とほぼ同じ時期に安政が河内攻めを行っていたことがわかる。さらに、史料25では根来寺、雑賀衆、熊野三山まで調略して泉州に出陣するよう求めている。

以上のように、織田信長時代に河内・紀伊守護家の内衆だった勢力は、佐久間信盛に組して活動していたが、佐久間信盛の高野追放などによって牢人となった。これらの勢力は、反秀吉方の主力として戦い、これとともに紀伊の寺社勢力なども同調していた。また、遊佐信教など最後まで反信長であった勢力もこれに加わったのである。

3. 中村一氏の動向

次に、秀吉方の動向について、岸和田城主中村一氏を中心に見ておきたい。「貝塚御座所日記」天正十二年八月四日条によれば、「河内国高屋城ノ奥ゑほしかたと云古城普請、筑州より被仰付由にて、中孫平人数にてコサル、ニつきて、今日四日ニ為見舞、益田少将被遣之、御書アリ、鍬五十丁御音信也、新門よりも御書、これも鍬被遣之、孫平次六日泉州帰城」とあり、中村一氏は八月四日段階で高屋城の奥にある烏帽子形城を普請しなおした。このため、顕如は鍬五十丁や、教如からも御書と鍬が遣わされたことが記されている。従来、この史料は翌天正十三年の秀吉の紀州攻めのための築城と言われていたが、ここまで実証したように、河内に反秀吉方が出動していたと考えなければならない。

【史料26】

尚以さしあたる用無候哉、毎日其方之儀可被申越候、自此方も可申遣候、昨日従此方飛脚遣候つるかり田、

一ケツ、二ねんを入、新十郎請取とられことハりて可被帰候、

御状令披見候、誠長々普請くたひれ候へく候、茶其元へ差遣候、一入笑止ニ候つれ共、顕其方手柄儀茶遣候也、打続辛方無之非候、然ニ苅田并普請被申付候由、尤候、最前ハ中ニ□候て、両条堅被申付被帰候へと申候へ共苅田も存外□又普請□□不出来候者、中三日程も逗留候て、近辺苅田不残申付、普請等之儀、丈夫ニ念を入被申付可被帰候、次被帰候刻、さして用心も入間敷候条、自身馬之上ニ道具を□中間・小者ニハ苅田をさせ候てこと／＼候由、田々こし兵粮ニもさせらるへく候、又其元近辺敵陣取候ハんする山／＼在所并従此方人数いたし候はん所之道すちとも見□可被越候、恐々謹言

筑前

（花押）

□[92]

これは、中村一氏の重臣河毛氏の文書である。相当に痛んでおり、解読が難しいが、この文書は巻子装となっており、他の文書も天正十二年のものであるため、これも天正十二年の文書と推定できる。山中吾朗氏によれば[93]、これは烏帽子形城修築に関する史料であるという。あらためて、内容を見ておこう。宛所はないが、中村一氏らに対して出された文書である。まず秀吉は、中村たちの長期にわたる普請を労い、茶を遣わしている。さらに苅田と普請を申し付けたとある。この普請は少々延びても、中三日ほどの逗留で普請が可能であるとして、中村一氏は岸和田城などの普請ではなく、新たにどこかに逗留して普請工事を命じられている。これは、「貝塚御座所日記」の四日から六日までの期間の記事であるため、実際に烏帽子形城の普請は三日間であることがわかるのである。また、再三にわたり苅田を

命じていることからみても、烏帽子形城周辺が敵方の地であったことがわかる。「其元近辺敵陣取候ハんする山々在所」とあるように、実際に反秀吉方が活動しており、烏帽子形城の普請は羽柴方の河内攻めのための普請であることがわかったのである。これについて、（天正十二年）八月八日付金剛峯寺総分宛て細井新介・戸田三郎四郎（勝隆）連署状[94]が、木食上人から高野山が秀吉に対して別儀ないことを申し入れたのに答える形で、烏帽子形城に番勢を入れたことについて、牢人共が少々槙尾辺りに取り出していることで、高野山に危害を加えるつもりはないと返事をしている。

ここから、秀吉と事を起こさないことを目指した木食上人と、秀吉と対決することを選んだ勢力がいたことがわかる。槙尾辺りに取り出したのは、遊佐信教などの勢力であろう。以後、保田安政の参戦や高野山勢力・平三郎左衛門尉の参戦準備などが見えるが、十一月十二日、信雄と秀吉の和平がなり、反秀吉方の動きもいったん停止することになった。

天正十三年（一五八五）三月、羽柴秀吉は紀州攻めのため、和泉国の雑賀衆・根来寺衆が築いた諸城を落とした後、根来寺、粉河寺、雑賀衆の諸城を落とし、最後に太田城を水攻めにした。さらに、秀吉は高野山に降伏を進め、木食応其の仲介で高野山は請文を出し、秀吉に安堵された。応其は、天正十四年七月廿八日の覚書[95]で、衆僧は「如法行儀が肝要であるとしてうえで、「後代ニ雖為弱武士、其寺於令異見者、猶可相隨、自然其砌、対武具（士）、少成共存分たてを仕候者、重而強武士出来候時、必可加退治、然者数珠のつかまてを取候事、山も安全ニして、仏法相続之瑞相也」と述べ、武士に加担して一山が破滅することを諌め、平和を維持することを求めている。「弱武士」とはまさに、高野山と連携して蜂起した旧畠山家臣団といえるだろう。応其は、寺院権門から武力によって問題を解決する従来のあり方を排除しようとしたのである。

おわりに

最後に、本稿をまとめておきたい。一節では、信長上洛以前の三好氏・畠山氏の動向を紹介したうえで、「大坂本願寺合戦」期の畠山氏内衆の動向を安見右近、保田知宗、平三郎左衛門尉の三人を中心に見てきた。安見右近は、将軍足利義輝殺害後の天下再興の戦いの中心人物として活動したが、元亀元年（一五七〇）以前に佐久間信盛の娘と婚姻していた。また、北河内の拠点で三好義継の居城であった飯盛城は、永禄十三年（一五七〇）正月以前に若江城に移転しており、同時期、交野城を拠点とした安見右近の活動を見ることができる。したがって、義継の若江城移転と、安見右近が交野城主として脚光を浴びるようになったのは、ほぼ同時期といえる。これに右近の婚姻が関係すると考えたい。そして、織田権力の河内への進出は、安見右近からはじまったと見たい。しかし、右近は松永久秀によって自刃させられ、後継はまだ幼かったため、畠山氏の滅亡後、安見新七郎が佐久間信盛とともに重層的に北河内を治めた。なお、天正十年正月に佐久間信盛の息子甚九郎（定栄・正勝）は許されて織田信忠に仕え、後に織田信雄に、さらに秀吉に仕えた。文禄慶長の役の時に「きさいべ」で軍船用の大鉄炮を造っていることから、依然、佐久間氏は交野地域で影響力を持っていたと見られる[96]。

保田知宗は、畠山秋高の宿老として活動し、秋高没後の天正二年（一五七四）に信長の軍門に降った。この時、娘を人質としたが、その聟に佐久間盛次の次男安政がなった。知宗は高野山智荘厳院と連携しながら軍事行動を行っており、また、根来寺の取次を行っている。南方寺社との結び付きが深かった人物であった。このため、天正三年の高屋攻めや、天正五年から佐久間信盛を大将とする大坂本願寺攻めでも重要な役割を果たした。

平三郎左衛門は、畠山氏の内衆で、大和国宇智郡一郡を支配する領主権力であったが、高野山が宇智郡支配を実行しようとするなかで、天正二年に信長の家臣となった。この時、根来寺が間に入った。

以上、北河内で自立した安見右近、畠山秋高の宿老保田知宗、大和宇智郡で自立していた平三郎左衛門の動向を見た。織田方では佐久間信盛が大きな役割を果たしているが、柴田勝家も天正四年の越前北庄時代以前は、これらの勢力と深い関わりがあったことを指摘した。

二節では、紀伊の寺社勢力、特に高野山について述べた。高野山は、畠山秋高と連携して活動する三宝院や智荘厳院などの勢力のほかに、二見氏など畠山義就流と関わりの深い国人もおり、彼らが高野山僧となっていたため、政長系であった秋高と対立する場合があり、一枚岩ではなかったようだ。高野山は、宇智郡を永禄八年（一五六五）段階から狙っていたが、守護内衆だった平三郎左衛門と宇智郡の支配を争った。ところが、天正八年（一五八〇）段階では、高野山が宇智郡を支配していた。しかし、佐久間信盛の没後に起きた高野山と織田信長の対立から、信長は平三郎左衛門や三好義継の家臣だった松山重治を起用して高野攻めを実施した。しかし、本能寺の変が起こり、頓挫する。

三節では、秀吉期の南近畿の勢力について整理した。賤ヶ岳の戦いでは、保田知宗やその聟保田安政、安政の弟で柴田勝家の養子となった柴田勝政らが参加している。この時、高野山は柴田方として活動しており、長宗我部元親らと連絡を取り合っていた。このため、高野聖などの活動が秀吉らによって疎外されていた。翌年、小牧長久手の戦いがはじまると、徳川家康や織田信雄らは、高野山、遊佐信教、平三郎左衛門、保田安政らと連絡を取り合い、河内方面で彼らが戦っていた。このため、岸和田城の中村一氏が河内烏帽子形城を修復するなど、体制を整えていた。天正十三年、秀吉は紀州攻めを行い、根来寺、粉河寺、雑賀衆の諸城は落とされ、高野山は木食応其の活躍で降伏する。

応其は、高野山での武力の発動を否定するなど、新しい時代の論理を示したのである。

註

（1）史料16に「然上者弥南方一味候」とあるように、根来寺快春自身がこの地域を「南方」と呼んでいる。「南方」の使用は、南北朝内乱期からよく見られるようになる。例えば、『愚管記』延文四年十一月五日条に「畠山修理権大夫入道（俗名国清）為征伐南方、引率東国大勢上洛」とあるように、南朝勢力を指す用語となるが、内乱後も南近畿を指す用語として定着する。

（2）宇民正・海津一朗・新谷和之・弓倉弘年「太田城水攻め研究の現在　『中世の終焉―秀吉の太田城水攻め―』刊行8年の総括」（『紀州経済史文化史研究所紀要』二〇一六年）で、弓倉氏は太田城の水攻め後に最初の刀狩令がでたように、豊臣政権にとって重要な画期であったことを強調するが、近年の豊臣政権論のなかでは重要度が低下していることを批判する。また、藤田達生「太田城水攻めと豊臣国分」（『ヒストリア』二四〇号、二〇一三年）を参照。

（3）小山靖憲『熊野古道』（岩波新書、二〇〇〇年）、野地秀俊「中世後期における鞍馬寺参詣の諸相―都市における寺社参詣の位置形態―」（『京都市歴史資料館紀要』一八号、二〇〇一年）。また近年、仁木宏氏は、十五世紀後半から十六世紀初頭を最盛期とする顕密寺院のなかで、特に規模の大きい寺院を都（京都・奈良）の寺、平野部の禅宗寺院などの大寺院、町の寺と対比して「山の寺」と呼ぶことを提唱している。「山の寺」は、畿内と近国、北陸、東海に数多く分布し、山腹や山麓に立地し、宗教施設や坊院が密集し、多くの人口を抱え、その構成員は国人や村々の土豪などであり、産業と技術力を持ち、文化・芸能の中心地でもあるという。そして、これらの「山の寺」を武家が圧倒するのは、十六世紀の第二四半期以降であるとした（仁木宏「宗教一揆」〈岩波講座『日本歴史』第9巻中世4、二〇一五年〉。本稿は、これでいう「山の寺」の解体の最終段階を政治史的に捉える試みと言えるだろう。

（4）筆者は以前、織田信長と大坂本願寺が戦った大坂本願寺合戦の勅命講和を取り上げ、この講和は、単に本願寺の軍事的な敗北ではなく、イデオロギー的敗北と位置づけ、近世的八宗体制へと移行する重要な局面と評価した（拙稿「勅命講和」〈金龍静・木越祐馨『顕如』宮帯書店、二〇一六年〉）。戦国期の宗教史研究を整理した安藤弥氏は、中世から近世への変化を「中近世移行期」とすることを問題とし、「中近世変革期」と捉えるべきだと主張する（安藤弥「戦国期宗教勢力論」中世後期研究会編『室町・

戦国期研究を読みなおす』思文閣出版、二〇〇七年）。筆者もこれを支持したい。

（5）『和歌山県史　中世』、海津一朗編『中世終焉——秀吉の太田城水攻めを考える』（清文堂出版、二〇〇八年）、海津一朗編『中世都市根来寺と紀州惣国』（同成社　中世史選書13、二〇一三年）。

（6）織田信長の高野攻めについては、岩倉哲夫「織田信長の高野山攻め」（『南紀徳川史研究』七号、二〇〇一年、三好英樹「織田信長の高野山攻めにおける調伏祈祷と高野山客僧」（『智山学報』第六十一輯、二〇一二年）。なお、この時期の政治史的説明では、『九度山町史』通史編（岩倉哲夫・前田正明執筆分、二〇〇九年）が最もまとまっている。

（7）拙稿「畿内戦国期守護と室町幕府」（『日本史研究』五一〇号、二〇〇五年）。

（8）馬部隆弘「信長上洛前夜の畿内情勢—九条稙通と三好一族の関係を中心に」（『日本歴史』七三六号、二〇〇九年）。

（9）天野忠幸「織田信長の上洛と三好氏の動向」（『日本歴史』八一五号、二〇一六年）、また、同『三好一族と織田信長』（戎光祥出版、二〇一六年）。この他、この時期の三好氏の動向については、山下知之「戦国期阿波三好氏の動向と地域権力—永禄期〜天正初期を中心に—」（『徳島県立文書館』研究紀要七号、二〇一七年）を参照。

（10）弓倉弘年「織田信長と畠山氏家臣」（『中世後期畿内近国守護の研究』清文堂出版、二〇〇六年、初出一九九二年）。

（11）拙稿註（7）論文、大阪狭山市史編さん委員会編『大阪狭山市史』第一巻、本文編通史（二〇一四年）第三章第六節。

（12）『大日本古文書　家わけ第六』『観心寺文書』二七九号。遊佐信教は、永禄十一年段階で信教を名乗り、それ以前は遊佐教を名乗った。ここでは煩雑なため、信教で統一して叙述する。

（13）（永禄十一年）六月廿日付粉河寺惣分沙汰所宛て足利義昭御内書（総本山金剛峯寺編『高野山文書』第五—一五号）。

（14）拙稿註（4）論文。

（15）吉井克信「戦国期・中近世移行期における大坂本願寺の呼称—『石山』表現をめぐって—」（『ヒストリア』一五三号、一九九六年）、大澤研一「「石山」呼称の再検討—豊臣大坂城評価の観点から—」（『ヒストリア』一五四号、二〇〇六年）、および『ヒストリア』二六〇号（二〇一七年）の特集「大坂の成立・展開と本願寺・信長・秀吉—「石山」呼称問題から都市論・権力論へ—」の各論文。

（16）拙稿註（4）参照。および註（29）参照。「大坂本願寺合戦」は厳密な学術用語としてまだ確立しておらず、ここでは鍵括弧を付けて表現する。

(17) 山内譲『豊臣水軍興亡史』(吉川弘文館、二〇一六年)。
(18)「大坂本願寺合戦」の開戦前後の義昭・信長方の軍事構成については、拙稿註(4)論文を参照。また、本願寺の籠城戦が本格化する天正四年以降については、弓倉氏註(10)論文で、『信長公記』巻九「西国より大船を催し木津浦の船軍歴々討死の事」で天正四年七月に住吉浜の城定番として「保田久六、塩井因幡守、伊地知文大夫、宮崎二郎七」を置いたことを註目している。保田久六は保田安政、塩井は碓井因幡守で畠山秋高の宿老、伊地知文大夫は後に烏帽子形城将となるキリシタン武将、宮崎二郎七は紀伊国有田郡宮崎荘の国人である。
(19) 佐久間信盛・定栄父子宛て覚書写(『増訂　織田信長文書の研究』下巻八九四号、吉川弘文館、一九八八年)。
(20) 弓倉註(10)論文。
(21)『信長公記』巻六「阿閉謀叛の事」。
(22)『信長公記』巻八「河内国新堀城攻め干され並びに誉田城破却の事」。
(23) 泉佐野市史編さん委員会編『新修　和泉佐野市史』1　通史編(村井良介氏執筆分)。
(24) 馬部隆弘「牧・交野一揆の解体と織田政権」(『史敏』六号、二〇〇九年)、拙稿「文献史学からみた私部城」(吉田知史編『私部城跡発掘調査報告書』交野市教育委員会、二〇一五年)を参照。なお、文献では交野城、私部城と二通りの名前で出てくるが、頻度の多い交野城で統一して叙述する。
(25) 松永久秀宛て年未詳十二月十八日付け遊佐教書状「大阪城天守閣所蔵文書」(『大阪狭山市史』第2巻、史料編　古代中世。
(26) 拙稿「若江城」(仁木宏・福島克彦編『近畿の名城を歩く　大阪・兵庫・和歌山編』吉川弘文館、二〇一五年)。
(27)『信長公記』巻三「野田・福島御陣の事」。
(28) 続群書類従完成会『新訂　寛政重修諸家譜』第六(一九六五年)一〇八頁。
(29) 天野忠幸氏註(9)著書で、三好義継・松永久秀による高屋攻め後、信長方の高槻城主和田惟政が敗死したため、高槻城を接収しようとすると、佐久間信盛による交渉で接収を放棄したことを示して、三好義継・松永久秀らが三人衆方となっても、信長との関係は維持されていたとした。この時期の寺内町なども松永方、畠山方の両者から禁制を得ており、中立的な立場にいる。寺内町のほとんどは信長方となったと言われるが、徹底抗戦、総力戦というイメージは、この時期の畿内の戦争にはあてはまらないように思われる。総力戦となるのは、守護勢力が滅亡し、本願寺が籠城戦に入ってからであろう。その意味で、第一節2で言ったとおり、「大坂本願寺合戦」を元亀元年から天正八年までを一貫して括るべきかどうかも検討の余地があり、寺内町が信長方だったという理解も、大坂本願寺合戦への詳細な検討を通して行われなければならないだろう。

(30)　註(19)。
(31)　弓倉註(10)論文。
(32)　保田山城守長宗・三宅四郎兵衛尉連署禁制『大日本古文書　家わけ第六』「観心寺文書」二七八号。
(33)　畠山政頼書状「土屋家文書」(総本山金剛峯寺編『高野山文書』第六―一二二号)。
(34)　「顕如上人文案」元亀第四(『真宗史料集成』第三巻)。
(35)　元亀四年九月六日付観心寺宛て保田左介知宗禁制(『大日本古文書　家わけ第六』「観心寺文書」二八一号)、元亀四年九月六日付観心寺宛てと智荘厳院某禁制(『大日本古文書　家わけ第六』「観心寺文書」二八〇号)は、同時に観心寺に対して禁制が出されており、また、元亀四年九月五日付下水分宛て保田左介知宗禁制・同年同宛て智荘厳院某禁制・天正元年九月五日付大伝法院連判宗中快秀禁制・天正元年九月日付河州下水分寺内宛て河内上郡代草部肥後守房綱禁制(「喜志宮文書」『富田林市史』第四巻中世編七九号・八〇号)は、同日付で保田・智荘厳院・根来寺・遊佐信教内衆草部が反信長方として文書を発給している。ところで、智庄厳院については、時代が遡るが「花岡家文書」三号(『和歌山県史』)年未詳二月十五日付遊佐長清書状の宛所が智庄厳院・神保式部丞・野辺掃部助で、弓倉弘年「紀伊守護家畠山氏の支配体制」(『中世後期畿内近国守護の研究』)によれば、神保は紀伊口郡小守護代、野辺は同奥郡小守護代である。長清は畠山稙長の紀伊守護代であるから、奥・口郡両小守護代と肩を並べて高野山智庄厳院が軍事的行動に出ていることがわかる。智庄厳院は、高野山での畠山方の軍事を担う存在であった。
(36)　河内遊佐盛宛て羽柴秀吉書状写(『増訂織田信長文書の研究』上巻四五二号)なお、この文書の年代比定は、弓倉註(10)論文参照。
(37)　遊佐勘解由左衛門盛については、弓倉註(35)論文で、紀伊守護代とする。ところで、遊佐信教は永禄七年に代替わり安堵状を発給すると、信教の文書を「御判」と尊称するようになる(『大日本古文書　家わけ第六』観心寺文書二六八～二七六号)。それ以前の河内守護代遊佐氏の文書は、決して「御判」とは呼ばれず、守護代の文書は「折紙」などと呼ばれた。「御判」と呼ばれるようになったのは、河内守護代家が遊佐信教段階で、守護畠山氏から独立した存在となったためと考える。畠山稙長段階の守護代遊佐長教は守護代として自らを位置づけ、活動していたと考える。そのため、守護家では丹下盛賢が宿老筆頭として活動した。一方、高屋城時代の畠山秋高と遊佐信教との関係は、独立した家が高屋城に同居する体制となり、遊佐勘解由左衛門盛が宿老筆頭として機能していたと考える。

(38) 織田信長朱印状写（「古案」坤『織田信長文書の研究』）。
(39)『新訂　寛政重修諸家譜』第九、一一六頁。
(40)『大日本古文書　家わけ第七』「金剛寺文書」三〇七号。
(41)『思文閣古書資料目録』一五九号（『大阪狭山市史』第二巻）。なお、『大阪城天守閣紀要』二九号（二〇〇一年）三二頁参照。
(42) 田中慶治「戦国期大和宇智郡に関する二つの史料」（『日本史研究』四五四号、二〇〇〇年）。
(43) 拙稿「宇智郡衆と畠山政長・尚順」（『奈良歴史研究』五九号、二〇〇三年）。
(44) 弓倉弘年「戦国期河内国守護家と守護代家の確執」（『中世後期畿内近国守護の研究』）、および拙稿「守護権力と宗教権力」（『畿内戦国期守護と地域社会』）を参照。
(45) 拙稿「戦国期の大念仏上人権力と融通念仏宗教団」（開宗九百年・大通上人三百回御遠忌奉修記念論文集『融通念仏宗における信仰と教義の邂逅』法蔵館、二〇一五年）。
(46) 矢田俊文『日本中世戦国期権力構造の研究』（塙書房、一九九八年）。
(47) 柴田勝家書状「興山寺文書」（総本山金剛峯寺編『高野山文書』第四―五六号）。
(48) 織田信長書状（『伊予古文書』二十二、『織田信長文書の研究』上）。奥野氏は元亀三年と推定している。
(49) 山城・大和守護原田直政は、天正四年五月三日の本願寺との戦い（三津寺合戦）で戦死した。この後、本願寺攻めは佐久間信盛が中心となる。
(50)『大日本古文書　家わけ第六』「観心寺文書」二七二号。
(51) 畠山政頼書状「蓮華定院文書」（総本山金剛峯寺編『高野山文書』第四―三〇九号）。
(52)『大日本古文書　家わけ第六』「観心寺文書」二七七～二七九号、『大日本古文書　家わけ第七』「金剛寺文書」二八九～二九二号。
(53) 畠山秋高書状（「岡勝重文書」『九度山町史』通史編、二〇〇九年）。

(54)『九度山町史』通史編。
(55)遊佐勘解由左衛門尉盛他連署状「恵光院文書」(総本山金剛峯寺編『高野山文書』第四—五五〇号)。
(56)『増訂　信長文書の研究』上巻、二七二〜五頁。
(57)織田信長朱印状「恵光院文書」(総本山金剛峯寺編『高野山文書』第四—五四八号)。
(58)金山信貞書状「恵光院文書」(総本山金剛峯寺編『高野山文書』第四—五四九号)。
(59)岩倉哲夫忠註(6)論文。
(60)畠山秋高感状「隅田家文書」(『和歌山県史中世1』)。
(61)遊佐勘解由左衛門尉盛感状副状「隅田家文書」(『和歌山県史中世1』)。
(62)織田信長安堵朱印状(『大日本古文書家わけ一ノ二』「金剛峯寺文書」三三三号「続宝簡集三七」。
(63)根来寺宿老衆中書状「興山寺文書」(総本山金剛峯寺編『高野山文書』第四—五七)。
(64)岩倉註(6)論文では、高野山は雑賀攻めに積極的に加わらなかったとした。
(65)金剛峯寺惣分沙汰所一﨟坊感状「二見家文書」(総本山金剛峯寺編『高野山文書』第五—一三七)。
(66)仁和寺宮守理親王令旨「興山寺文書」(総本山金剛峯寺編『高野山文書』第四—五八)。
(67)織田信長安堵朱印状(『大日本古文書家わけ一ノ二』「金剛峯寺文書」三三二「続宝簡集三七」)。
(68)この黒印状は真ん中やや下に「吉」の字が書かれたもので、管見の範囲では、この文書を入れて「二見文書」で三点、八尾市立歴史民俗資料館所蔵文書に一点が、金剛峯寺惣分沙汰所一﨟坊の名前で発給されている。また、東京国立博物館蔵「香宗我部家伝証文」には勢雄、快春という僧の名前でこの黒印状が発給されている。ただし、後者の二点は印の形は同じだが、「吉」の文字に微妙に違いがあるため、複数の印が使用されたと見られる。また、未見だが「河野家文書」(『総本山金剛峯寺編『高野山文書』第七巻)年未詳二月四日付惣分神野殿・文殊院宛て祐尊書状(三九〇号)、同天正十七年正月廿九日付神□□宛て金剛峰寺惣分教栄・木食興山上人応其連署状(三九一号)、同文禄五年八月十八日付河野修理亮宛て惣分沙汰所宥伝書状(三九二号)、同年未詳八月廿八日付金剛峯寺惣分方沙汰所祐尊書状(三九四号)、同年未詳十月八日付河野新四郎宛て金剛峰寺惣分沙汰所勢雄書状(三九六号)は、方形の黒印であるため、同種の可能性がある。いずれにしても、史料15がその初見史料となる。ただし、史料11にあるように「当寺衆分号連判」とあるのは、この黒印状を指すのかもしれない。
(69) 岩倉哲夫註（6）論文。
(70) 織田信長朱印状「渡邉冨美子氏所蔵文書」（小和田哲男「信長の高野攻めに関する新史料」『古文書研究』六七号、二〇〇九年）。
(71) 高野山無量寿院清胤書状（「上杉家文書」七四七　ホ―九『新潟県史』資料編3　中世一　文書編Ⅰ）。
(72) 金剛峯寺惣分沙汰所一﨟坊感状「二見家文書」（総本山金剛峯寺編『高野山文書』第五―一三八）。
(73) 金剛峯寺勢雄書状（「香宗我部家伝証文」『大日本史料』天正十一年三月十一日条）。
(74) 金剛峯寺快春書状（「香宗我部家伝証文」『大日本史料』天正十一年五月八日条）。
(75) 「貝塚御座所日記」天正十二年三月六日条（『真宗史料集成』第三巻）。
(76) 藤田達生編『小牧・長久手の戦いの構造　戦場論上』（岩田書店、二〇〇六年）。
(77) 越智玄蕃頭家秀書状写（「高野山文書」『大日本史料』天正十一年五月二十日条）。
(78) 徳川家康書状（「清浄心院文書」総本山金剛峯寺編『高野山文書』第三―二七九）。
(79) 『多聞院日記』天正十一年八月廿六日条。
(80) 徳川家康判物写「興山寺文書」（総本山金剛峯寺編『高野山文書』第四―九一）。
(81) 徳川家康御内書「興山寺文書」（総本山金剛峯寺編『高野山文書』第四―九二）。
(82) 織田信雄書状写「生駒文書」（『愛知県史資料編』十二）。
(83) 徳川家康書状写「生駒文書」（『愛知県史資料編』十二）。
(84) 金剛峯寺惣分沙汰中一﨟坊黒印状（「八尾市立歴史民俗資料館所蔵文書」）、『八尾市立歴史民俗資料館平成二十八年度館報』（二〇一七年）を参照。
(85) 『九度山町史』通史編。
(86) 鷹山氏については、拙稿註（24）参照。
(87) 弓倉弘年註（10）論文。
(88)～(91) 「佐久間軍記」（『群書類従』第二〇輯下）。

(92) 羽柴秀吉書状（「鳥取県立博物館所蔵文書」山中吾朗編、岸和田城天守閣再建五十周年記念特別展『戦乱の中の岸和田城―石山合戦から大阪の陣まで―』）。
(93) 山中吾朗註（92）展示図録。
(94)『紀伊続風土記』第五輯「興山寺古文書」八月八日付金剛峯寺総分宛て細井新介・戸田三郎四郎（勝隆）連署状。
(95)『大日本古文書家わけ一ノ三』「高野山文書　続宝簡集」四〇六号。
(96) 山内譲註（16）著書一六三頁。

第2部　戦国時代の河内と権力

Ⅰ　河内王国の問題点

弓倉弘年

はじめに

畠山義就の分国支配は、応仁の乱の前後で大きく異なっている。文正元年（一四六六）十二月に観心寺（大阪府河内長野市）に対し、「河内国内観心寺寺領相国寺分」を寄進した一件では、守護代遊佐就家から小守護代中村家通に対して遵行され、小守護代中村家通から錦織郡代岡田通春に打ち渡されている[1]。これは応仁の乱以前に行われた、室町幕府における通常の分国支配の方法である。

応仁二年（一四六八）五月から八月にかけて山城支配のために発給した一連の奉書では、遊佐就家・誉田就康・遊佐盛貞・斎藤宗時・木沢助秀といった有力内衆が連署し、それまでの分国支配の方法とは一変している。ただ、これらの奉書は異例であると考えられている[2]。

文明九年（一四七七）、畠山義就が河内に下向すると、以前のような方法は行われず、小柳貞綱・豊岡慶綱・花田家清のいわゆる河内三奉行を登用して、直接支配する体制へと変化させた。一方で、義就流畠山氏は内衆間の抗争が激しく、明応六年（一四九七）の遊佐氏と誉田氏の抗争は、義就流畠山氏の河内支配を大きく動揺させた。この抗争は、守護家と有力内衆の対立へと発展し、享禄年間には畠山義堯と木沢長政の抗争へと発展していく。

このような支配体制の変化と、内衆間の抗争や守護家と内衆の対立は、当然、軍事力編成にも影響を与えていると考えられる。本稿では、応仁の乱以降の義就流畠山氏における守護代家権力を中心とした内衆のあり方と、軍事力編成について考えていきたい。

一、応仁の乱と畠山義就の軍事力

本節では、応仁の乱時の畠山義就の軍事力についてみていきたい。畠山政長との抗争に敗れ、北山に没落していた畠山義就は、寛正六年（一四六五）十一月、大和天河（奈良県天川村）に出陣して活動を再開した。文正元年（一四六六）九月には、大和から河内に入り、再び畠山氏の武力抗争が激化することとなった。

畠山義就が逼塞していた北山は、大和から紀伊にかけての山間地帯であり、そこでは義就が家臣団の多くを抱えていくのは難しい。義就の家臣の多くは、各地に潜伏していたと見られている。これは、寛正四年十二月に義就が将軍足利義政から赦免され、義就与党の探索が十分に行われなかったことが影響していると考えられる。

義就の家臣団の動向について記した興味深い記事が、『経覚私要鈔』（史料纂集）文正元年八月三十日条に見える。以下に引用し、考察してみたい。


召仕弓阿者畠山方者也、近来召置了、爰今度右衛門佐罷出越智之間、其被官悉罷寄了、其内西方刑部少輔末子此間鎌倉ニ時衆ニナリ在之、忠節者子孫也トテ召出之間罷出了、仍元被官悉招寄之間、此弓阿モ乞暇罷出了、則今

畠山義就画像　『続英雄百首』　当社蔵

日罷向云々、

興福寺大乗院門跡の経覚が最近召し仕っていた弓阿という者は、元は畠山義就の有力内衆西方刑部少輔の家臣であった。鎌倉で時宗の僧侶となっていた西方刑部少輔の末子が、義就の下に復帰するので、弓阿もその下に帰参するという内容である。

まず、「西方刑部少輔」は、享徳三年（一四五四）九月十日に畠山持国・義就に連座して切腹した、西方国賢のこととみられる。子息は鎌倉に下って時宗の僧侶となっていたものを、義就が政長との抗争に際して召還し、西方氏の被官であった弓阿もそれに従って義就の陣に加わったのである。義就の軍勢が急速に拡大した背景には、弓阿のような者が、少なからず存在していたからであろう。

文明二年（一四七〇）、西軍（いわゆる西幕府）が後南朝の皇子を迎えようとした際、畠山義就はただ一人反対したと伝えられている。その理由について、『大乗院寺社雑事記』文明二年五月十一日条は、「紀州・河内事、南主御領也、楠木分国之間迷惑」であると記している。たとえば、畠山義就の内衆である河内国人の甲斐庄氏は、楠木正成の子孫を称しており、あながち義就の主張は的外れとは言えないのである。畠山氏は持国から義就にかけて、旧南朝系の国人を組織化することによって、分国支配と軍事力を強化していったのである。[3]

応仁の乱が始まると、義就は軍事力を拡大するため、足軽を召し抱えるようになった。その代表とも言えるのが、御厨《みくりや》某である。御厨某は、『碧山日録』（大日本古記録）応仁二年（一四六八）八月六日条に、「前門之民有御厨子、属義就之下、不事家業、而頗好勇悍、聚軽率之徒、以塞東陣之路」と記されている。この御厨某は、東福寺（京都市東山区）門前の住民である御厨の子で、家業を継がず、足軽を集めて西軍に身を投じたのである。このような足軽が、応仁の乱に際して義就の軍事力の一翼を担った。

応仁の乱後の記事になるが、「石清水八幡宮記録」（『大日本史料』八編之十六）文明十六年六月十三日条によれば、畠山義就は、石清水八幡宮所属伝宗寺等の牢人を扶助している。これは、牢人がある程度の軍事力を有しており、それを自らの軍事力として利用しようとしたのではないか。このような牢人を利用する状況は、応仁の乱時から変わっていないとみてよいだろう。

応仁の乱を戦った畠山義就の軍事力は、各地に潜伏していた内衆を中核に、足軽・牢人などを組織していた。中心となる内衆においても、旧南朝系の国人をも組織するなど、その様相は多様であった。

二、守護代家誉田氏の権力

本節では、守護代家誉田氏の権力についてみていきたい。文明九年（一四七七）九月、畠山義就は京都での戦闘に見切りをつけ、直接分国を支配すべく、河内に下向した。その際の軍勢の大要は、『大乗院寺社雑事記』文明九年十月二日条に記されている。以下に引用し、分析したい。

先陣遊佐中務、馬上廿五騎、次斎藤新さ衛門、馬上十三騎、次甲斐庄、馬上十九キ、次大将（畠山義就）、馬上七十五騎、

射手八十余人、楯百八十余帳、次ス（隅）田・平、馬上十九騎、次淀小橋、馬上七騎、次御クリヤ、後陣誉田、馬上
四十二騎、

遊佐・斎藤・隅田・平・甲斐庄・誉田は有力内衆である。特に甲斐庄・誉田は河内国人であり、畠山義就の河内支配にとって、期待されていたとみられる。この軍勢の中に、足軽として活動していた「御クリヤ」の名が見えることから、義就が河内における軍事行動に際しても、足軽の力を必要としていたことがわかる。御厨は義就の河内下向後も、畠山義就の足軽大将として、河内・南山城を転戦したのである[4]。

『大乗院寺社雑事記』文明九年十月二日条では、御厨と誉田の軍勢を一括りで記しているが、これはいかなる意味を持つのであろうか。小谷利明氏が紹介された「奉加使河内国下向仕足散（ママ）用状」（「東寺百合文書」ヲ函一一一）に、その手がかりが記されている[5]。以下に、本稿で必要な部分を引用し、検討してみたい。

「石見上座算用状」

就御奉加河州江御使下入足 文明十九年丁未 二月廿六日

一、誉田殿礼四百文　扇二本　二百文　昆布三束　百文
太刀キフクリン　谷方礼三百文　百五十文ヲヒ
田井四郎兵衛礼二百文　百文ヲヒ　民部百文　岡本百文
御厨帯刀百文　扇六本代二百文　二百文下路銭
以上　二貫百六十文

一、谷方ニ致逗留事　二月廿七日ヨリ卯月十一日マテ四十三日

上下三人　已上朝夕分　二百六十人但此内七日高野ニ有之
一、同河州マテ礼銭一貫文　谷方五百文　吉原方八百五文
誉田殿内衆振舞酒サウメン百文　谷方下人衆へ三百文　小倉殿
已上　二貫七百五文
一、高野三月六日同十一日マテ礼銭逗留　入足　三百文　智荘厳院同宿百文《アリカ》池辺
二百五十文　奉加能代　二百文路銭送衆有之
已上八百五十文

（下略）

「誉田殿」は畠山義就の有力内衆誉田正康とみられ、田井四郎兵衛は、誉田氏の内衆であった。[6]誉田氏や田井四郎兵衛と同じ一つ書きの中に「御厨帯刀」の名が見えることから、御厨氏は誉田氏系の内衆とみてよい。

このことから、『大乗院寺社雑事記』文明九年十月二日条に「御クリヤ、誉田」と続けて記され、両者の兵力が一括りで記されているのは、御厨氏が誉田氏の麾下にいたためと推測できよう。応仁の乱を通じて御厨氏は、誉田氏と関係を深めてその麾下に入り、足軽大将として南山城から河内・和泉を転戦したとみられる。『蔗軒日録』（大日本古記録）文明十七年八月十五日条に「泉戦乱、告之康氏、止足卒之暴可也」と、誉田正康に対して和泉における足軽の横暴を止めるよう、東福寺の季弘大叔が要請していることは、誉田氏が御厨氏等の足軽を家臣に取り込んでいた事実に基づいているためと考えられる。

さて、前掲「奉加使河内国下向仕足散用状」中に、「高野山智荘厳院」が記されている。高野山智荘厳院は義就の

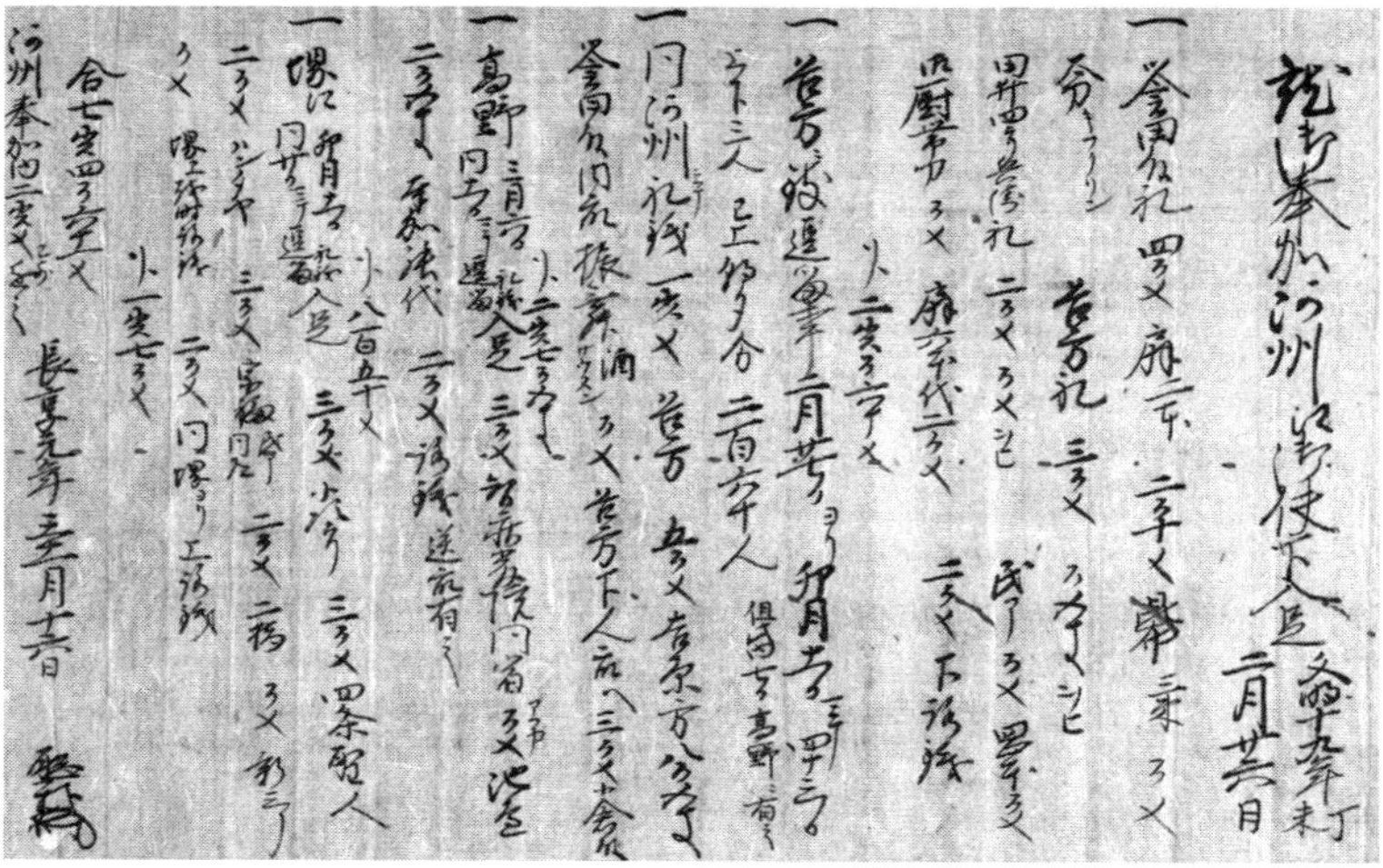

奉加使河内国下向仕足散用状　「東寺百合文書」　京都府立京都学・歴彩館蔵

与党であり、誉田氏とともに行動している[7]。東寺の関係者が、義就与党を頼って高野山に下向している事実より、河内から紀伊高野山にかけての交通路は、誉田氏＝義就方が掌握していたことがわかる。

畠山義就は河内下向後、小柳貞綱・豊岡慶綱・花田家清のいわゆる河内三奉行を登用して、河内から南山城一帯にかけての支配を行った。一方で誉田氏は、義就の河内下向後、寺門奉行として活動するとともに、河内の交通路を掌握するなど、活発に活動していたのである。

誉田正康は、延徳二年（一四九〇）六月から七月にかけて根来寺を攻めている。その際の軍勢を記した「妙音院朝乗五師日並」（『大日本史料』九編之三六、延徳二年七月十二日条）によれば、「誉田之手者」として、「原並法楽寺・江河・田井」の名が見え、彼らが畠山氏の誉田系内衆または誉田氏内衆であったとみてよい[8]。

また、この記事に、誉田正康の根来攻めに加わった軍勢として、「高野智荘厳院・蓮浄院」が記されている。このことと前出の「奉加使河内国下向仕足散用状」とを合わせて考えてみると、高野山智荘厳院は、畠山義就に与したというよりは、誉田氏に与したと考えてよいだろう。誉田氏はかつて紀伊口郡守護代だったこともあり[9]、その関係で高野山智荘厳院・蓮浄院との関係を築いたのであろう。

延徳二年の誉田正康の根来攻めに関し、『大乗院寺社雑事記』同年七月六日条に、「誉田出陣事、右衛門佐《（畠山義就）》もいか、之由被申歟」と記されている。この記事が事実であれば、誉田氏は守護代家として、独自の軍事行動が行えたことになる。また、このような記事があること自体、当時の人々が守護代の権力を大きく捉えていたことになる。畠山義就は、守護代家の権力に対抗するため、河内三奉行を登用したのであろう。

三、畠山義就内衆間の相剋

畠山義就は河内を実力で支配し、その状況は、河内王国と呼ばれることも多い。本節では、畠山義就河内在国時の内衆の動向についてみていきたい。

まず、甲斐庄氏をみる。河内国人の甲斐庄氏は、長禄四年（一四六〇）の大和龍田合戦で討ち死にした畠山義就内衆の中に「甲斐庄」の名が見えるように（『大乗院寺社雑事記』長禄四年十月十日条）、生粋の義就派である。文明九年（一四七七）九月に畠山義就が河内に下向する際、甲斐庄氏は「馬上十九騎」を率いていた（『大乗院寺社雑事記』文明九年十月二日条）。この数は斎藤新左衛門よりも多く、甲斐庄氏は畠山義就にとって、一軍の軍事力を担う有力内衆であった。

だが、甲斐庄氏は分国支配に関する文書は発給していない[10]。これは、内衆の中でも家格秩序が存在していたからで、甲斐庄氏は軍事的には有力であっても、分国支配には関与できない内衆であった。

文明十一年十一月、甲斐庄某が畠山義就によって殺害された。『大乗院寺社雑事記』同年十一月八日条には、甲斐庄が紀州の敵方と内通したため殺害されたと記されている。ただ、この一件の後も甲斐庄氏は畠山義就方として活動しており、明応年間に入っても畠山基家の武将としてその名が見える（『大乗院寺社雑事記』明応六年七月二十六日条・同八年正月二十三日条等）。これらの事実から、甲斐庄氏は畠山義就に粛清されながらも、義就流方に止まっていたことがわかる。

第一節で述べたように、文明二年、西軍が後南朝の皇子を迎えようとした際、畠山義就はただ一人反対したと伝えられている。これは、家臣の中に旧南朝系の国人が少なからず存在していたからと言われている。前述したように、甲斐庄氏は旧南朝系の国人とみられることから、義就の河内支配にとって、甲斐庄氏は不安定要素だったのかもしれない。内通したと言われる紀州の敵方とは、畠山政長方とみられるが、あるいは旧南朝系国人のネットワークが文明十一年（一四七九）の段階でも存在し、それを利用して独自に紀州の国人たちと連絡を取っていたのかもしれない。

もう一つ看過できないのが、斎藤彦次郎の裏切りである。斎藤氏は、遊佐氏・神保氏と同様の根本被官であり、嘉吉の変以前は、遊佐氏とその勢力を二分していた守護代級の有力内衆であった[11]。文明九年九月に畠山義就が河内に下向した際に斎藤氏は、「斎藤新さ衛門、馬上十三騎」と『大乗院寺社雑事記』に記されるなど、義就の時期にあっても、守護代級の有力内衆であった。

斎藤彦次郎は、『大乗院寺社雑事記』文明十七年七月十八日条には「右衛門佐方山城之代官斎藤」と記され、同年七月二十六日条には「斎藤彦次郎山城国之大将也」と記されている。この記事から、畠山義就が山城の支配を斎藤彦次郎に任せていたことがわかる。このような斎藤彦次郎が、畠山政長方についたのである（『大乗院寺社雑事記』文明十七年七月十八日・二十六日条）。守護代級の有力内衆に裏切られたことは、義就の内衆統制が十分でなかったことがわかる。

畠山義就は、長禄・寛正の内訌以降、共に戦ってきた甲斐庄氏を、甲斐庄氏当主が代替わりしているとはいえ粛清した。また、有力内衆であった斎藤彦次郎には裏切られている。これらの事実は、畠山義就の家臣統制が不安定であり、それが河内下向後に表面化したことを物語っている。文明九年以降の畠山義就の河内支配について、河内王国と言うことも多い。たしかに、河内の主要部は畠山義就によって支配されていたが、その内実は内衆の統制が十分でなく、極めて不安定なものであったと言えよう。

四、守護代家権力の分裂

延徳二年（一四九〇）十二月十二日、畠山義就が没し、基家が跡を継いだ。これが義就流畠山氏の河内支配に大きな影響を与えた。翌三年二月、守護代家の遊佐氏と誉田氏によって、河内三奉行のうち、豊岡慶綱・花田家清が没落させられたのである(12)。これは権力者畠山義就が没し、基家が十分に権力を掌握していない段階で発生した事件である。この事例を含めて本節では、義就没後の義就流畠山氏内衆の動向と、河内支配についてみていきたい。

豊岡慶綱・花田家清・小柳貞綱は、文明九年（一四七七）九月の畠山義就の河内下向以前に名前を見いだすことができない内衆である。推測になるが、彼らは河内の小規模な国人領主で、応仁の乱に際し、一貫して畠山義就方として戦っていたのであろう。

豊岡慶綱・花田家清・小柳貞綱は、畠山義就の奉行人として奉書を発給して分国支配を行うだけでなく、直状形式の文書を発給し、自らの判断で分国支配を行ったことが明らかにされている[13]。河内三奉行が自らの判断で分国支配を行うことは、守護代家にとって、その権力を脅かすものであった。守護代家の遊佐氏・誉田氏にとって、河内三奉行は共通の脅威であり、排除しなければならなかったのである。

畠山義就は、河内を直接支配するにあたり、足軽段米など、新規の守護役を設けた[14]。足軽段米は、足軽を雇用するための資金と考えられる。第二節で述べたように、誉田氏は足軽を家臣に組み込み、義就も戦闘で足軽を使用していた。新しい課役は民衆にとって負担の増加を意味しており、畠山義就の没後、河内で土一揆が蜂起したのである。『大乗院寺社雑事記』延徳四年五月二十三日条によれば、河内で「一国之百姓等八十个条之不法共訴申間」し、畠山基家が「掟法可止足軽」したと記されている。足軽については『大乗院寺社雑事記』延徳四年七月二日条に、和泉でも禁止されたと記し、加えて基家が「私反銭等事可停止」したと記している。御厨のような足軽は、戦場で乱暴を働いたばかりか、守護家畠山氏の権威を背景に、独自に課役を賦課していたとみられる。

河内三奉行の豊岡慶綱・花田家清の失脚や、土一揆の蜂起を好機と見た畠山政長は、明応二年（一四九三）に将軍足利義材とともに河内を攻め、明応の政変を招いた。明応の政変によって、畠山政長は河内正覚寺城（大阪市平野区）で自刃し、嫡子尚順は紀伊に逃れた。明応の政変によって政長流と義就流は立場が逆転し、畠山基家（義豊と改名）が細川政元政権下で守護となったのである。

明応の政変においては、多くの有力内衆や国人らが畠山政長とともに自刃するなど、政長流畠山氏の受けた打撃は

畠山政長が自害した正覚城跡の碑　大阪市平野区

大きかった。明応の政変後から明応六年までの間、河内において畠山尚順方の活動を示す史料はない。これは畠山尚順に、河内進攻を行う力がなかったことを示している。一方の畠山基家は、紀伊に軍を進めるなど、優位に分国支配を行っていた。このような情勢の下、畠山基家の河内支配を動揺させることとなった、遊佐氏と誉田氏の抗争が行われたのである。

『大乗院寺社雑事記』明応六年七月十九日条に「河内国守護代遊佐与誉田取合」と記しているが、これは、遊佐氏と誉田氏の間に生じた問題の本質と言えよう。直接の原因は、「明応六年紀」（続群書類従）明応六年六月二十二日条によれば、「橘島用水相論」であった。『大乗院寺社雑事記』明応六年六月十九日条によれば、最初は「河内国遊佐知行在所与誉田知行在所者地下人及合戦」と、在所における地下人間の抗争から始まっている。

用水相論が原因で抗争が生じたということは、在所が遊佐方と誉田方に分かれていたことを示している。このような相論では、応仁の乱時であれば、政長方と義就方に分かれて抗争したと考えられる。畠山義就の河内下向後、河内の大半は義就方が掌握した。そのような中で、守護代家の遊佐氏と誉田氏がそれぞれの立場で勢力を拡大し、在所が守護代家遊佐氏・誉田氏の権力にそれぞれ包括されたのであろう。その結果、在所の矛盾が、内在していた守護代家の権力闘争に火を付けたのであった。

遊佐氏と誉田氏の守護代家をめぐる権力闘争の結果、誉田氏は敗北し、敵対していた畠山尚順に寝返った。この際、誉田氏は分裂したらしく、この後も、義就流畠山氏の内衆として活動した誉田氏が存在した[15]。誉田氏は遊佐氏との抗争によって、没落・分裂して、守護代家として機能しなくなったのであった。

誉田氏の没落は、誉田氏系内衆にも大きな影響を与えた。誉田氏系内衆のその後を、御厨氏を例に見ていこう。御厨氏は応仁の乱に際し、山城国乙訓郡小塩荘の代官職を得ていた。御厨氏は畠山義就の河内下向後も小塩荘に勢力を維持していたらしく、幕府近習の飯川氏より改めて代官に任じられている。その時の御厨氏の立場は、細川氏の内衆安富氏の被官であった[16]。御厨氏は誉田氏が没落すると、細川氏の内衆安富氏に乗り換えたのであった。この転身は、足軽の身軽さからきていると言えるのではないか。

明応六年、畠山基家の守護代家である遊佐氏と誉田氏の内紛に端を発した抗争に乗じて、畠山尚順が河内に進攻した。畠山基家は河内の主要部を失って逃亡し、尚順が高屋城（大阪府羽曳野市）に入城して河内支配の拠点としたのである。それまで河内に出兵することすらできなかった畠山尚順が、一気に河内主要部を制圧できるほど、守護代家権力の分裂は、大きな影響を与えたのであった。

明応の政変以降、明応六年の守護代家遊佐氏と誉田氏の抗争が表面化するまで、畠山尚順は河内に進攻することができなかった。これは、明応の政変において、畠山政長とともに有力内衆が討ち死にしたことが大きい。畠山基家の河内支配においては、義就没後に発生した土一揆を鎮圧し、在地の支配を安定させることに成功した。畠山基家の内衆においては、守護代家遊佐氏・誉田氏が協調体制をとり、河内三奉行の豊岡慶綱・花田家清を没落させたことで、畠山基家と守護代家の権力が、一時的とはいえ安定したからであろう。

おわりに

応仁の乱を戦った畠山義就の軍事力は、各地に潜伏していた内衆を中核に、足軽・牢人など多様であった。中心となる内衆も、旧南朝系の国人をも組織するなど多様であった。この多様さが、畠山義就が逼塞していた北山を出てから短期間で軍事力を展開しえた強みであった。だが、一方では内部統制に問題を生むこととなり、内衆間で激しい内部対立・抗争を生むこととなった。

義就の内衆の中には、斎藤彦次郎のように、敵対していた政長方に寝返る者もいた。政長の有力内衆の中で、義就方に寝返る者がいなかったことと対照的である。これは義就が、譜代の有力内衆であっても、それにふさわしい待遇を与えていなかったからではないか。畠山義就の父持国が、嘉吉の変後に逼塞していた時期に近侍したとみられる一部内衆を厚遇したことはすでに論じたところである(17)。これは、誉田氏が義就・基家の時に、守護代家として活動していたことからも明らかである。

また、義就は文明九年（一四七七）の河内下向後、豊岡慶綱・花田家清・小柳貞綱といった従来とは違う内衆を登用した。これは、義就自身が在国した分国河内は直轄領であり、守護代家は不要と考えたのではないか。遊佐氏・誉田氏は山城・紀伊を実際に支配した際の守護代家であったとみられる。山城・紀伊に実質支配が広がらなかったことが、内部対立を生む一因となったと考えられよう。

義就流畠山氏においては、守護代家で最有力内衆であった遊佐氏の権力基盤が安定せず、守護代家で有力内衆ではあるが、遊佐氏ほどの地位がなかった誉田氏との相剋が続いていた。義就の河内下向後、義就が河内三奉行を重視したため、遊佐氏・誉田氏は義就の没後、一致して河内三奉行を排除した。だが、共通の敵がいなくなった後は両者の間で武力抗争が発生し、誉田氏は遊佐氏に敗北して、守護代家の権力は分裂した。この分裂が原因となって、畠山尚順の河内進攻を招き、畠山基家は河内支配の拠点であった高屋城を失ったことを考えれば、義就流畠山氏にとって、守護代家の分裂は、致命傷となった。

守護代家権力の分裂で看過できないのは、在所の相論が遊佐氏・誉田氏の武力衝突に繋がったことである。遊佐氏・誉田氏は独自に河内に権力基盤を築いていったが、その際、利害関係が対立する勢力をそれぞれ組織していった。これは、河内国内から政長流畠山氏の権力を排除する意味では役に立った。しかし、対立が表面化すると収拾がつかなくなり、武力抗争から守護代家権力の分裂に至ったのである。明応六年（一四九七）以降、義就流畠山氏が単独で河内を支配することがなかったことからも、守護代家権力の分裂が致命傷になったと言えよう。

戦国期守護家と守護代家による重層的な支配が行われた。畠山氏においても例外ではなく、守護代家として遊佐氏が政長流・義就流ともに活動した。だが、義就流畠山氏においては、畠山義就が河内三奉行を重用したことと、誉田氏が遊佐氏の権力に挑戦したこともあって、守護代家の権力が安定しなかった。これが、戦国期に義就流畠山氏の勢力が凋落した一因であったことに違いない。

註

（1）『観心寺文書』（『大日本古文書』家わけ六）一七三〜一七五号。なお、この文書は、再校訂のうえ『大阪狭山市史』二巻に収録した。

（2）馬部隆弘氏「畠山家における奉書の展開と木沢家の出自」（『大阪大谷大学歴史文化研究』十七号、二〇一七年）で、応仁二年（一四六八）時の畠山義就の山城支配に対する馬部氏自身の見解を示されるとともに、筆者や小谷利明氏の研究がまとめられている。

（3）たとえば、『寛政重修諸家譜』所収「甲斐庄」氏系図では、甲斐庄氏は楠木正成の子孫と記されている。甲斐庄氏が楠木正成の子孫か否かは定かでない。だが、甲斐庄氏が楠木氏の一族か縁者としても不思議ではない。なお、畠山持国・義就と旧南朝勢力の関係については、拙著『中世後期畿内近国守護の研究』（清文堂出版、二〇〇六年）二部二章を参照されたい。

（4）『大乗院寺社雑事記』（続史料大成）文明十六年六月二十八日条等。敵対する政長方も南山城等で足軽を用いている。延徳四年（一四九二）に蜂起した河内の土一揆が、足軽の禁止を求めていることから、足軽の乱暴や課役負担は大きな問題となっていた。これは南山城においても同様とみられ、山城の国一揆が蜂起した理由の一つに、足軽問題があったと考えられる。

（5）引用は、小谷利明氏著『畿内戦国期守護と地域社会』（清文堂出版、二〇〇三年）一部二章による。なお、文書名は京都府立京都学・歴彩館「東寺百合文書」の目録に拠った。

（6）小谷利明氏前掲書一部一章、馬部隆弘氏前掲論文、および前掲拙著二部一章。

（7）前掲拙著二部一章。

（8）前掲拙著二部一章。

（9）前掲拙著一部一章・二章。

（10）小谷利明氏前掲書序章。

（11）川岡勉氏著『室町幕府と守護権力』（吉川弘文館、二〇〇二年）三部二章。

（12）『大乗院寺社雑事記』延徳三年（一四九一）二月二十五日条。なお、『蔭凉軒日録』（続史料大成）明応二年（一四九三）四月三日条には、同年二月二十六日の「高屋城西口合戦」で、「豊岡三郎五郎」を政長方が討ち取ったと記している。よって、豊岡氏も甲斐庄氏と同様に、失脚後も義就流畠山氏家臣としての活動がみられる。

（13）小谷利明氏前掲書一部二章。

（14）小谷利明氏前掲書二部一章。

（15）前掲拙著二部一章。

（16）小塩荘と御厨氏の動向については、田中倫子氏「荘園における応仁・文明の乱の影響―山城国小塩荘の場合―」（大山喬平教授退官記念会編『日本社会の史的構造』〈古代・中世〉思文閣出版、一九九七年）、および小谷利明氏の御教示による。

（17）馬部隆弘氏前掲論文。

Ⅱ

木沢長政の政治的立場と軍事編成

馬部隆弘

はじめに

畠山家内衆出身の木沢長政は、享禄三年（一五三〇）末に細川晴元の内衆として京都に突如として姿を現す。そこから、細川京兆家と畠山家の双方に属して急激な権力的成長を遂げるものの、天文十年（一五四一）には晴元に見限られ、翌十一年三月に戦没する。登場があまりに唐突で、かつ短命に終わったため、長政が急成長を遂げた要因はいまひとつわかっていない。本稿の主たる目的は、その点を探ることにある。

長政に関する言及は、行論中でも適宜引用するように少なからず存在するが、彼がいかなる政治的立場にあったのか明確に論じたものは意外と少ない。よって、急成長を遂げた要因について、ここに何かしらの回答を得る余地があるように思われる。これを一節の検討課題とする。

上述のように、二君に仕えたという点も、長政の権力的特質である。晴元との関係性については、取次体制を通じてすでに一定度整理したので、(1) 二節ではその成果を踏まえつつ、畠山在氏との関係性についてみておきたい。従来の研究では、長政個人に視野が限定されがちであったため、「梟雄」という印象に基づいて、畠山家を克服すべき対象とみてきたきらいがある。その側面は否定できないが、権力として把握するには、在氏や長政の周辺人物も組み込みながら、支配体制を構造的かつ客観的に描く必要があるだろう。

また、全体を通じて、短期間のうちに「当時人数持[2]」と呼ばれるに至った軍事編成の実態を可能な限り明らかにしたい。いうまでもなく、この点にこそ、急成長の要因が見出されると予想されるからである。

さて、考察の前提として、長政の発給文書を【表1】に掲げておいた。ここから史料を引用する際は、［1］の如く表記する。なお、長政の花押には微細な経年変化がみられるので、【図1】に従って確認しておく。

長政の発給文書は、①享禄四年の［1］が最も古く、②天文元年十一月の［3］を初見として、それまでアからイにかけて真っ直ぐに伸びていた線が途中で折れ曲がる。③天文二年十一月の［9］を初見として、それまで曲線だったウの部分に角が出てくる。④天文三年二月の［11］を初見として、それまで左寄りにあったエの点が中央に打たれるようになる。また、イの部分へ向けて伸びていたアの線が左寄りに引かれるようになり、それに伴ってオが嘴状に伸びる。⑤天文四年三月の［14］を初見として、それまで左寄りに打たれていたカの点の上に、オの部分が嘴状に伸びてくる。⑥天文四年七月の［15］を初見として、それまで股を開くように伸びていたイの線が閉じて、ウの部分と近づく。⑦天文五年九月の［19］を初見として、それまでイの線と比べて明らかに短かったキの線が伸びてくる。⑧天文六年九月の［24］を初見として、それまで左に払っていたイ・キの線が下に向けて伸びるようになる。⑨天文九年十月の［29］を初見として、イ・キの線が垂直に真下に伸びるようになる。⑩天文十年十月の［33］を初見として、それまで中央にあったエの点が右寄りに打たれるようになる。

以上のように、変化の指標がおおむね一年ごとにみられることから、花押によって発給文書の年次をほぼ特定することができる。ただし、前後の文書の残りが悪いため、［7］の年代は絞りきれていない。同じく、⑧と⑨の間の過渡的な形状をしている［28］も、年代を特定できなかった。

【表１】木沢長政発給文書

No.	年月日	差出・花押→宛所	対象	出典
1	（享禄4）正・6	木澤長政①・柳本甚次郎→当地百姓中	山城	『大徳寺文書』５８８号
2	（享禄4）正・13	長政①→庭玉軒	山城	大徳寺文書
3	天文元・11・13	長政②→観心寺衆僧御中	河内	『観心寺文書』２２７号
4	天文元・11・―	左京亮②→観心寺同七郷	河内	『観心寺文書』２２９号
5	（天文2）3・18	木澤長政→城州淀六郷沙汰人中	山城	「集古雑編」上（『真宗全書』続編第２３巻）
6	（天文2）4・4	木澤長政→淀六郷沙汰人御中	山城	「集古雑編」上（『真宗全書』続編第２３巻）
7	（天文元～2）9・13	木澤長政②→当所名主百姓中	山城	真乗院文書
8	（天文2）10・7	長政②→当地百姓中	河内	『観心寺文書』５８６号
9	（天文2）11・28	長政③→飯尾次郎左衛門尉	河内	『唐招提寺史料』第一 １８６号
10	（天文3）正・17	木澤長政③→当地名主百姓中	山城	真乗院文書
11	天文3・2・27	左京亮長政④→観心寺	河内	『観心寺文書』２３０号
12	（天文3）7・11	木澤長政④→栄松寺分名主百姓中	山城	真乗院文書
13	（天文3）12・14	長政④→江兵	河内	『唐招提寺史料』第一 １８７号
14	（天文4）3・17	木澤左京亮長政⑤→金剛寺年預御坊	河内	『金剛寺文書』２５６号
15	（天文4）7・6	長政⑥→長福寺	山城	桂文書
16	（天文4）10・（17）	木澤左京亮長政→□主百姓中	山城	東寺百合文書ひ函２１８号
17	（天文4）10・17	木澤左京亮長政→中路左介・原田神次郎	山城	東寺百合文書チ函２６２号

18	(天文5)6・19	木沢左京亮長政→諸法花衆諸寺御中	山城	「座中天文物語」(『日本庶民文化史料集成』第2巻)
19	(天文5)9・28	木澤左京亮長政⑦→四條道場御役者中	山城	彰考館文庫諸寺文書纂所収金蓮寺文書
20	(天文5)10・7	木澤長政⑦→深草名主百姓中	山城	真乗院文書
21	(天文5)10・17	木澤長政⑦→渡邊源兵衛尉	山城	『大仙院文書』35号
22	(天文5)10・17	木澤長政⑦→渡邊与三	山城	『大仙院文書』37号
23	天文5・⑩・⑥	長政⑦→興福寺供目代御房	大和	『春日大社文書』147号
24	(天文6)9・25	長政⑧→片岡左衛門尉	山城	『尊経閣文庫所蔵石清水文書』75号
25	天文6・12・13	長政⑧→当寺住侶中	河内	『金剛寺文書』254号
26	(天文6)12・13	長政⑧→金剛寺年預御坊	河内	『金剛寺文書』255号
27	天文6・12・21	木澤左京亮長政⑧→法隆寺年会五師御坊	大和	法隆寺文書ニ函283号(『法隆寺の至宝』8)
28	(天文7~9)2・21	木澤左京亮長政⑧⑨→上坂助八	近江	上坂家文書
29	(天文9)10・8	長政⑨→遊佐新次郎	河内	『真観寺文書の研究』58号
30	天文9・11・9	長政⑨→通法寺雑掌	河内	通法寺文書
31	天文9・11・12	長政⑨→如意庵	山城	『大徳寺文書』1604号
32	天文9・12・5	長政⑨→大徳寺侍衣	山城	『大徳寺文書』1610号
33	(天文10)10・11	木澤左京亮長政⑩→智恩院	大和	円成寺文書
34	天文10・10・―	左京亮⑩→摂津国上郡水無瀬庄	摂津	水無瀬宮文書118号(『島本町史』史料篇)
35	天文10・10・―	左京亮⑩→大山崎	山城	離宮八幡宮文書243号(『大山崎町史』史料編)
36	天文10・10・―	左京亮⑩→紫野大徳寺境内	山城	『大徳寺文書』255号
37	天文10・10・―	左京亮⑩→山城国梅津長福寺	山城	『長福寺文書の研究』1166号
38	天文10・10・―	左京亮⑩→龍安寺同門前	山城	龍安寺文書(『戦国乱世と山科本願寺』5号)
39	天文10・11・―	左京亮⑩→賀茂	山城	『賀茂別雷神社文書』175号
40	(天文10)12・7	木澤長政⑩→栄松寺分当所百姓中	山城	真乗院文書

註)差出に花押がないものは案文。東寺百合文書は京都府立京都学・歴彩館東寺百合文書WEB、上坂家文書は長浜城歴史博物館所蔵写真。そのほかで刊本の出典がないものは東京大学史料編纂所謄写本・影写本・写真帳。

【図1】 木沢長政の花押

花押① [1]

花押② [3]

花押③ [9]

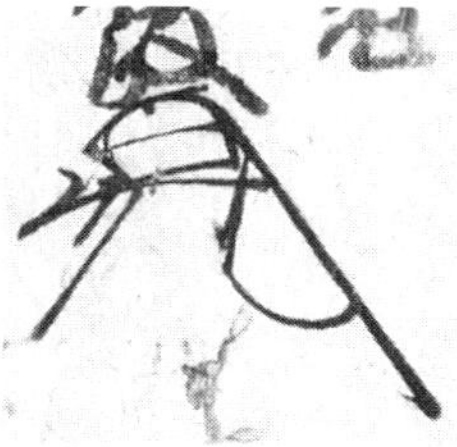

花押④ [11]

花押⑤ [14]

花押⑥ [15]

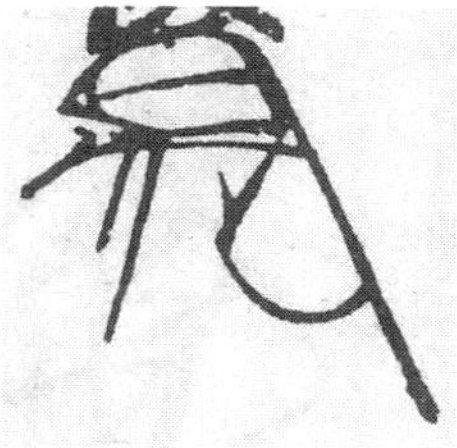

花押⑦ [21]

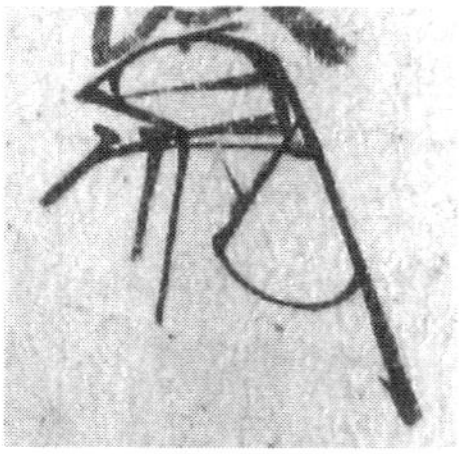

花押⑧ [26]

花押⑧⑨ [28]

花押⑨ [30]

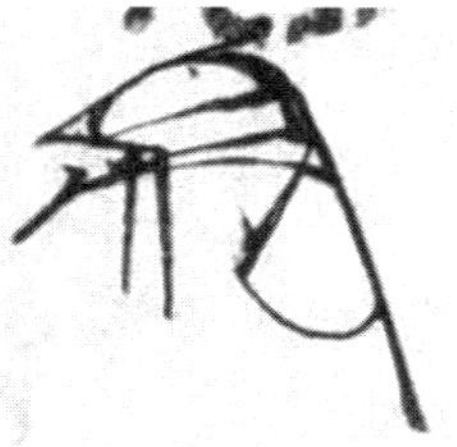

花押⑩ [38]

一、長政の政治的立場

1．公権の及ぶ範囲

長政の権力は広域に及んでいるので、支配の実態は地域ごとに区々である。そこでここでは、支配の内実は措いておき、ひとまず長政が何かしらの公権を及ぼしている範囲を確認しておきたい。

A京都　享禄三年（一五三〇）十一月三日に、細川高国方の軍勢が洛東の如意ヶ嶽に着陣し、翌日には勝軍山城へ陣取る[3]。それに対する細川晴元方の反応はしばらくみられないが、十二月十二日になると「木澤（長政）・柳本（甚次郎）」の軍勢が勝軍山城への攻撃を始める[4]。これが長政の初見となる。

それ以前の晴元方は一枚岩ではなく、将軍として足利義晴を推す柳本賢治一派と、足利義維を推す三好元長一派が競合していた[5]。晴元は、大永七年（一五二七）に義維を擁して阿波から堺へ上陸してきたが、享禄二年になると賢治らの意見を容れて義晴を推しはじめる。そのため、元長は阿波へ下向する。これにより優勢となった賢治も、享禄三年に暗殺されてしまう。このとき賢治の息子はまだ幼少であったため、柳本甚次郎が当主を代行することとなった。長政はその同僚として、突如として表舞台に登場するのである。この頃の長政の様子と前半生を知らせる史料を引用しておく。

【史料1】[6]

木澤《キサワ》衆五六人負手云々、木澤者畠山彼（被、以下同）官人也、而依令害遊《ユ》佐出奔、其後為常桓（細川高国）彼官之分、今度河内国於所々有武勇之誉、而称有述懐、又近日境六郎(細川晴元)為彼官云々、言語道断、無所存之由各笑之、近日入洛、度々取出勢数多勢也、殊以美麗、驚目了、但至合戦可無指事之旨、各笑談之、

「キサワ」とフリガナが振られていることから、京都では聞き慣れない名前であったことがわかる。木沢家は代々畠山義就流の被官であったが、長政は畠山家を離れ細川高国の被官となった。ところが、この直前に晴元の被官となったようである。他に史料がないのではっきりしたことはいえないが、長政が畠山家と京兆家の間を渡り歩いたり、京都で活動したりすることにさほど抵抗感を抱かなかったのは、父の浮泛《ふはん》が細川政元の庇護下で在京する畠山義英に近侍していたためと思われる。[7]

在京して高国勢と対峙する木沢長政と柳本甚次郎は、享禄三年末に京都の地子銭に対して半済を賦課したため、荘園領主たちはその免除を両名に訴えている。[8] その結果として、［1］にみられるように、彼らの連署状にて半済の免除がなされた。これらの事例から、両名がこの段階における晴元方の京都支配を担っていたことがわかる。高国勢と木沢・柳本勢は、翌享禄四年にかけて京都周辺で小競り合いを続けるが、三月八日になると、木沢・柳本勢は京都から没落している。[9] よって、長政による京都支配はこれで幕切れとなる。

高国方が勢力を盛り返してきたこともあって、直後に晴元は、三好元長を畿内に召喚する。これによって高国を滅ぼすことには成功するものの、元長はその勢いのまま享禄五年初めに甚次郎まで討ち果たしてしまう。結果として晴元・長政と元長の間は決裂し、同年六月に元長は自刃に追い込まれる。さらに、元長に与した長政の旧主である畠山義堯も自刃した。このように、対抗勢力や同輩が次々に消えると、長政は「当時権勢者」と呼ばれるに至る。[10] 以後は、初見事例のように京都を主たる活動の場とすることはなく、どちらかというと在国することが多くなるが、例えば、

上京のうえ、法華一揆を動員して大坂本願寺を攻める事例がみられるように、(11)なおも京都を軍事的基盤の一部としている。この一例は、長政が京都において一定の民意を得ていたことの証左ともなろう。

以上、京都における長政は、柳本賢治を受け継ぐ形で登場している点に留意しておきたい。賢治は、将軍として義晴を擁しつつ、将軍も京兆家も不在のなか、その代理として京都の支配を担っていた。かかる立場を踏襲していることは、[7]で「公方御下知云、柳本弾正忠（賢治）時同名修理亮（柳本春重）一行云、旁以明白上者」と称して、南禅寺真乗院領を安堵していることからも明らかであろう。

B河内　享禄三年十二月に勝軍山城を攻める長政を揶揄して、「近江までとらんといつる木澤殿　いひもり（飯盛）山を人ニくハるな」という狂歌が詠まれている。(12)ここから、すでに河内の飯盛山城を居城としていたことが判明する。ただし、河内国内において公的立場で文書を発給する初見は、天文元年（一五三二）の[3・4]で、畠山義堯を退けたのちのことである。

以降における河内支配の展開については、弓倉弘年氏の研究に詳しい。すなわち、畠山政長流の守護代である遊佐長教と長政の間で合意が形成され、両畠山家を守護とし、長教・長政を守護代とする半国支配体制となるのである。(13)

C山城　今谷明氏は、長政を三好元長後任の山城守護代としたうえで、長政が在城する葛野郡の峰ヶ堂城（峯城）を下山城五郡の守護所としている。(14)たしかに、久世・綴喜・相楽の上山城三郡における守護代は、高国段階は内堀東雲軒がつとめ、高国の滅亡とともに長政が継承したと当時から認識されていた。(15)それに対して下山城守護代は、天文元年六月に元長が没すると、同年八月までに高畠長信がその立場を継承しているので、(16)再検討の余地がある。山下真理子氏も、同様に疑義を呈しているが、当該地域における長政の立場は明示していない。(17)そこで、今谷氏が根拠とした史料をもとに、長政の立場を改めて検証しておく。

【史料2】(18)

城州西岡中脉寺社本所領、不依権門勢家当所務半済□(但)当給人地除之、但於□(代)官職地者公用半分、事、為峯城々米被仰付上者、早可被加下知由候也、仍執達如件、

(天文三)」九月廿八日　　　　　　　　　　　　　　(茨木)長隆在判

木澤左京亮(長政)殿

このように、京兆家奉行人奉書にて西岡における半済米の徴収権が認められていることから、今谷氏は長政を守護代とする。そして、その収納先が「峯城」となっていることから、峰ヶ堂城を守護所とするのである。

【史料3】［17］

西岡同中脉寺祐(社)本所領半済事、為御城米自去(天文三年)年雖被仰付拙者、尓今無其沙汰候、然者当年儀も去年之筋目可申付候由、重而被成御下知候旨、西岡中所々相触候、谷山田・桂上下郷、自其方急度可被申触事肝要候、恐々謹言、

(天文四年)十月十七日　　　　　　　　　　　　木澤左京亮長政在判

中路左介殿

原田神(正親)次郎殿

御宿所

谷山田・桂近辺を地盤とする西岡国人の中路氏と原田氏に宛てて、城米徴収について触れるよう伝えている。(19) 同日

付のものと考えられる「□(名)主百姓中」宛ての［16］から、【史料3】は「峯城米」の「半済年貢」にかかるものであることも裏付けられる。今谷氏は【史料3】を【史料2】と同じ天文三年に比定するのに対し、山下氏は「為御城米自去年(天文三年)雖被仰付」との一文を踏まえて天文四年に比定し、二年連続で半済が徴収されたと解釈している。先例に反して長政が半済を徴収しているという訴えが、天文四年に荘園領主から出てくるので、[20]「尓今無其沙汰候」とあるように天文三年は不調に終わり、天文四年に改めて徴収を試みたとみるべきであろう。

このように、「峯城」への半済米徴収が長政に認められたことは事実である。しかし、応仁の乱の際に、細川氏は守護分国ではない西岡において半済分の徴収権を幕府に認められていることから、軍事用途たる西岡半済分は、必ずしも守護や守護代の立場になくとも幕府の許可さえあれば得ることができる。[21]また、天文七年に京兆家は、「山倚(崎)御城料」を「下五郡段銭」として賦課しているので、仮に長政が下山城守護代であれば、同様の手段をとったはずである。[22]しかも、この「下五郡段銭」に長政は一切関与していない。[23]これらの諸点を踏まえると、長政を下山城守護代とする説は成り立ちがたい。

では、長政はいかなる立場で「峯城」に入り、そしていかなる根拠をもって半済を徴収したのであろうか。その契機として注目したいのは、【史料2】の直前にあたる天文三年八月初頭に、長政らが洛西の谷の城に籠もる高国残党を撃退していることである。[24]遡ること三ヶ月前の同年五月頃から、後述のように近江に退いていた足利義晴の側近と長政は交渉を持っていた。そして、六月頃に高国残党が谷の城に籠城し、七月二十日から本格的な攻防戦が始まる。その直後の七月二十八日付で、義晴は長政を宛所とした御内書を発給し、出陣を褒している。[25]このように義晴と長政は、晴元を介すことなく直接的な関係を結び始める。

そして、長政が高国残党を撃退すると、八月二十八日に「就上意《（足利義晴）》御入洛」「細川六郎《（晴元）》殿初而上洛」し、九月三日に義晴も坂本より上洛してくる。[26]「木澤依相調、細川六郎上洛在京」[27]と評されるように、義晴と高国が没落した大永七年の桂川合戦以来となる将軍・京兆家の在京は、長政の奔走によって実現された。

ここで注意したいのは、右の合戦を契機として谷の城の呼称が姿を消し、「峯城」の呼称が登場することである。谷の城は、「谷山城」や「谷山田」とも呼ばれるように、【史料3】で半済米の賦課が命じられている地域の西側山上にあったと考えられる。すなわち、峰ヶ堂城の所在地と重なるのである。天文五年の長政の陣替えを、本願寺の証如は「居所西岡から谷ニ在陣也」[28]と認識していることからも、谷の城と「峯城」は同一で、現在峰ヶ堂城と呼ばれる城に該当するものと思われる。おそらく、谷の城を長政の城として取り立てるにあたって、「峯城」へと改称したのであろう。したがって、「峯城」には高国残党の再上洛を防ぐとともに、京都西郊の守りを固める役割が期待されていたはずである。その任にあたる軍事用途として、長政は半済徴収権を義晴に認められたと考えられる。

D大和　長政の大和支配については、安国陽子氏や山下真理子氏などが言及しているが、支配の根拠となる政治的な立場については明確な説明がない。[29]それに対して高橋遼氏は、幕府から直接的に大和国支配を認められていたのではなく、幕府から委任された京兆家の代官として大和国に関わったという。[30]しかし、長政段階の大和における京兆家の立場を実際に検討しているわけではないため、長政をその代官とするのは推論に推論を重ねることとなっており、説得性に欠ける。

長政の大和支配は、天文五年から語られることが多いが、神田千里氏が指摘するように、天文元年には大和国人と連携しているようである。[31]そして天文三年には、大和で越智氏との合戦に及んでいる。[32]実際、同年には、「筒井殿ヨリ雇被申人夫十五人、十日分之日数之所ニ、木蔵左京之助︵木沢左京亮長政︶方ヨリ筒井殿へ、日数之事猶被申」とみえるように、長政は大和の筒井氏を介して間接的に人夫を徴発している。(33) このように、史料の数こそ限られているものの、河内で公権力として文書を発給し始めたのとほぼ同時に、大和でも活動を開始する。

天文二年には、長政が「木澤大和衆」を引き連れて大坂本願寺と戦っている。(34) この「木澤大和衆」という呼称は、大坂と奈良の離れた所で合致するように、特殊な軍事編成として一定の共通認識となっていた。法華一揆が長政に味方するのと引き替えに、山科七郷をはじめとする地域の代官請を要求しているように、(35) 長政に与することで、それまででは考えられないような恩賞が期待できたようである。天文五年以前には、まだ長政は大和を直接的に支配していないことから、「木澤大和衆」も同様に編成された傭兵的な存在の可能性もあるだろう。

天文五年正月に予定していた大和入国を延期とした長政は、その間、大和信貴山城の構築を進め、同年六月に河内飯盛山城から拠点を移す。(36) 峰ヶ堂城の整備とも時期が重なることから、長政が国の枠組を越えた支配を意識していたことがみてとれよう。そして天文六年七月末からは、越智氏を攻める「大和国陣取」を実行に移し、十二月には開陣している。(37) それと前後して、長政は次の文書を発給した。

【史料4】［27］

為今度一揆蜂起過怠、相懸国中段米事、御恐望候間、令免許上者不可有相違候、恐々謹言、

天文六
十二月廿一日　　木澤左京亮
長政（花押）

法隆寺

年会五師御坊

【史料４】は山下氏も引用するが、誤読により文意が正しく取れていない。内容を正すと、大和国の者たちが一揆を起こした代償として、長政は大和一国に段米を賦課したことがわかる。法隆寺が右のような免許を取り付けているように、おそらく礼銭と引き替えに免許状を発給していたため、現実には一国平均で徴収されることはなかったと思われるが、興福寺領や薬師寺領などでも「木澤方反米」が確認できるので[38]、それなりの根拠をもって一国単位で賦課したようである。

さらに、天文八年にも大和へ出陣しているが、このとき長政は薬師寺領に対して「田地算田」を実施すると達している[39]。薬師寺は礼銭を支払うことで回避を図っているので、実際にどこまで土地を掌握したのかは不詳であるが、安国氏も指摘するように、闕所地に給人を入れ置くなど、かなり踏み込んだ支配を行ったことは事実であろう。

ここで、本項の検討を整理しておく。長政は、京都や西岡においても一定の公権を行使していたが、これらはあくまでも一時的なものであった。それに対して河内・上山城・大和においては、国郡制的な枠組に基づく広域支配権を行使していた。「河内半国・山城半国・和州一国ヲモ大略知行」した赤沢朝経と支配地域が重なるので[40]、おそらくその先例に倣ったものと思われる。次項では、この三ヶ国における長政の政治的立場をより明確なものとしたい。

２．長政の守護進退権

天文五年に、本願寺が吉野上市・下市における還住の取り計らいを依頼したところ、長政は「大和之儀木沢■為守護間、木沢進退候」と自らの立場を説明し、自身が動けば容易に解決するであろうと回答している[41]。この一例はよく引用されるが、実際のところ大和の守護権は興福寺が握っているため、ここでいう「守護」はいわゆる幕府職制上の守護ではなく、あくまでもその地位を標榜して長政が「自称」したものという理解に落ち着いている。[42]ただ、注意したいのは、本願寺が右の長政の発言を「其通吉野へ」伝達しているように、大きな違和感を抱いていないことである。すなわち、本願寺は長政を「守護」と「他称」したことになる。

このように、解釈次第で評価は大きく変わってしまうので、ただの一例で議論を完結させるのは危険である。そこで、他の晴元内衆に目を移すと、よく知られる事例として、山科言継が「細川京兆披《（被）》官波多野《丹波守護》備前守《（秀忠）》」と記していることが比較対象として浮かんでくる。[43]丹波守護は代々京兆家がつとめているため、かつてはこれを丹波守護代の意で記したものと解釈していた。[44]それに対して近年は、守護に相当するほど成長した波多野秀忠の実力を評価した表現という理解が多くを占めている。[45]

右の点については、中御門宣胤が永正四年（一五〇七）に暗殺された政元を「天下無双之権威、丹波・摂津・大和・河内・山城・讃岐・土左《（佐）》等守護也」と評しているのが参考となる。[46]政元がこれらの国々に強い影響力を持っているのは事実だが、正式に守護となっているのは丹波・摂津・讃岐・土佐の四ヶ国のみである。このように戦国期には、実質的な守護という意味で「守護」が用いられることもあった。丹波と大和の事例はそれぞれ別個で議論されてきたが、以上のように事例を突き合わせると、長政が第三者から「守護」と認識されることがあってもおかしくないといえよう。

いずれにしても、秀忠が幕府職制上の守護ではないという点については、衆目の一致するところであり、あくまでも言継の第三者的な評価だというのが現時点での見解といえる。ただ、秀忠の場合も、長政同様にこの一例のみで議論されてきたという問題点を指摘しうる。なぜなら、内談衆として幕府の中枢にいる大館常興が、「丹波守護波多野」

と表記していることを見落としているからである。[47] こうなると、幕府は秀忠のみならず長政も「守護」と認識していた可能性が浮上してくる。

上山城の事例もみておこう。天文二年十一月に、久世郡に所在する石清水八幡宮領狭山郷の代官である高畠泰長に対し、長政は「守護進退ニ為御代官職」与えられたと主張して、代官職の上表を要求した。[48] 急なことなので、ひとまず当年分は半分ずつ支配することとし、以後の代官職を放棄することで泰長は了承している。この一例から、長政がこれ以前に上山城守護代に就任したことが知られるが、ここでは「守護進退ニ」と称していることに注意したい。「守護」として代官職を得るのではなく、「守護進退ニ」、つまり守護権限として代官職を得たと述べているのである。これは、実際には守護代の地位にあるものの、守護並の権限を持つことを意味しているのではなかろうか。大和においても「守護」として「進退」するという表現を用いていたように、両国における長政の立場には類似性を見出すことができる。

その実態を探るために、天文十年六月二十日付で一斉に発給された石清水八幡宮若宮造営・遷宮にかかる幕府奉行人奉書（以下、本節では奉書と略）を分析する。【表２】に示したように、このとき要脚段銭は河内・上山城・大和の三ヶ国に賦課されることとなり、善法寺のもとで巣林庵等祥が徴収にあたる旨を各国に伝えている。賦課の範囲が長政の支配地域と合致することから、石清水八幡宮と長政の交渉によって実現したものとみられる。

河内では、畠山在氏と畠山弥九郎の両守護に宛てた奉書と、それぞれの守護代である木沢長政と遊佐長教に宛てた奉書が発給された。守護代に宛てたものは、両守護へ奉書が発給されたことを「存知」するようにという内容となっている。一方、上山城の長政宛て奉書は、河内両守護宛てとほぼ同文である。京兆家に宛てた奉書はあくまでも奉加を求める内容で、上山城反銭にかかるものではない。ここからも、上山城において、長政は守護並の権限を持っていたことがうかがえよう。大和の場合はやや複雑で、興福寺雑掌・国民中・木沢長政宛ての三通が用意された。長政宛てのものは、「興福寺幷国民中申合」わせて「存知」するよう命じられている。文面から長政の役割ははっきりしないが、「申合」わせるようにという指示から、守護の下位に位置付けられている河内とは異なり、必ずしも興福寺の下位にいるとは限らない。

【表２】石清水八幡宮造営・遷宮にかかる幕府奉行人奉書

種別	主旨	差出	宛所	年号	番号
分国奉加	「至納下者等祥蔵主存知之、既取立云々、早被奉加、同分国輩以下可被加下知之由、所仰下也」	大和守（飯尾尭連） 前信濃守（諏訪長俊）	右京兆代（細川晴元） 細川播磨守殿（元常） 山名右金吾代（祐豊） 佐々木弾正少弼殿（定頼）	書下	3472
上山城反銭	「早守事書之旨、厳密相懸之、不日可被致其沙汰、…至納下者可為等祥蔵主由、所仰下也」	前信濃守（諏訪長俊） 大和守（飯尾尭連）	上山城三郡分 木沢左京亮殿（長政）	書下	3476
河内国反銭	「早守事書旨、相懸之、可被致其沙汰、…至納下者可為等祥蔵主之由、所仰下也」	前丹後守晴秀（松田） 大和守尭連（飯尾）	畠山右金吾代（在氏） 畠山弥九郎殿代	書下	3471
	「早守事書旨、相懸之、可被致其沙汰、…至納下者可為等祥蔵主趣、被成奉書訖、可被存知之由、被仰出候也」	晴秀（松田） 尭連（飯尾）	遊佐新次郎殿（長教） 木沢左京亮殿（長政）	付	3477
大和国反銭	「早守事書之旨、相懸之、可被致其沙汰、…至納下者可為等祥蔵主之由、所仰下也」	豊前守（松田頼康） 大和守（飯尾尭連）	興福寺雑掌	書下	3474
	「事書在之、早可被存知之、…至納下者可為等祥蔵主由、被仰出候也」	頼康（松田） 尭連（飯尾）	国民中	付	3475
	「事書在之、興福寺幷国民中申合、可被存知之、…至納下者可為等祥蔵主由、所被仰下也」	豊前守（松田頼康） 大和守（飯尾尭連）	木沢左京亮殿（長政）	書下	3473

註）典拠は、石清水文書拾遺４９号（『石清水文書』六）。番号は『室町幕府文書集成奉行人奉書篇』の文書番号。

【表３】　京兆家宛て幕府奉行人奉書

年代	丹波	摂津	山城	その他の国
1410-	守護代 70 香西豊前入道殿 85			
1420-				
1430-	守護代 231 237 239	守護代 143		
1440-	守護代 253 277 284 365			
1450-	守護代 416 458 468 507 531 536 537			
1460-	守護代 809		右京兆代 744	
1470-	守護代 851 974 1010 1024 1042 内藤弾正忠殿 982	守護代 1110 1155	聡明丸（聡明殿）代 1037 1067 1095 1121	
1480-	守護代 1590 右京兆代 1559	守護代 1276 1334 1409 1626 1628 細河典厩代 1408	右京兆代 1526 1549	
1490-	守護代 1840	右京兆代 2124 細川（河）典厩代 1853 2125 薬師寺備後守殿 1913	右京兆代 1825 1997 2064 2075 2080 2109 2143 2147 2155 薬師寺備後守殿 2078 香西又六殿 2111	近江 安富筑後守殿 1746 1748 1752 1757 1761 1767 1772 1773 1777 1780 1783 1796 1801 1806 1814 1817 1822 備前 右京兆代 1928
1500-	右京兆代 2493 内藤備前守殿 2192	守護代 2473 右京兆（六郎殿）代 2436 2530 薬師寺三郎左衛門尉殿 2437 （右京兆） 2505	右京兆代 2162 2244 2271 2292 2505 2520 2606 2609 2616 安富筑後守殿 2272 2277 沢蔵軒 2334	和泉 右京兆代 2201 安富筑後守殿 2294
1510-	守護代 2637 右京兆代 2636 2742 2995		右京兆代 2655 2676 2723 2794 2830 2888	越中 右京兆代 2724
1520-		柳本弾正忠殿 3179	柳本弾正忠殿 3173	

1530-	右京兆（六郎殿）代 3258 3396 内藤殿 3259		右京兆（六郎殿）代 3261 3275 3323 3354 松井越前入道殿 3201 高畠与十郎殿 3222 細川弥九郎代 3277 木沢左京亮殿 3324		
1540-	右京兆代 3582		右京兆代 3472 3544 3592 木沢左京亮殿 3476	大和 木沢左京亮殿 3473	河内 木沢左京亮殿 3477

註）数字は『室町幕府文書集成 奉行人奉書篇』の文書番号。そのうち灰色に塗ったのは書下年号、それ以外は付年号。京兆家内衆でも違乱の主体として宛所となっているものは省き、違乱等を停止する上位権限の立場で宛所となっているもののみを取り上げた。なお、京兆家を補佐する細川典厩家宛てのものも掲げている。

より正確を期するために、【表2】に掲げた奉書を、京兆家宛て奉書全体のなかに位置付けてみたい。その作業をするにあたって、【表3】には京兆家宛ての奉書を対象となる国および宛所ごとに整理しておいた。

小泉義博氏が明らかにしたように、京兆家は家格が高いため、奉書の宛所が「細川右京大夫」と直接的になることはなく、原則として間接的に「守護代」宛てとなる。[49] また、応仁の乱を契機として、守護分国ではない山城においても京兆家に対して命令を出す必要性が生じたため、応仁元年（一四六七）を初見として、「右京兆代」なる宛所が登場する（【表3】の七四四号。以下、本節では文書番号のみ記す）。

【表3】をみると、「右京兆代」（右京大夫任官前は「聡明殿代」「六郎殿代」）宛ての奉書は、本来「守護代」宛てしか存在しなかった京兆家分国の摂津・丹波へも波及していく様子がわかる。その理由は、同一案件につき同日付で、「右京兆代」と「守護代」に宛てた奉書の内容から読み取ることができる（二六三六号・三七号）。すなわち、「右京兆代」宛ては「被官人」の押妨を、「守護代」宛ては「方々」の押妨を退けるよう命じており、京兆家被官の動きが活発となるのに応じて、直接的にその違乱を停止しうる「右京兆代」宛ての効果が、受益者たちに期待されるようになったと推察される。

また、守護代個人名に宛てた奉書が、次第に増えていく傾向も読み取れよう。ただし、応永二十一年（一四一四）には、すでに「香西豊前入道《常建》」宛てがみられるように（八五号）、当初から皆無というわけではない。守護代宛てにしたほうが、恒久的な効果が期待できるにもかかわらず、個人名宛てにした理由は次のように想定できる。右の事例は、香西常建の丹波守護代としての初見史料なので、[50]漠然と「守護代」宛てにするのではなく、新たに就任した守護代に提示したいという受益者側の意図が働いていると思われる。また、文明七年（一四七五）の「内藤弾正忠《元貞》」宛ても（九八二号）、直前の文明五年に細川勝元が没して嫡子の政元が幼かったため、京兆家に宛てるよりも守護代個人に宛てたほうが効果的だと判断されたのであろう。このように、守護代個人名宛ての奉書は、やや特殊な状況下に限定されていた。

近江が新たに京兆家分国となり、延徳三年（一四九一）に安富元家が守護代に任じられると、一斉に個人名宛ての奉書が発給されている（一七四六号ほか）。これも香西常建の事例と同様、新任の守護代を意識したものと思われるが、これを機に個人名宛ての奉書は普遍的となっていく。時期的にみて、京兆家における守護代が世襲のものとなり、その権限も相対的に強まりつつある傾向と無関係ではあるまい。[51]

長政個人名に宛てた奉書も、その延長線上に位置付けられるわけだが、それ以前の守護代個人名宛て奉書との間には決定的な違いがある。長政宛て奉書が書下年号になるのに対して、それ以前の個人名宛て奉書はおしなべて付年号なのである。よく知られるように、奉書は書下年号になると署名は官途名で料紙は竪紙となり、付年号だと署名が諱で料紙が折紙になる。いうまでもなく、前者のほうが厚礼で、後者は薄礼である。ここからも、長政の待遇は破格であるように見受けられる。

ただし、【表3】によると、同じ宛所であっても書下年号の場合と付年号の場合があるため、奉書の様式は宛所の格に完全に規定されているわけでもなさそうである。小泉氏が指摘するように、京兆家に敬意を払って下位身分を宛所とする以上、原則として「守護代」や「右京兆代」宛ては付年号になるはずだと思われるが、実際には書下年号のものもままみられる。この点は、研究史上の懸案でもあるので、[52]「守護代」や「右京兆代」宛てで書下年号となる奉書の法則性を読み取っておきたい。

書下年号となる「右京兆（聡明殿・六郎殿）代」宛て奉書の多くは、同日付同内容で、地下宛てや被官・土豪宛ての奉書も付随している（一〇三七・三八号、一〇九五・九六号、一八二五・二六号、一九二六〜二八号、二一〇九〜一三号、二一四三・四四号、二一五五・五六号、二四三六・三七号、二五二〇・二一号、二六五五・五六号）。同じく「守護代」宛ての場合も、地下宛て奉書が同時に発給されている（二四七三・七四号）。このように、「右京兆代」や「守護代」よりもさらに下位身分を宛所とする奉書が付随する際に、差別化を図るために書下年号の様式が用いられたようである。

やや趣が異なる事例として、書下年号となっている「六郎殿代」宛て奉書と、付年号となっている守護代「内藤」宛て奉書が同日付同内容で発給されているが、これもまた差別化を意図したものであろう（三二五八・五九号）。あるいは書下年号の「右京兆代」宛てと、付年号の「和泉両守護代」宛て・地下宛てという組み合わせも確認できる（二二〇一〜〇三号）。

以上のように、下位身分宛ての奉書を同時に発給する際に、「右京兆代」や「守護代」宛て奉書は書下年号となった。対になる付年号の奉書が確認できない事例もままみられるが、同内容の奉書で、かつ薄礼のものは、日記類で省略されたり、あるいは散逸することも多いのではなかろうか。

さて、ここで【表２】の長政宛て奉書に目を戻そう。まず、河内国反銭については、守護宛てとの差別化を図って付年号となっている。つまり、守護代待遇ということになる。一方の上山城反銭については、差別化の必要性がないにもかかわらず、書下年号となっている。これは守護待遇であることを意味しよう。そして、大和国反銭については、興福寺とともに書下年号となっている。これが守護代待遇ではなく、興福寺とともに守護待遇であることは、「和泉両守護代」宛て奉書と比較しても明らかである。

本節での考察から、長政は少なくとも幕府からは、守護の待遇を受けていたことが明らかとなった。もちろん、守護補任の事実は確認できないし、京兆家がそれを公認していたかどうかも疑問である。また、上山城では、守護代の地位にあるとの認識が同時代から存在した。そのため本稿では、ひとまず長政が上山城と大和で持つ権限を、守護並の権限を意味する史料用語を用いて、守護進退権と呼ぶことにする。

３．義晴との関係

享禄三年当初、京都では「木澤《(長政)》彦七《(内藤)》より□けなける事と存候」・「自然悪もの候ハ、木澤して可給候」と評されていた(53)。京都で対峙する高国方の内藤彦七よりも、晴元方の長政のほうが心掛けがよいので、悪者は彼に退治してもらえばよいというのである。あるいは、「木澤以使者申上候趣、近比過分義候而も迷惑仕候、乍去彼志やさしく候、天下御警固可及力分可申由、常々申候」とも伝えられている(54)。長政の要求は過分なところもあるが、志は優しく、力の及ぶ限り天下の警固をすると常々口にしているという。このように、初期の長政は天下、つまり義晴治世下における警固を担っていると自負しており、ゆえに京都での民意も一定度獲得していた。それに応えて義晴も、前項でみたように破格の待遇を与えている。

　享禄四年以降の長政は、恒常的に在京しなくなるが、義晴との交渉ルートは維持していた。例えば天文三年五月には、近江に退いていた義晴の側近から長政方に宛てて、三通の書状が送られている[55]。そのうち二通が長政宛てで、残る一通が長政に代わって在京する菊田善介宛てである。彼は長政の「被官人」で、天文八年の幕府から長政への下知は、「木澤代菊田」が「在京」しているので彼に渡されている[56]。それ以外でも、幕府と長政の間をつなぐ使者は、ほぼ彼に固定されていた[57]。このように、長政は在京雑掌を置いて、義晴との関係維持に努めていたことがうかがえる。

　天文十年十月六日に晴元に見限られて孤立すると、長政は同月十三日に幕府に対して「京都御警固儀可申付由」を頼んでいる[58]。そして、二十九日には「京都御けいこ（警固）の分」と称して、長政は京都に軍勢を派遣した[59]。この日、晴元は岩倉へ退去するにあたって義晴の同行を頻りに求めたが、義晴はそれに応じなかった[60]。そうしたところに長政勢が出陣してきて晴元が退去したので、大館常興は「先以無事也」と安堵している。義晴は、まだ長政を見捨てていないのである。十一月十八日に、義晴は晴元への合力を諸大名に命じた[61]。このように、義晴は晴元の要請に従う一方で、常興を通じて長政にも使者を遣わしており[62]、やはり完全には見放していない。

　以上のように、晴元を介すことなく、義晴と長政の間には密接な関係が形成されていた。主従制の原理からすると、畠山家や京兆家を渡り歩く姿はまさに裏切りの連続だが、義晴と高国が連携しているときは高国に従い、義晴が晴元方につくと晴元に従っていることから、長政の義晴への忠誠は実は一貫しているのである。「堺公方」の足利義維が勢力を伸ばすも、京都では将軍としての実績がある義晴に肩入れする者が多かった。おそらく長政も、義晴でなければ京畿の混乱は収まらないと考えていたのであろう。義晴にとっても、長政と直接的な関係を結ぶことで、京兆家への牽制を効かせることができるという利点があったに違いない。その点は、波多野秀忠を「丹波守護」として把握しようとしていることからもうかがえる。

二、長政周辺の人的構成

1. 畠山在氏の奉行人と取次

義就流畠山家では、両遊佐家と誉田家の守護代三家が筆頭格の内衆として位置付けられていたが、長政が実権を握った時期には、これらの勢力は畠山在氏のもとを離脱しており、奉行人の平英房も在氏のもとを離れていた(63)。本項では、その結果として成立した在氏の内衆について整理しておきたい。

【史料5(64)】

御屋形様継目御判礼銭注文

参貫文　飯盛御屋形様（畠山在氏）小次郎殿

壱貫文　御屋形様御奉行　平若狭守（英正）

壱貫文　同　井口殿

壱貫文　同　木澤中務殿（中務大輔）

壱貫文　木澤左近大夫入道殿浮泛ノ事也

（壱）□貫文　木澤左京亮殿（長政）

弐貫文　是者取継

以上合拾貫文

文殊院年預之時

天文六年丁酉十一月十三日　宥盛

窪田豊前(家利)入道殿

河内の観心寺が、在氏から代替わりの判物を得たときの礼銭注文である。「飯盛御屋形様」とあるように、長政が居城の飯盛山城を在氏に譲ったのちのもので、在氏の内衆が木沢一族で占められていることを示す際に必ず引用される史料だが、木沢一族以外については検討の余地が残されている。そこで、【史料5】のうち肩書が記される「御屋形様御奉行」と「取継」について検討しておく。

平若狭守の諱は英正で、在氏の先代にあたる義堯の奉行人もつとめていた。[65]その偏諱から、義英・義堯・在氏の三代にわたって仕えていたと考えられる。また、木沢中務大輔は長政の弟で、長政没後も在氏と英正・中務大輔はしばらく行動を共にしていた。[66]残る「井口殿」は、在氏の使者などをつとめた井口美濃守で、天文六年二月二日には越中に入国を図ったことが知られる。[67]ところが、越中の門徒衆が、その日は仏事で忙しいので延期するよう求めてきた。そこで十四、五日になって改めて入国しようとしたところ、超勝寺と瑞泉寺から使者がやってきて、乱入したら抵抗すると脅してきたという。

前年の天文五年四月に、木沢長政と遊佐長教の双方から人数を添えて、「畠山小次郎(在氏)子息」を畠山家分国の越中へ送るという話が浮上すると、長政は越中門徒の協力を本願寺に度々要請している。[68]閏十月頃になると計画も徐々に具体化しはじめ、長政は「越中へ代官被下候ツル間、門下中無等閑様に」申し付けるよう本願寺に依頼し、さらに越中門徒への書状も求めている。[69] この在氏子息の代官が井口氏であった。井口氏は在氏の奉行人ではあるものの、長政の策に従って動く存在といえよう。

越中入国に失敗した井口氏は、【史料5】にて河内へ帰還していることが確認できるが、これを終見としてその名がみられなくなる。入れ替わるようにして、天文七年正月に江鴎軒なる在氏の有力内衆が唐突に登場する事実は、[70] 両者が同一人物であることを示唆する。【史料5】では「井口殿」のみ通称が記されないが、直前の改名により新たな名がわからなかったため、このような表記となっているのではなかろうか。そうであるならば、越中入国の失敗による引責で入道したとみることもできる。

【史料5】の最後に連なる窪田家利の動向から、その推測を裏付けておこう。彼は、「是者取継」とあるように、観心寺担当の取次で、【史料5】と同日付で礼銭の礼状を観心寺に送っている。[71] その直後に改めて家利から観心寺へ送られた書状によると、[72]「御継目之御判之儀被仰付ニ亮殿(木沢長政)へ之御礼候、目出度候、就其、大輔殿(木沢中務大輔)御腹定(立)之由候て、重而御礼可被申之由候」とあるように、在氏の判物を得た観心寺は長政への礼は難なく済ませたが、中務大輔を怒らせてしまったようである。そこで家利は、「従我々書状を相調候て進之候間、此通被仰候て、御礼可被仰候」と、中務大輔の機嫌を損ねない方法を観心寺に伝えている。右の活動内容のみだと、家利は畠山家の取次なのか、あるいは木沢家の取次なのか、判断に迷うところなので、もう少し事例をみておこう。

【史料6】[73]

金口其外諸公事寺家衆へ就申懸、両年預御登城候、種々致分別、如此制札調置参候、此方之儀者、別儀有間敷候、高屋方へ御調肝要候、御奉書銭迄御奉行へ渡申候、平殿(英正)・江鴎軒両人御方へ弐百疋、奉書銭合三貫弐百文御

引替申候、此料足御反銭之代物ニ候間、此方にてゑり可申候、可被成其御心得候、於様躰ハ、御両人可有御存知候、将又、中務《（木沢中務大輔）》へ御折帋候、是も御礼入可申候と存候、万御分別肝要候、高屋方調候て、此方より人を御副候て、序ニ制札御打候て可然候ハん哉と存候、猶委細使僧可有御申候、恐々謹言、

八月廿六日《（天文七年）》　窪田豊前入道
家利（花押）

観心寺
年預御坊　参
光明院

江鴎軒の名がみえることと、後述のように中務大輔が天文八年初めまでに奉行を辞めることから天文七年に比定できる。冒頭の「両年預御登城候」とは、前年の代替わりと今回の「制札」にかかる二度の飯盛山登城を意味するのであろう。ここから、家利や「御奉行」である「平殿《（英正）》・江鴎軒両人」は飯盛山城に在城していたと考えられる。それに対して「中務《（木沢中務大輔）》へ御折帋候、是も御礼入可申候」とあるように、同じ奉行人ながら、中務大輔だけは飯盛山に在城していないようで、やや立ち位置が異なっている。右の奉行人の構成から、井口美濃守と江鴎軒が同一人物であることはほぼ確実であろう。と同時に、奉行人三者との間を仲介していることから、家利が在氏の取次であることも確定する。

問題は、家利が木沢家寄りの動きをみせていることであるが、これについては長政が細川晴元のもとで構築した取次体制が参考となる[74]。畠山在氏を擁立する以前の長政は、晴元の近くに仕えて取次をしていた[75]。しかし、立身して各地を転々とするようになると、晴元の傍に常にいることができなくなる。そのため、晴元側近のうち懇意の関係にある古津元幸と湯浅国氏に自らの取次業務の一部を委託するようになる。もちろん、相応の家格になければ対外交渉に

は携われないので、必要に応じて長政も取次業務を継続した。こうして、大身取次と側近取次が対となる分業体制を構築するのである。

それを踏まえると、家利は在氏側近でありつつも、長政と懇意の関係にあったということになる。長政にしてみれば、在氏と晴元から距離を置きつつも、それぞれの側近に懇意の者を置いておくことで、二君と不即不離の関係を築くことができる。畠山家内衆としての立場を維持しながらも、京兆家内衆としての地位も獲得できた要因は、この体制に求められよう。

おそらく、この体制は三好家の先例を参考にしたのではないかと考えられる。なぜなら、三好家は、阿波守護である讃州家の内衆でありながらも、京兆家の内衆となり、双方の立場を使い分けていたからである。[76]京兆家としての基盤を持たない細川澄元・晴元父子は、新たに軍事力を編成する必要性に迫られたため、他家との両属を許す構造が生まれたものと思われる。京兆家と三好家を結ぶ側近取次は高畠家であったが、讃州家と三好家を結ぶ側近取次については未検討なので、長政段階の前提として明らかにしておきたい。

若松和三郎氏や天野忠幸氏は、篠原長政を三好家の重臣とみている。[77]たしかに、篠原長政は永正十七年（一五二〇）に三好元長書状の副状を発給しているが、[78]長政は書中で元長による書状発給を「従千熊殿（三好元長）以折紙被仰候」と称している。このように敬語が並ぶことから、篠原長政を三好家の被官とすることは難しい。前後する永正十八年に、細川晴元の側近として活動する篠原之良が、讃州家内衆出身と思われることを踏まえると、[79]長政も讃州家内衆である可能性を模索しておく必要がある。

本願寺から讃州家の細川持隆方へ音信を贈る際にも、篠原氏は常に登場する。事例を並べると、天文十五年十月に

「細川彦九郎《（持隆）》」「三好豊前守《（実休）》」「篠原右京進」、天文十六年正月に「讃州《（細川持隆）》」「三好豊前」「篠原大和」、天文十七年五月に「細川讃岐守」「三好豊前守」「篠原大和守」となる。[80] このように、実休と篠原氏は、持隆の内衆として常に対となっていた。なお、天文十五年十二月に本願寺から「豊前」と「篠原」へ音信を贈ったところ、「三好豊前守」「篠原大和守」から返礼が届いている。[81] ここから、篠原右京進は天文十五年末頃に大和守と改称したことがみてとれる。[82]

　天文八年には、二心がないことを伝えるために、持隆から幕府への使者として「篠原右京進」が派遣される。[83] このような重要な役割を陪臣に任せるわけがない。また、天文十六年に、長政の後継者である篠原大和守は、京都の寺院に宛てて禁制を発給している。[84] この時期に守護の陪臣クラスが京都に禁制を発給することもない。よって、篠原家は本来、讃州家内衆の家格にあるとみるべきであろう。

　軍事に重きを置く大身の実休と使者などの側近業務を担う篠原氏という讃州家における関係は、京兆家における取次の関係と照応する。京兆家でも大身取次と側近取次が密接な関係を築いていたように、讃州家においても三好家と篠原家は血縁関係を結ぶ。[85] その結果、両家は常に対となって動くことから、「篠原三好千満《（実休）》内者歟」とみえるように、すでに当時から主従関係にあるという誤解を与えてしまうこともあった。[86]

　右の事例は、三好本宗家たる畿内の長慶と阿波三好家の実休に分離する以降のものなので、[87] それ以前の三好之長・元長段階は、高畠家を介して京兆家と、そして篠原家を介して讃州家とつながっていたのであろう。これを踏襲したのが、木沢長政の取次体制であったと考えられる。

２．長政一族と拠点城郭の展開

天文七年十一月に、本願寺の証如は、長政の側近である中坊堯仙からの意見に従い、【表４】に並ぶ長政の「同名・与力衆」へ音信を送っている。【史料５】でも在氏の奉行として登場する筆頭の中務は、「中務大輔木沢弟也」とみえるように長政の弟である。[88]それに続く又四郎も長政の弟で、音信の差や仮名であることから、中務大輔より年少と考えられる。残る同名の右近と新介は、続柄を記す事例が一切ないので、血縁が離れているようである。

本願寺との交渉をみていると、天文八年二月が又四郎の終見となっており、天文九年三月に「木沢右《(左)》馬允」が登場し、以後一貫して「木沢左馬允」となることから、[90]いずれも同一人物と考えられる。その点は、「左京亮《(木沢長政)》弟中務丞《(中務大輔)》・同右《(左)》馬允」とみえるように、長政・中務大輔・左馬允が三兄弟であることからも裏付けられる。[91]

また、又四郎の終見となる天文八年二月の事例は、証如からの年頭儀礼が初めてというだけでなく、畠山在氏への音信に際し、その内衆として江鴎軒と対になって贈られている点においても注目すべきである。なぜなら、それ以前から本願寺と又四郎の間には音信のやりとりがあるものの、【表４】のように、木沢同名の一人という扱いに留まっていたからである。[92]ところが、天文八年は在氏の有力内衆に位置付けられ、翌天文九年三月の年頭儀礼においても平英正・江鴎軒という奉行人に並んで、右にみた「木沢右《(左)》馬允」に贈られている。このように、又四郎は天文七年末から翌年初めにかけて、木沢同名から在氏の奉行人へと立場を変え、やや遅れて左馬允に改称した。

同様に、中務大輔も天文八年に初めて年頭儀礼を贈られているが、これは在氏の奉行人としてではなく、中務大輔個人を対象としたものであった。[93]つまり、奉行人の職を又四郎へ譲ると同時に、中務大輔は本願寺の年頭儀礼の対象となるような家格に上昇したのである。[94] その立場を検討する材料となるのが、「木沢中務大夫(輔)」に宛てた天文九年の京兆家奉行人奉書である。[95] そこでは、久世郡中村郷の遍照心院領を買得したと称して押領する者がいるが、返付するよう命じたので、中務大輔に対しても「左京亮長政被相談、宜被存知由候也」と通達されている。ここから、中務大輔が上山城の広域支配に携わる立場についたことがわかる。上山城守護代が長政であるため、その位置付けは難しいが、おそらく守護進退権を持つ長政のもとで、守護代並の権限、つまり守護代進退権を付与されたのではなかろうか。

その点を裏付けるために、もう一人の長政一族である父浮泛を取り上げたい。【史料5】では、三人の奉行人に続いて、長政と浮泛の名が並ぶ。ここで注意したいのは、河内守護代たる長政への礼銭が、下位に位置する浮泛や奉行人たちと同じ一貫文ということである。このとき観心寺に送られた代替わりの判物は、在氏発給のものが七通、浮泛発給のものが一通で、長政発給のものがないことから、[96] このような額になったものと思われる。浮泛の発給文書を分析した小谷利明氏は、浮泛を長政の代理とするのみで、具体的な立場は明言していない。[97] そこで、長政と浮泛の関係について、もう少し踏み込んで検討しておく。

天文五年の浮泛は、すでに在氏や長政とは別に独自に年始の音信を本願寺に贈っており、その際、自前の奏者である田辺氏を抱えていることも確認できる。[98] また天文七年には、「木沢申(長政)とて、自中坊若井方へ河州両寺還住事浮泛ニ申聞候」[99] とみえるように、浮泛は長政の指示のもとで河内支配に関与している。

河内国茨田郡鞆呂岐《ともろぎ》に新関を設けた浮泛は、天文五年に長政を通じて本願寺から撤廃を求められているが聞き入れなかった。[100] 天文四年末頃のものと考えられる文書

【表4】長政の同名・与力衆

名前	酒肴
中務	3種5荷
又四郎	3種3荷
右近	3種3荷
窪田	3種5荷
西山	3種3荷
小早川	3種3荷
小野民部	3種2荷
清原	3種2荷
福田	3種2荷
木沢新介	3種3荷

註）『天文日記』天文7年11月25日条による。

にも、「飯盛衆□伊庭右京亮・□間新介此両人八十計礼物をとり候、木澤父ふはん（浮泛）と申物重悪物候、弐千疋礼をとり候事候、子にて候□（左）京亮（長政）申事も□（不カ）入耳候」[101]とあって、長政の意見を聞き入れない浮泛の姿はしばしばみられる。

本願寺は、天文五年に畠山在氏へ初めて音信を贈るにあたって、当初は在氏への取次として浮泛も対象に入れていたが、談合の末、「浮泛事ハ木沢父候へとも、百姓あたりなともあしく候間、飯盛に□退度存事候間、□□□中務なとにハ御用なとも候ハんするほとに、中務方被遣候て可然候よし」[102]という結論を出している。すなわち、浮泛は百姓への対応も悪く、飯盛山城に押し込めたいという意見もあるので、長政の弟中務大輔を取次役にしたのである。意見の主は欠損もありはっきりしないが、長政と考えてよかろう。そしてついに、天文九年七月までに長政は「対浮泛義絶」している[103]。

以上を整理すると、天文五年以前から、浮泛は長政の代理で河内支配をしていたとみられる。そして、その体制が崩れるのは天文九年ということになろう。実際、長政の発給文書は、天文四年三月の［14］以降、河内ではしばらくみられなくなる。唯一、天文六年十二月十三日付の［25・26］が存在するが、ほぼ同時に同内容の文書をもう一人の河内守護代である遊佐長教が発給していることから[104]、署判者の立場を揃えておく必要に迫られた例外的事例と判断される。この二通を除くと、天文九年に義絶するまで河内での文書発給は一切ない。中務大輔の事例も踏まえるならば、天文四年三月以降に、浮泛は河内の守護代進退権を付与されたと考えられる。

右の推測を、浮泛の発給文書からも検証しておきたい。【表５】には、管見の限りで浮泛の発給文書を掲げておいた。浮泛の花押は、基本的な形状は変わらないが、中央縦長楕円に注目すると、長政同様に微細な変化が確認できる。まず［A］の花押には、①楕円の左下に斜めに引かれる二本の線があるが、［B］以降はそれがなくなる。そして［D］

以降の花押は、おおむね③楕円の頂点部分から中央縦方向に線が引かれるようになるが、それ以前のものは、②たすき掛けのように斜めに線が引かれる。

右の花押の変化を踏まえつつ、それぞれの事例をみておく。まず、［A］は天文元年十一月の「長政一行」［3］をうけて発給されていることから、年代を絞ることができる。浮泛が河内支配を担うようになるのが天文四年三月以降であることから、おそらく天文四年もしくは五年のものであろう。そのほかも含め、河内における発給文書は、いずれも公的な立場で所領を安堵するものばかりである。

ただし、河内以外に発給されたものも目立つ。逐一みておくと、［C］は、大和の土豪に対する軍事作戦上の指示であることから、先述した天文六年の「大和国陣取」に伴うものと考えられる。木沢又四郎の与力に対する指示なので、まだ未熟な又四郎に代わって発給したのであろう。［H］は西大寺に対する音信の礼状で、これも大和における公的立場を示すものではない(105)。残る［F］は、山城国久我荘における訴訟が終わるまで、地下にて年貢を拘留しておくよう指示したものである。一読すると、公

【表5】木沢浮泛発給文書

No	年月日	差出・花押→宛所	対象	出典
A	(天文4～5) 5・24	浮泛①→観心寺	河内	『観心寺文書』228号
B	天文5・12・13	浮泛②→観心寺衆僧御中	河内	『観心寺文書』232号
C	(天文6) 9・27	浮泛②→崎山・今井・別所・嶋野・松井	大和	二見文書28号（『新修五條市史』史料）
D	天文6・11・13	沙弥浮泛③→観心寺年行事	河内	『観心寺文書』235号
E	天文6・12・21	木沢左近大夫入道浮泛②→（宛所切断）	河内	革島文書（東京大学史料編纂所影写本）
F	(天文8) 9・11	浮泛③→久我庄名主百姓中	山城	『久我家文書』533号
G	(天文9) 9・10	浮泛③→遊佐新次郎	河内	『真観寺文書の研究』29号
H	(年未詳) 7・4	浮況（泛）→西大寺	大和	「筒井氏代々旧記并宝来等旧記」82号

註）Hは、溝田直己「奈良県立図書情報館蔵『西大寺旧記』所収『筒井氏代々旧記并宝来等旧記』」（『大和郡山城』城郭談話会、二〇〇九年）。

的な立場で発給したもののように見受けられるが、別に検討したように、河内に下向するも、長政との交渉がなかなか実現しなかった久我晴通がひとまず仮に得たもので、浮泛の山城支配を示すものではない(106)。このように、河内とそれ以外では、発給文書の性格が明らかに異なっている。

興味深いことに、天文九年七月に長政と浮泛が義絶すると、南泉庵の返付交渉という同一案件について、遊佐長教は長政と浮泛の両者と別々に協議している［29・G］。長政による河内への文書発給は、この協議を機に復活するのである。義絶によって守護代の権限を再び行使しはじめた長政と守護代進退権を持つ浮泛との間で、支配系統の混乱が生じたことは明らかであろう。

以上のように、長政は、幕府の後ろ盾を背景として、従来の守護・守護代とは少し異質の体制を一族によって構築しつつあった。長政は天文五年正月に大和入国を計画していたことから、これに先だって浮泛に河内の守護代進退権を委ねたものと推察される。そして天文八年までに、中務大輔へも上山城の守護代進退権を付与し、まもなく浮泛と義絶する。天文五年にはすでに浮泛を退けようとしている風聞も立っていることから、中務大輔を浮泛の後任にしようと考えていたのではなかろうか。この点について、一族による分権体制と拠点城郭とを重ね合わせながら検証しておきたい。

天文五年に、長政は飯盛山城を畠山在氏に譲って信貴山城へ移った。ただし、浮泛ら木沢一族を残しているので、飯盛山城は長政の手を完全に離れたわけではない。一方で、天文三年には谷の城を接収して峰ヶ堂城として整備するが、この城については、近接する山崎城を晴元が整備して以降は使用した形跡がみられない。また、天文八年に大和から河内に帰国した長政は、二上山城に入っている(107)。ほどなくして信貴山城に戻ったようだが、天文十年には「先日城州笠置城手ニ入ニ就テ、彼城へ越候」とみえるように、長政は上山城の笠置山城に移って新たに改修を加えた。(108)このように、長政は自らが移動を繰り返すことで複数の拠点城郭を整備していく。

長政の上山城進出は、中務大輔を浮泛の後任に据える動きと関係しているように思える。なぜなら、「尼上嶽ニ城作所為云々、此年又、木澤左京亮笠置城ヲ借テ七月廿八日ニ入城、処々用害超過云々」ともみえるように、天文十年には笠置山城の整備と同時に二上山城にも改修が加えられており、(109)そこに中務大輔が関与しているからである。

【史料7】(110)

二上之城へ、竹之儀参十壱荷引荷、慥請取、清原方へ渡申候、請取之儀者、相奉行大輔殿（木沢中務大輔）供ニ信貴へ被越候条、
重而調可進候、将亦先度者柿数百給候、祝着候、恐々謹言、

橋川源介

（天文十年）十月三日　信久（花押）

観心寺

年預御房

御返報

これは、観心寺が二上山城に竹を納めた際のものである。観心寺から竹を受け取った橋川信久は、中務大輔配下の奉行人である清原氏に竹を渡したが、清原氏の同僚にあたる「相奉行」が中務大輔とともに信貴山城へ赴いていたため、奉行人の連署による請取状が発給できなかった。そのため、請取状を改めて送ると伝えている。中務大輔が二上山城を拠点としていることだけでなく、そのもとに奉行人体制が構築されていることも確認できよう。このように、中務

大輔の上山城支配は短期間のうちに幕を下ろし、浮泛の後任として河内での政治的活動を始めつつあった。のちに晴元と長政が武力衝突すると、「舎弟中務尾（尼）上ノ大将」とみえるように、[111]中務大輔はそのまま二上山城に籠城している。

一方、天文十年十一月に笠置山城が伊賀衆の攻撃を受けると、「城大将」である木沢右近の甥がそれを退けている。[112]おそらく、右近の留守を守っていたのであろう。ここから、右近を上山城における中務大輔の後任にしようとする長政の心づもりが垣間みえる。また、この人事異動からは、笠置山城を二上山城の下位に序列化する意図も読み取れよう。[113]

3. 与力の編成

京兆家分国における守護代配下の要職は、京兆家被官の地位を持つ与力（寄子）によって占められていた。その理由の一つに、使者として荘園領主と渡りあうなど、京畿で重要な政務につくには、守護被官の地位を必要としたことが挙げられる。[114]もともと守護代の家格すら持っていない長政も、同様の対応を取っていたと思われる。

例えば、長政が書状を認めることができない場合に代書したり、あるいは病気の際に「代官」をつとめたりする中坊堯仙は、竹内門跡の坊官を出自とする高い家格を有しており、被官ではない。[115]また、長政から足利義晴への使者をつとめる藤沢神右衛門尉は、もともと細川尹賢の被官であった。[116]信貴山城で行われた裁判では、「中務（木沢中務大輔）其外御与力衆為異見、中分」とみえるように、長政の与力衆による意見に従って仲裁がなされた。[117]ここからは、長政の弟である中務大輔も、畠山家の被官身分を有する広義の与力に含まれることがわかる。

長政の主要な配下が被官でないことは、【表４】に列する人物が「同名・与力衆」と呼ばれていることからもうかがえる。ここから同名を除いて酒肴を基準に序列化すると、窪田を筆頭に西山・小早川が上位に位置付けられ、小野民部・清原・福田を下位に並べることができる。以下、それぞれの立場について簡単に検討しておきたい。

窪田孫五郎光家と西山四郎兵衛尉某は、天文二年に連署して［8］の副状を発給していることから、[118]【表4】の窪田と西山に該当すると考えられる。木沢方から半済の放状を得た大徳寺が、享禄四年二月に長政配下と思われる佐久間孫二郎と「奏者」の窪田孫五郎に礼銭を贈っているように、[119]光家は早くから長政の近くに仕えていた。一方の四郎兵衛尉は、「木沢与力」と呼ばれる「堺の者」で、大坂寺内の西町にも家を持っていたことが知られる。[120]このように経済的な活動がうかがえることからも、その出自は堺北庄政所の西山家に求められる。[121]光家を与力と称した史料は確認できないが、四郎兵衛尉と連署していることから立場を同じくするものと推察される。

長政から本願寺への使者を最も頻繁につとめるのは堯仙である。ただし、証如が堯仙を呼び出すこともしばしばみられるように、[122]これは両者の個人的な関係を前提としたものであった。本願寺への公的な使者は、そのほか小早川安芸守が度々つとめているが、彼が携わるのは本願寺との和睦に関するものなど、いずれも重要案件である。[123]それに対して長政からの年頭儀礼は、天文五年から七年まで小野民部丞が毎年持参している。[124]その初例に「小野民部号与力」と記しているように、彼が長政の被官ではなく、与力と称したため証如は面会したようである。同じく面会を果たしていることから、小早川安芸守も与力と思われるが、使者としての役割の差が【表4】の酒肴の差にも反映されている。なお、民部丞の終見は【表4】の天文七年十一月で、翌八年から十一年までは小野但馬守が年頭儀礼を持参するようになる。[125]よって、民部丞と但馬守は同一人物と考えられる。

福田は、「ふくてん」と読む「木沢内者」である。[126]被官の最高位にあたるのであろう。清原は、河内一七ヶ所において長政の代官をつとめる人物で、(127)【史料７】では中務大輔のもとで奉行人をつとめていた。その「相奉行」とは福田のことではないかと推察される。以上のように、有力配下の大半が与力で、下層の一部のみ被官で構成される点は、京兆家守護代の事例と一致する。

次に、与力の出自を検討する素材として、大和国添上郡の柳生文書に注目したい。詳しい事情はよくわからないが、柳生文書のなかには本来柳生家のものではないと思われる文書が若干混入しており、その一群を抽出すると【表６】のようになる。窪田孫五郎光家を宛所とするものが一通［a］、長政を宛所とするものが三通［f〜h］含まれるのが印象的である。長政の奏者をつとめ、【表４】でも中務大輔と並んで酒肴の量が最大であったように、光家は長政方が政治的判断を下すにあたって極めて重要な位置にいた。よって、長政宛ての書状も、奏者である光家のもとに残されたものと想定しうる。窪田内膳助を宛所とするものが四通［b〜e］も含まれているが、孫五郎の確実な終見が連署状の天文二年であることから、それ以降に通称を改めたのではなかろうか。以上の点から、【表６】の一群は窪田光家旧蔵文書と考えられる。

【表６】窪田光家旧蔵文書

No	年月日	差出→宛所
a	（年未詳）12・27	池彦三秀忠→窪田弥五郎（光家）
b	（年未詳）12・9	（窪田）豊前入道家利→内膳助（窪田光家）
c	（年未詳）12・17	小安（小早川安芸守）忠徳→窪内（窪田光家）
d	（年未詳）12・22	津田周防兼能→窪田内膳助（光家）
e	（年未詳）12・23	秀政→窪田内膳助（光家）
f	（年未詳）4・10	伊右高将→左京亮（木沢長政）
g	（年未詳）4・13	光弘→木沢左京亮（長政）
h	（年未詳）9・晦	政置→木左（木沢長政）
i	（年未詳）9・28	実相院信盛→五十川出羽守・西山越前守
j	（年未詳）12・21	宗泉→桑原道隆房

註）柳生文書（東京大学史料編纂所影写本）による。

いずれも未翻刻なので、詳細は改めて検討するとして、ここでは長政の与力・被官に関わる点に限定して若干の指摘をしておきたい。まず、［b］の差出・宛所に名字がないことからもわかるように、両者は窪田一族と思われる。

すなわち、在氏の側近取次である家利と長政の筆頭与力である光家は、いずれも在氏被官の家格にあり、密接な関係を持っていたのである。これは、長政と家利が懇意の関係にあることを裏付けている。［i］の差出である実相院信盛は、長政の被官と考えられる。(128)宛所の西山越前守も、おそらく西山四郎兵衛尉と何らかの関係があるだろう。また［c］から、小早川安芸守の忠徳という諱も判明する。

［c］で注意したいのは、文中に「在津」および「帰城」とみえるように、忠徳が堺と信貴山城を往復していることである。西山四郎兵衛尉が堺の政所出身と推測されるだけでなく、窪田家利も「堺へ越候而、少用之儀」があると述べているように、(129)長政の有力な与力は総じて堺との関係を有している。［j］の宛所である桑原道隆房も堺の住人であることから、(130)長政急成長の背景には、堺の経済的な支援もあったのではなかろうか。

おわりに

京兆家の内訌が深化するにつれ、京兆家と組み合わせるべき将軍を義晴と義維のいずれにするかという点も争点となる。その過程で、長政は義晴と直接的な関係を結ぶ。一方でそこには、京兆家を牽制しようとする義晴の意図も働いたであろう。従来の研究では、守護層との関係に目を奪われていたため、長政は主君を頻繁に替えたと理解されていたが、義晴への忠誠は一貫しており、それに応えて義晴も長政に守護進退権を与えた。幕府の家格秩序を維持するために守護への補任はしなかったが、守護並の権限行使をいわば黙認したのである。そして、この権限を背景として、長政は一族に守護代並の権限と拠点城郭を分与し、複数の分国支配を実現させせようとした。

また、自らが移動を繰り返して拠点城郭の整備を重ねるのも長政の特徴といえる。それらはいずれも山城で、大和と北河内の国境付近に位置する飯盛山城をはじめとして、大和と中河内の国境付近にあたる信貴山城、大和と南河内の国境付近にあたる二上山城、大和と南山城の国境付近にあたる笠置山城と、いずれも大和を取り巻くように立地する。中西裕樹氏は、長政による戦争のありかたからその意図を探っているが[131]、長政が複数国に跨がる支配を志向したという特徴に鑑みて、ここではその側面から、国境周辺に拠点城郭を配置した意図を捉え直してみたい。

行論中でも触れたように、京都の法華一揆や「木澤大和衆」など、長政は従来の守護・守護代とは異なる方法で軍事動員を図っていた。経済力のある堺の関係者で有力与力が占められている点も、それまでにはない軍事編成のありかたを示唆する。【史料１】によると、軍勢の姿が「美麗」で衆目を驚かせたが、いざ合戦になると、見た目だけであったという。軍備や人数は揃っていても合戦に不慣れな点は、長政による軍事編成を反映したものと評価できるのではなかろうか。

長政による国境の掌握も、その延長線上で捉えることができる。国境周辺の在地勢力は、いずれか一方の守護勢力に深く肩入れすると後背を突かれてしまうため、両属的な立場を維持することが多い。事実、信貴山周辺の大和国人も、興福寺と畠山家に両属的であった[132]。そのため、国境周辺にはいわゆる境目地域と呼ばれる中立的な緩衝地帯が形成されやすい。長政による国境の掌握は、従来の守護・守護代の枠組では完全に把握できなかった、この軍事力の確保を企図したものではないかと推察される。境目地域の在地勢力も、それまで抑制されていた外部への権益拡大が期待できるので、長政を支持するわけである。しかも、既存の基盤に立脚する遊佐長教や興福寺との軍事力確保をめぐる競合も、ある程度は回避できる。わずかな期間で「当時人数持」となれた背景は、右のように想定される。

以上のように、長政は従来の守護・守護代とは異質の支配を志向していたが、必ずしもすべてにおいて目新しいというわけではない。例えば、取次体制をみる限り、京兆家と畠山家の二つの主家に従うありかたは、京兆家と讃州家に従う三好家の方式を踏襲していた。配下を与力によって編成する方式も、やはり京兆家守護代以来のものであった。河内半国・上山城・大和という領域設定も、おそらく赤沢朝経の先例に倣ったものであろう。そして、朝経のそれを具現化した長政による国境を越えた支配のありかたは、さらなる展開を遂げることとなる。すなわち、丹波との国境を意識した摂津の芥川山城や播磨との国境を意識した摂津の滝山城など、細川晴元・三好長慶・松永久秀の城郭に踏襲されるのである。そして最終的には、飯盛山城と信貴山城が長慶と久秀の拠点となる。

また、守護進退権についても、幕府に守護と遇されていた波多野秀忠との連続性が認められる。天文四年（一五三五）に、秀忠は細川晴国のもとを離れ晴元方へ帰参するが、その際に息子を幕府に出仕させている[133]。おそらく、晴元との間を仲介した義晴に、帰参の条件として長政並の権限、つまり丹波の守護進退権を要求して認められたのではないかと思われる。このように、長政を嚆矢として、義晴と直接的に結ぶことで、京兆家内衆ながら守護と黙認される道が開かれる。

天野忠幸氏は、長慶以外に畿内で居城を次々に移した人物を認めていないが[134]、長政はその先駆に他ならない。さらに天野氏は、京都を見下ろす飯盛山城に在城することで、長慶が足利家に優越することを視覚的に示したとするが、義晴に忠誠を尽くした長政との連続性を踏まえると、その説には従いがたい。足利家と長慶の関係は、将軍による守護進退権の付与がさらに継続するのか否か考慮したうえで、改めて捉え直す必要があるだろう。

註

（1）拙稿「細川晴元の取次と内衆の対立構造」（『ヒストリア』第二五八号、二〇一六年）。
（2）「細川両家記」天文十年九月六日条（『群書類従』第二〇輯）。
（3）『二水記』『後法成寺関白記』享禄三年十一月三日条・四日条。
（4）『実隆公記』『二水記』『後法成寺関白記』享禄三年十二月十二日条・十三日条。
（5）当該期の政況については、拙稿「『堺公方』期の京都支配と柳本賢治」（『ヒストリア』第二四七号、二〇一四年）。
（6）『二水記』享禄三年十二月十八日条。原文には見せ消ち等があるが、煩雑となるので修正後の文章とした。
（7）長政以前の木沢家については、拙稿「畠山家における奉書の展開と木沢家の出自」（『大阪大谷大学歴史文化研究』第一七号、二〇一七年）。
（8）『実隆公記』享禄三年十二月二十五日条。東寺百合文書ゑ函八七号・チ函三〇三号。
（9）『実隆公記』『二水記』『後法成寺関白記』享禄四年三月八日条。
（10）『実隆公記』天文元年十一月二十二日条。
（11）『私心記』天文二年三月二十四日条・二十八日条。
（12）『実隆公記』巻八、四一二頁。同上享禄三年十二月二十一日条。
（13）弓倉弘年「戦国期義就流畠山氏の動向」（同『中世後期畿内近国守護の研究』清文堂出版、二〇〇六年）。
（14）今谷明「細川・三好体制研究序説」（同『室町幕府解体過程の研究』岩波書店、一九八五年、初出一九七三年）。同「畿内近国における守護所の分立」（同『守護領国支配機構の研究』法政大学出版局、一九八六年、初出一九八五年）。
（15）拙稿「上山城守護代の内堀東雲軒」（『戦国史研究』第六七号、二〇一四年）。
（16）「経厚法印日記」天文元年八月二十八日条（『改定史籍集覧』第二五冊）。
（17）山下真理子「天文期細川晴元奉行人奉書から見る晴元有力被官の動向」（小此木輝之先生古稀記念論文集刊行会編『歴史と文化』青史出版、二〇一六年）。同「天文期山城国をめぐる三好宗三の動向」（『地方史研究』第三八六号、二〇一七年）。
（18）東寺百合文書ひ函一八一号。欠損部分は、同日付の同上一八〇号で補える。

（19）「別本賦引付」天文九年十二月二十九日条（『室町幕府引付史料集成』上巻五一九頁）にて、「西岡内岡郷形《（刑）》部庄事、致買得当知行」している「原田神次郎正親」が確認できる。

（20）『久我家文書』五三七号・近衛家文書（『室町幕府文書集成奉行人奉書篇』三三二四号・三三二八号）。

（21）拙稿「奉行人奉書にみる細川京兆家の政治姿勢」（『大阪大谷大学歴史文化研究』第一六号、二〇一六年）。

（22）『大徳寺文書』二二三九号。「親俊日記」天文七年三月五日条（『続史料大成』一三）に晴元による山崎城築城の情報がみえることから、同年に比定できる。

（23）『大館常興日記』天文七年九月一日条～八日条。

（24）この合戦の経過については、拙稿「細川晴国陣営の再編と崩壊」（『古文書研究』第七六号、二〇一三年）および前掲註（1）拙稿。

（25）「御内書引付」（『続群書類従』第二三輯下）。

（26）『北野社家日記』八、一五二頁。

（27）「厳助往年記」天文三年六月二十九日条（『改定史籍集覧』第二五冊）。

（28）『天文日記』天文五年九月二十日条。

（29）安国陽子「戦国期大和の権力と在地構造」（『日本史研究』第三四一号、一九九一年）。山下真理子「天文期木沢長政の動向」（『大正大学大学院研究論集』第三八号、二〇一四年）。

（30）高橋遼「戦国期大和国における松永久秀の正当性」（『目白大学短期大学部研究紀要』第五二号、二〇一六年）。

（31）神田千里「天文の畿内一向一揆ノート」（千葉乗隆編『日本の歴史と真宗』自照社出版、二〇〇一年）。

（32）『私心記』天文三年十一月十四日条。

（33）「薬師寺上下公文所要録」天文三年五月条（田中稔・永野温子「薬師寺上下公文所要録」（『史学雑誌』第七九編第五号、一九七〇年））。木沢を「木蔵」と呼ぶ事例は、『実隆公記』巻八、四一二頁紙背文書にもある。『日本国語大辞典』によると、「木蔵（きぞう）」には、「きまじめでゆうずうのきかない人。かたぶつ。」という意味がある。

（34）「二条寺主家記抜萃」天文二年九月十二日条（『続々群書類従』第三）。『私心記』同年十一月十六日条。

（35）『言継卿記』天文三年三月十六日条。

(36)『天文日記』天文五年正月十三日条・十四日条・六月二十六日条。
(37)「享禄天文之記」天文六年七月二十九日条（内閣文庫蔵大乗院文書）。『天文日記』同年八月十六日条・十二月十五日条。
(38)「学侶引付写」天文八年十二月二十七日条（内閣文庫蔵大乗院文書）。「薬師寺上下公文所要録」同九年三月十三日条。
(39)『天文日記』天文八年六月二十三日条。「証如上人書札案」同日付（『真宗史料集成』第三巻）。「薬師寺上下公文所要録」同年四月二十三日条。
(40)「不問物語」永正四年三月条（和田英道「尊経閣文庫蔵『不問物語』翻刻」〔『跡見学園女子大学紀要』第一六号、一九八三年〕）。
(41)『天文日記』天文五年正月二十日条。
(42)前掲註（13）弓倉論文。前掲註（29）山下論文。前掲註（30）高橋論文。
(43)『言継卿記』天文十三年六月二十三日条。
(44)森田恭二『戦国期歴代細川氏の研究』（和泉書院、一九九四年）一〇六頁。福島克彦「丹波波多野氏の基礎的考察（上）」（『歴史と神戸』第三八巻第五号、一九九九年）。
(45)芦田岩男「丹波波多野氏の勢力拡大過程」（『兵庫県の歴史』二六、一九九二年）。藤田達生「八上城とその城下町の変容」（八上城研究会編『戦国・織豊期城郭論』和泉書院、二〇〇〇年）。古野貢「室町幕府―守護体制下の分国支配構造」（『市大日本史』第一二号、二〇〇九年）。渡邊大門「波多野氏の丹波国支配をめぐって」（『鷹陵史学』第三七号、二〇一一年）。
(46)『宣胤卿記』永正四年六月二十四日条。
(47)『大館常興日記』天文九年三月二十三日条。
(48)田中家文書一一四九号（『石清水文書』三）。
(49)小泉義博「室町幕府奉行人奉書の充所」（『日本史研究』第一六六号、一九七六年）。
(50)今谷明「室町・戦国期の丹波守護と土豪」（前掲註（14）今谷『守護領国支配機構の研究』、初出一九七八年）。
(51)拙稿「摂津守護代薬師寺氏の寄子編成」（『新修茨木市史年報』第一五号、二〇一七年）。
(52)上島有「解説」（『日本古文書学論集』八、吉川弘文館、一九八七年）など。
(53)『実隆公記』巻八、四〇四頁紙背文書。

(54)『実隆公記』巻八、四〇七頁紙背文書。
(55)『北野社家日記』八、一四七～八頁。なお、筑波大学附属図書館ホームページの画像で訂正した。
(56)「披露事記録」天文八年六月二十七日条・「伺事記録」同月三十日条（『室町幕府引付集成』上巻一四五頁・一五八頁）。
(57)『大館常興日記』天文九年五月十九日条・十月二十五日条。わずかに「使者三隅」が確認できる（『大館常興日記』同年九月二十四日条）。
(58)『大館常興日記』天文十年十月六日条・十三日条。
(59)『大館常興日記』天文十年十月二十九日条。[34～39]は、それに伴う禁制である。
(60)「惟房公記」天文十年十月二十九日条（『続々群書類従』第五）。
(61)『大館常興日記』天文十年十一月十八日条。
(62)『大館常興日記』天文十年十一月十九日条。十二月一日条によると、長政からの返事はなかった。
(63)拙稿「木沢長政の墓と遺族の動向」（『八尾市立歴史民俗資料館研究紀要』第二八号、二〇一七年）。前掲註（7）拙稿。
(64)『観心寺文書』三八〇号。
(65)弓倉弘年「紀伊守護家畠山氏の支配体制」（前掲註（13）弓倉著書、初出一九九〇年）。
(66)前掲註（63）拙稿。
(67)『天文日記』天文五年八月二十九日条・同六年四月六日条。井口家については、熱田公「畠山家分裂のはじまりをめぐって」（同『中世寺領荘園と動乱期の社会』思文閣出版、二〇〇四年、初出一九八九年）。
(68)『天文日記』天文五年四月五日条・六月三日条。
(69)『天文日記』天文五年閏十月二十二日条・十一月十四日条。
(70)『天文日記』天文七年正月二十一日条。
(71)『観心寺文書』一四九号。
(72)『観心寺文書』五九〇号。
(73)『観心寺文書』五八九号。

(74)前掲註（1）拙稿。
(75)「晴元御前衆可竹軒・三好神五郎・木澤左京亮」（「細川両家記」享禄四年条）が、長政の在氏擁立によって解体する様子は、「蓮成院記録」天文二年正月条（『多聞院日記』五）の行間の書き込みからも読み取ることができる。
(76)拙稿「細川澄元陣営の再編と上洛戦」（『史敏』通巻一四号、二〇一六年）。
(77)若松和三郎『戦国三好氏と篠原長房』（戎光祥出版、二〇一三年、初版一九八九年）。天野忠幸「阿波三好氏の系譜と動向」（同編『阿波三好氏』岩田書院、二〇一二年）。
(78)安楽寺文書（『戦国遺文三好氏編』三〇号・三一号）。
(79)前掲註（1）拙稿。
(80)『天文日記』天文十五年十月二十三日条・同十六年正月二十九日条・同十七年五月十日条。
(81)『天文日記』天文十五年十二月六日条・十六日条。
(82)若松氏や天野氏は、永正十七年に元長副状を発給する篠原大和守長政と天文十六年に禁制を発給する篠原大和守を同一人物とみるが、花押は全く異なる。三十年以上の隔たりからして、別人とみるべきであろう。天文年間に活動する篠原大和守の終見は天文二十二年で、晩年は堺に居住していたようである（『天文日記』天文二十一年十一月十九日条・同二十二年十二月二日条）。それに対して天文二十三年には、阿波から「篠原右京進」が「渡海」して出陣している（「細川両家記」天文二十三年十一月二日条）。これが長房である。若松氏と天野氏は、天文八年と天文十五年にみえる「篠原右京進」を長房に比定して長政の子息とみるが、長政と長房の間に右京進から大和守へと改称した諱不詳の人物を一代挟まなければ、本願寺の音信を贈る対象が一定しないなど、史料解釈の整合性が保てない。
(83)『天文日記』天文八年九月二十九日条・十月一日条。拙稿「細川晴元への交渉と取次」（『大阪大谷大学歴史文化研究』第一七号、二〇一七年）。
(84)妙蓮寺文書・妙顕寺文書・知恩寺文書（『戦国遺文三好氏編』一八六号・一九〇号・一九一号）。
(85)『天文日記』天文六年九月十六日条・十八日条によると、具体的な血縁関係はわからないが、篠原孫太郎の母は三好家出身であった。
(86)『天文日記』天文十二年五月四日条。

(87) 天野忠幸「三好氏の権力基盤と阿波国人」（同『戦国期三好政権の研究』清文堂出版、二〇一〇年、初出二〇〇六年）。分離する以前では、「学侶引付写」永正四年八月四日条にて、細川澄元とともに三好之長・高畠長信へ音信を贈っている事例が確認できる。
(88)『天文日記』天文五年三月二十六日条。『多聞院日記』天文十一年三月八日条に「斎藤《（山城守）》木澤ヲ贔屓シテ長政弟中務カ所へムスメヲ遣テ親子ニナリ」とみえるように、妻は斎藤山城守の娘である。
(89)『天文日記』天文五年正月十六日条。
(90)『天文日記』天文八年二月二十三日条・二十五日条・同九年三月二十一日条・同十年十月十五日条・十八日条・同十一年閏三月八日条・同十六年閏七月二日条。
(91)『言継卿記』天文十一年三月十八日条。「細川両家記」天文十年九月条からも、左馬允が伊丹親興の娘を娶ったこととともに、長政の弟ということが知られる。
(92)『天文日記』天文五年正月十六日条・六月六日条。
(93)『天文日記』天文八年二月二十二日条。
(94) 越後の長尾為景に、「就越中計策之儀、其已後可被申候之処、依遠路無其儀、只今従屋形《（畠山在氏）》以書状被申候」と伝えた五月五日付の守能・英正の連署状は、在氏がすでに「屋形」と称されていることから、家督相続後の天文七年以降のものである（『上杉家文書』二九四号）。差出の一人が平英正なので、もう一人の守能は、ここまでの検討を踏まえると江鴎軒・木沢中務大輔・木沢左馬允のいずれかとなる。
(95) 大通寺文書（『城陽市史』第四巻一九三頁）。
(96)『観心寺文書』二三一号・二三三号～二三九号。
(97) 小谷利明「戦国期の守護権力」（同『畿内戦国期守護と地域社会』清文堂出版、二〇〇三年）。
(98)『天文日記』天文五年正月十六日条・十七日条・二十七日条。
(99)『天文日記』天文七年正月二十一日条。
(100)『天文日記』天文五年四月一日条。この事例については、鍛代敏雄「本願寺教団の交通網」（同『中世後期の寺社と経済』思文閣出版、一九九九年、初出一九八七年）。
(101)『実隆公記』巻九、八二頁紙背文書。
(102)『天文日記』天文五年六月二十六日条。
(103)『天文日記』天文九年七月八日条。
(104)『金剛寺文書』二五八号・二五九号。
(105)署名は「浮況」となっているが、この書状を取り次ぐ「木原」が、「大舘記（七）」（『ビブリア』第八六号、一九八六年）六五頁に木沢方の代官として名がみえるので、浮泛の誤写と判断した。
(106)前掲註（83）拙稿。天文四年に比定されていた［F］を、拙稿では天文八年と推定したが、花押の面からも裏付けることができる。
(107)前掲註（83）拙稿。
(108)『天文日記』天文十年八月十八日条。「享禄天文之記」天文十年七月二十八日条。
(109)「二条寺主家記抜萃」天文十年条。
(110)『観心寺文書』五九七号。
(111)『多聞院日記』天文十一年三月十九日条。
(112)『多聞院日記』天文十年十一月二十六日条・二十八日条。
(113)一族それぞれに分掌された権限の内実は不詳だが、河内における観心寺と甲斐庄孫太郎の間で争われた裁判が信貴山城で行われているように（『観心寺文書』五八八号）、長政の居城に上位機能が備わっていた。ただしこの一例は、浮泛との義絶から中務大輔が二上山城に赴任するまでの間の、河内支配の空白期に相当する可能性もある。
(114)前掲註（51）拙稿。
(115)前掲註（83）拙稿。『天文日記』天文六年正月十七日条。堯仙は長政が戦没すると姿を消すが、天文十三年に死去したようである（『私心記』天文十三年四月二十七日条）。
(116)前掲註（83）拙稿。「大舘記（三）」（『ビブリア』第八〇号、一九八三年）七〇頁。
(117)『観心寺文書』五八八号。

(118)『観心寺文書』五八七号。
(119)『大徳寺文書』二三二二号。
(120)『天文日記』天文六年九月二十日条。
(121)『天文日記』天文八年十二月六日条。『開口神社史料』古文書第四巻八号。
(122)『天文日記』天文七年六月二十日条・同年九月十八日条・同九年二月十四日条など。
(123)『私心記』天文四年十二月二十三日条。『天文日記』同五年正月二十二日条・六月二十九日条。
(124)『天文日記』天文五年正月十日条・同六年正月七日条・同七年正月六日条。
(125)『天文日記』天文八年正月七日条・同九年正月八日条・同十年正月七日条・同十一年正月七日条。
(126)『天文日記』天文九年六月二十八日条。
(127)『天文日記』天文六年七月十九日条。
(128)「披露事記録」天文八年六月二十七日条（『室町幕府引付史料集成』上巻一四五頁）。
(129)『観心寺文書』一五〇号。
(130)『大館常興日記』天文七年九月五日条。「親俊日記」同年十一月二十二日条。
(131)中西裕樹「木沢長政の城」（『史敏』通巻八号、二〇一一年）。
(132)田中慶治「室町期大和・河内国境地帯における諸勢力の動向をめぐって」（同『中世後期畿内近国の権力構造』清文堂出版、二〇一三年、初出二〇〇八年）。
(133)前掲註（24）拙稿。
(134)天野忠幸「三好・松永の山城とその機能」（齋藤慎一編『城館と中世史料』高志書院、二〇一五年）。

Ⅲ　三好氏の本拠地としての河内

天野忠幸

はじめに

ポルトガル人のキリスト教宣教師で、天正五年（一五七七）に日本にやってきたジョアン・ロドリゲス（一五六一—一六三三）は、日本語に堪能で、通訳を務め、『日本語文典』や『日本語小文典』を執筆した。また、豊臣秀吉や徳川家康と交渉にあたるだけでなく、生糸貿易にも関与するなど、かなり日本に精通していた。そのロドリゲスが、イエズス会より編纂を命じられた『日本教会史』の中で、河内について、次のように記している。

【史料1】『日本教会史　上[1]』

第三の国は河内 Cavachy で、河州 Caxu ともいい、十五の地区がある。この国は津の国 Tecunocuny とは淀川 Yodogava という川で区分されている。その川口に一向宗 IccoXu という農民の宗派の頭首である門跡 Monjeky がいるので非常に有名な大坂 Vozaca の都市がある。その宗派は長年この地に根を張っていて、信長 Nobunanga に抵抗し、その宗派の農民自身の力によって、いくつかの国の領主を殺して、その国を征服した。農民どもは門跡〔顕如〕を生きた阿弥陀 Amida というデウスだと考えて、彼にその一国〔加賀〕を捧げた。

この都市はまた、後に関白 Quambacu すなわち太閤 Tayco の宮廷であることによっても有名であって、彼は一五八七年に日本からパードレたちを追放したが、それは彼が死んだ時に彼を尊崇させようとの意向を持っていたからであって、その通りに実現した。

この国には、天下 Tenca を治めていた三好殿 Miyoxindono の時代に身分の高いキリシタンが多くいて、この三好殿 Myyoxindoni の宮廷である飯盛 Ymory の都市と城とがこの国にあった。そのことについてはこの歴史の中でしばしば言及される。

ロドリゲスが、実際は摂津に属する大坂を河内に加え、戦国時代の河内の特徴を、都市、宗教、武家権力を対比させる形で述べた点に特徴がある。一方は、付け替え以前の淀川と大和川の河口部に位置する大坂を本拠とした浄土真宗と豊臣秀吉で、もう一方は、大和川の中流域に位置する深野池を見下ろす飯盛（大阪府大東市・四條畷市）を本拠としたキリシタンと三好長慶である。

ロドリゲスの来日時には、飯盛城はすでに廃城となり、城主であった三好氏も滅んでいた。しかし、三好長慶が布教を許可したことで生まれた河内キリシタンは、日本におけるキリスト教布教の歴史を語るにおいて、欠かすことができない存在となっていた。

豊臣秀吉が大坂に居城を築いた前提として、本願寺蓮如の隠居所が設けられた後、本山となり、織田信長と十年に及ぶ戦争を戦い抜いた大坂寺内町の存在があった(2)。それに対して、三好長慶はなぜ、飯盛を居城に選んだのであろうか。三好氏の進出が、河内や大坂にどのような影響を与えたのか。

戦国時代の大阪平野の発展は、豊臣氏に継承された大坂を掌握していた本願寺や大坂寺内町に、その叙述が収斂されてきた。しかし、飯盛や河内を本拠地とした三好氏の視点から、その様相を明らかにしていきたい。

一、飯盛城と河内の内海世界

1. 飯盛城主三好長慶

そもそも河内は、室町幕府の三管領家の一つである畠山氏の本国であった。応仁の乱の際、西軍に与した畠山義就は誉田（大阪府羽曳野市）を、十六世紀前半の畠山氏は高屋（同市）を居城とするなど、南河内の石川流域に基盤をおいた。

それに対して、北河内には畠山氏の家臣である木沢長政が進出し、『実隆公記』巻八の紙背文書に「近江まて　とらんといつる　木沢殿　いひもり山を　人ニくハるな」という落首が記されていることから、享禄三年（一五三〇）以前には飯盛城を築城している。その後、天文六年（一五三七）には、長政が擁立した義就流の畠山在氏が「飯盛御屋形」として在城している[3]。長政は飯盛城だけでなく、信貴山城（奈良県平郡町）、二上山城（同葛城市）と、河内と大和の国境に山城を築き、笠置城（京都府笠置町）など山城と大和の国境にある山城を押さえ、大和とその国境地帯の掌握を目論んでいた。

その長政が天文十一年に滅亡すると、同じく畠山氏の家臣で交野郡に基盤を置く安見宗房が、飯盛城に入城した。宗房は「飯盛ニスキ《数寄》ノ座敷ナト立[4]」とあるように、風流な座敷を造り、酒宴を設けると称して、高屋城の実権を握る萱振賢継をおびき出して殺害した。

このように、畠山氏の家督が南河内の高屋城に、守護代格が北河内の飯盛城に在城する体制が続いた。しかし、永禄三年（一五六〇）、摂津の芥川山城（大阪府高槻市）を居城とする三好長慶は、高屋城主の畠山高政を破り、安見宗房を追放して河内を占領すると、飯盛城を居城と定めた(5)。

元々、三好氏は阿波守護細川氏の家臣で、管領細川氏の跡目争いの中、畿内に進出していった。しかし、長慶の父の元長が主君の細川晴元に謀殺されたため、長慶は晴元に遺恨を抱き、挙兵の機を図っていた。この長慶を支援したのが、畠山高政の下で河内守護代であった遊佐長教であった。長慶は天文十七年に長教の娘（養女か）を娶って同盟を結ぶと、翌年に江口の戦いに勝利して晴元から自立した。

飯盛城跡　大阪府大東市・四條畷市

すなわち、長慶は畠山氏との同盟により、晴元を克服したのであった。天文二十年に遊佐長教が暗殺されると、畠山氏の家中は飯盛城の安見宗房と高屋城の萱振賢継に分裂したため、長慶は長教の婿の立場から調停にあたった。天文二十一年、宗房が賢継を粛正する事件が起こるが、宗房はその後も、長慶との同盟を堅持する。長慶は宗房らの援軍を得ながら、晴元を支援する将軍足利義輝と戦い、天文二十二年には京都から追放した。

こうした三好―畠山同盟に変化が現れたのが、永禄元年（一五五八）である。義輝の近江在国が五年間に及び常態化する中、正親町天皇は戦国時代で初めて足利一族を擁立することなく、首都京都を支配する三好長慶を信任する一方、朝廷に勤仕しない将軍義輝を無視して、弘治四年を永禄元年に改元した。三好氏は将軍への反逆者ではなく、天皇より公認された存在であり、むしろ将軍が天皇に不信任を表明される有様で、その権威はかつてない危機を迎えた。

義輝は、正親町天皇に背いて弘治年号を使い続け、京都を奪還するため挙兵した。畠山氏は義輝を追放した長慶に味方する一方で、足利将軍家自体の権威の失墜は望んでいなかったようだ。畠山氏は長慶に援軍を送らなかった。その結果、年末には長慶と義輝の和睦は成立し、義輝が還京することになった。

反三好派の大名に将軍を利用される恐れがなくなった三好氏は、細川氏の分国を継承するだけではなく、そもそも支配の由緒のない国に対して領国を拡大していく方針に転じた。永禄三年に河内・大和・紀伊・若狭へ一斉に侵攻し、伊賀や伊勢までもがその脅威にさらされることになった。六月に河内に攻め込んだ三好方は中河内に進み、高屋城と飯盛城の連絡を分断し、畠山方を追い詰めていった。そして、畠山高政を河内から紀伊へ追い落とすと、十月には両城が落城し、長慶は十一月十三日に飯盛城に入城した。

【史料2】『兼右卿記』永禄三年十一月十九日条[6]

十九日辛巳、晴、自松永弾正少弼久秀以清少納言（清原枝賢）申来云、飯盛城ニ可勧請新羅社入目、可注給候云々、仍凡先注遣了、

神体勧請并遷宮等注文、

一、天照太神已来之神代霊宝をもて御勧請候へハ、仮屋を構へ、三七日之神道大法修行在之、此外遷宮諸道具まで入目百廿貫、

一、神武天皇已来之正印をもて神体勧請候ハ、六千疋、

一、鎮守《神壇》ハ於其方可為御用意候也、
一、先仮ニ先札勧請之儀候ハヽ、三千疋ハかりにて可相調候、此時ハ本式之御神体ハ不調申候、
一、新羅社一神たるへく候哉、八幡并軍神等ハ同前ニ御勧請候ましき也、
右入目注文凡調進候、細々雖可注■■■、御勧請并惣用之多少、憔承、以其上重而可申入候、
十一月十九日　兼右

長慶は飯盛城に入城した直後から、自らの居城として整備を始める。三好氏の祖先である新羅三郎源義光が神前で元服した園城寺の新羅社を、飯盛城に勧請する際の作法や経費について、長慶の重臣の松永久秀が儒学者の清原枝賢を介して、吉田兼右に問い合わせた。

三好長慶銅像　大阪府堺市・南宗寺

兼右は天照太神以来の霊宝をもって勧請するのであれば、仮屋を構え遷宮の諸道具を調えるのに百二十貫、神武天皇已来の正印をもって勧請するのであれば六千疋（六十貫）と見積もった。そして、神檀は三好方で用意すること、本式に御神体を用意するのではなく、仮に先札のみを勧請するなら三千疋（三十貫）で、新羅社は八幡神や軍神と一緒に勧請してはならないことなど、諸作法を回答している。

長慶は祖霊を祀ることで、飯盛城を聖地化しようとしていた。細川氏が築城した芥川山城や、畠山氏歴代の居城であった高屋城は、すでに細川氏と畠山氏の両方の分国を支配下におさめた三好氏の地位を示す居城としてはふさわしくなかっ

たのであろう。

それに対して、飯盛城は、将軍のいる京都、顕密仏教の比叡山や石清水、戦国仏教の寺内町がある大坂や尼崎、自治都市として栄える堺や大山崎から仰ぎ見られる位置にあった。三好氏は法華宗や浄土真宗、臨済宗大徳寺派など戦国仏教を保護する形で、堺・尼崎・兵庫津に支配を及ぼし、堺や平野などの自治都市に代官を配する一方、将軍やそれと結ぶ宗教勢力に圧力をかけていく[7]。飯盛城は畿内の諸勢力の上に立つ三好氏の地位を示すのに、最適の場所でもあった。

そして、三好長慶・義興親子や長慶の長弟である実休は、上杉・武田・北条・尼子・毛利・大友氏など新興の戦国大名と同様に相伴衆になった。また、義興（当時は義長）は上杉輝虎（後の謙信）や毛利輝元より格上の「義」の偏諱を授与され、長慶・義興親子だけでなく重臣の松永久秀までも、天皇家に由来する桐紋の使用が許可された。

永禄五年、三好氏は畠山高政と六角承禎の挟撃に苦しみ、実休が討ち死にし、飯盛城も攻囲されたが、反撃に転じると、城の南十三キロメートルの東高野街道沿いの教興寺（大阪府八尾市）で畠山氏を破った。この際、畠山方に味方した将軍義輝の叔父である大覚寺義俊や、将軍に直属する奉公衆も京都から逃亡した。長慶と義輝の関係は冷却化し、永禄六年には義輝が娘を人質として久秀に差し出すことになった。

同年の貴布祢山をめぐる相論では、長慶の重臣である三好長逸《ながやす》が長慶の意向を確認する際は「飯守（盛）」、松永久秀の意向を確認する際には「多門（聞）」と記している[8]。飯盛城をはじめとする三好氏の城自体が、畿内の統治者が居住する公的な存在として認識されていくのである[9]。

2．深野池を取り巻く内海世界

次に、飯盛城周辺の地理的環境について確認していく。飯盛城の西麓には京都と高野山を結ぶ東高野街道が南北に走るとともに、大和川水系の長瀬川と玉串川や恩智川が注ぎ込む淡水湖である深野池《ふこのいけ》や新開池《しんかいいけ》が存在していた。それらの池の水は西流して、中井家所蔵の『慶長十九年甲寅冬大坂絵図』によると、「飯盛川」（現在の寝屋川）となり、大坂の北で淀川と合流すると、渡辺津から大阪湾へと流れており、飯盛城の西麓は京都や大阪湾岸の都市と接続する水陸の交通の要所であった。

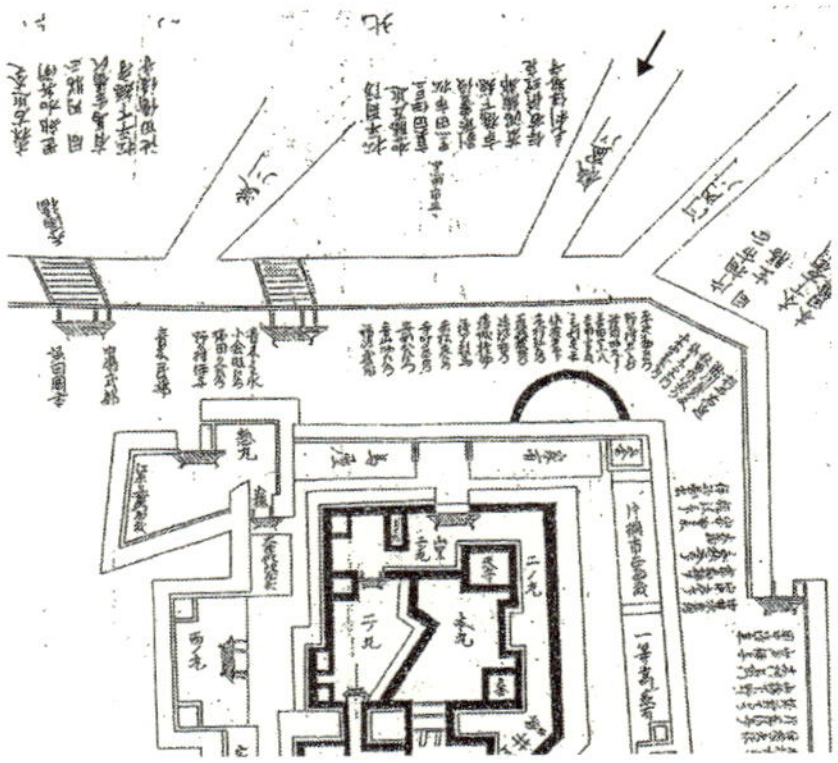

慶長十九年甲寅冬大坂絵図（重要文化財。中井正知氏・正純氏所蔵・大阪くらしの今昔館寄託）に「飯盛川」の記載が見える。

『フロイス日本史』第一部三十八章には、「飯盛城の麓には、長さ四、五里《レグワ》の大きい淡水湖があり、そこにはおびただしい独木船、その他の小船がある」と、河川交通が活発な状況が記されており、宣教師のアルメイダが飯盛城に登城する際も、この水運を利用している(10)。

深野池の北西に位置し、淀川との間に挟まれた茨田郡の低湿地地帯には、島状の輪中が入り組む状況であった。そして、淀川本流から分岐して南流し、深野池や新開池に流れ込んでいた河川（現在の古川や寝屋川の流路に近い）の西側に十七ヶ所、東側に八ヶ所という個別荘園が一体化して、大規模化した荘園が中世には成立していた(11)。戦国時代には、京都に近く収入の大きな荘園として、十七ヶ所は足利将軍家の料所に、八ヶ

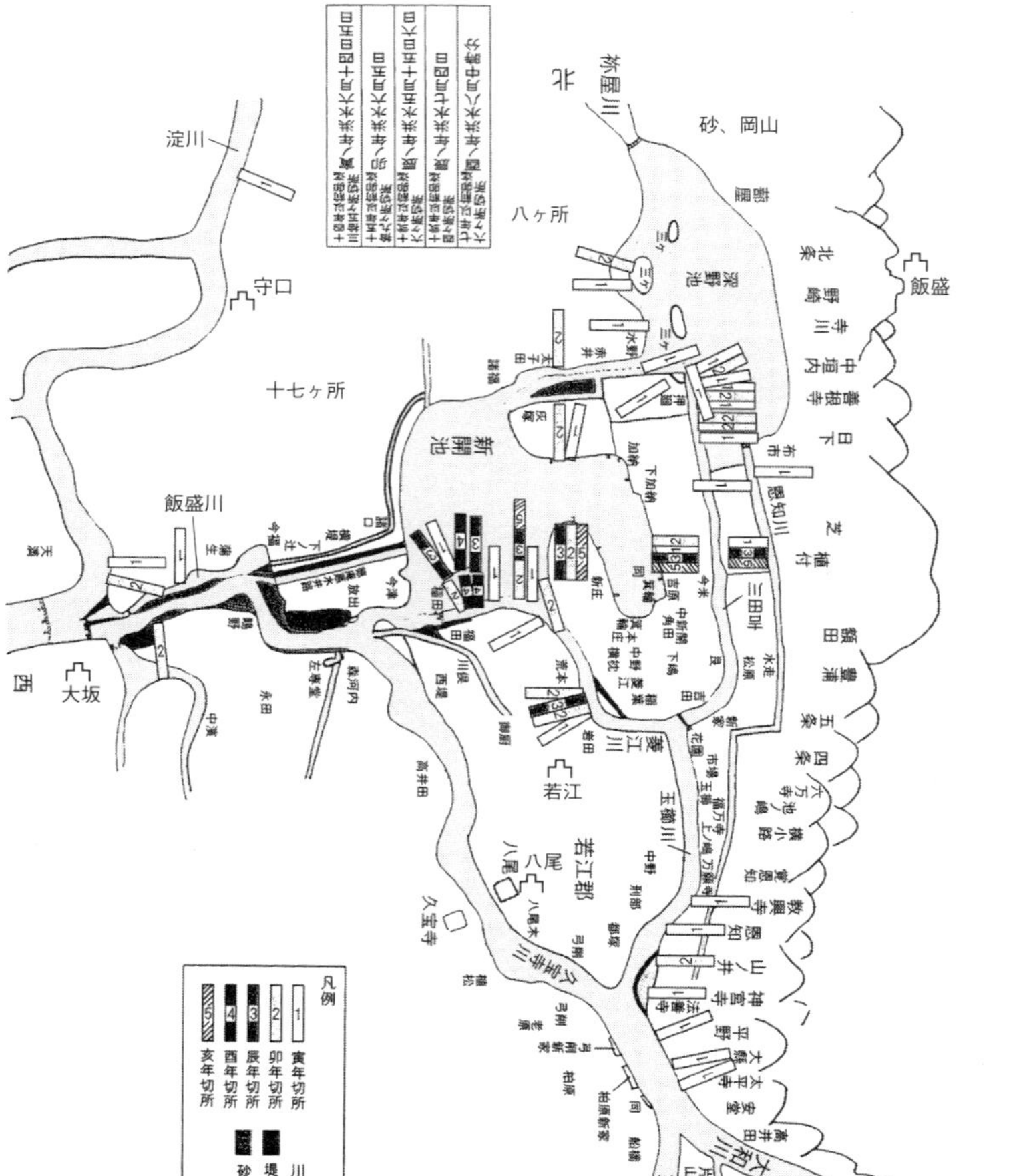

柏原市立歴史資料館寄託中家文書所収堤切所之覚附箋図のトレース図（『大和川つけかえと八尾』八尾市立歴史民俗資料館、2004 年）に加筆。

所は北野社領になった。十六世紀になると、十七ヶ所や八ヶ所など淀川の堤防に対応する地域は、「嶋中」という新たな地名で呼ばれるようにもなる[12]。

このように、北河内には古代の河内湖に由来する深野池や新開池や、淀川水系や大和川水系によって構成された内海世界が広がっていた。

畿内に進出した三好氏もこうした荘園に注目し、長慶の父の元長は八ヶ所の代官職を獲得し、長慶は天文八年（一五三九）に十七ヶ所の代官職を望んで、細川晴元に対して挙兵した。『享禄天文之記』永禄二年（一五五九）六月二十六日条によると、[13] 長慶が飯盛城の安見宗房を攻めるために、十七ヶ所の一つである「森口（守口）」に築城している。守口は三好氏の河内進出の拠点となり、『細川両家記』永禄三年条では、三好氏は守口から日照りで干上がった「八ヶ所の湖水河原」を通って、河内に侵攻した。

河内を支配下に置いた三好氏は、翌永禄四年八月、飯盛城周辺の土地を、家臣に対して一斉に宛行っている。

【史料3】『雑々書札』[14]

於河州山嵩内立家分・野崎・北条・米谷分・福寺西郷分・并於十七ヶ所卅七石相加之進候、有限国役以下、可為如有来被全領知、弥馳走肝要候也、御状如件、

永禄四

八月廿四日　義長（義興）

伊勢加賀守（貞助）殿

三好長慶の嫡子である義興は、故実に詳しく三好氏が発給する文書の作成にあたっていた伊勢貞助に対して、飯盛城の登城口である北条や野崎、また、深野池の西岸である十七ヶ所から所領を与えていた。義興は永禄三年に、芥川山城と共に事実上家督を譲られていたが、長慶は重臣の三好長逸や義興の奉行人である奈良長高を介して、義興を後見する一方、掣肘を加えていたので、[15] 実際には長慶の意向があったと考えられる。

また、三好氏はこれらの土地について、一石単位まで把握していたようだ。義興の知行宛行を受けて、三好氏の家臣の米村正清は「野崎惣中」や「高安郡山畠惣中」に対して、貞助の代官へ年貢を引き渡すよう命じている。[16] 野崎に

は、平安時代中期に再興されたと伝わる観音霊場の慈眼寺（野崎観音）や、永正十七年（一五二〇）に本願寺より寺号と阿弥陀如来絵像を下付された専応寺が存在していた。

【史料4】『松雲公採集遺編類纂所収渡辺文書』(17)

於河州野崎六郎分小坂小犬丸名并於十七ヶ所拾七石相加之申付候、但有限国役以下、可為如有来令全領知、弥馳走肝要候也、仍状如件、

永禄四年

八月廿四日　義長（義興）（花押影）

渡辺与（種）左衛門尉殿

義興はまた、熊野街道の起点であり、淀川と大和川からなる河内の内海と、外海である大阪湾の境界にある渡辺津に拠点を置く武士団の渡辺氏にも、野崎や十七ヶ所で所領を与えている。三好氏が、水運や流通に通じ、室町中期には茨田郡代を勤めたことがある渡辺氏を登用したのは、飯盛城の膝下に広がる深野池や十七ヶ所など河内の内海世界と、「飯盛川」を通じ、大阪湾への出入口にあたる渡辺津とを結ぶ水運を、渡辺氏を介して間接的に支配しようとしたためであろう。

三好氏はまた、深野池に基盤をおく領主自体を編成していく。深野池の島を領する三箇《さんが》頼照は、後述するように飯盛城でキリスト教に改宗するが、フロイスを三箇に招いた際、「川沿いの堀に囲まれた小島」について、「そこはかつて彼（三箇頼照）が城内（飯盛城）の高い所に住居を構える以前に家を有していた所」で大きな教会の建設を計画していると述べている。

すなわち、頼照は元々、深野池の沿岸に堀で囲まれた屋敷を有していたが、飯盛城に入った三好長慶に服属すると、

山上の城内に屋敷を移していたのである。また、フロイスらをもてなすため、「十二、もしくは十五艘の大船を呼び寄せ」、これに全キリシタンを乗船させると、頼照の「家臣らの船九十余艘が現れ、手で（投げ入れて）すぐに引き上げる網を用いて盛んに漁」をおこなった他、料理人や酒樽を乗せた「空船」を準備していた。頼照はこうした多数の船を動員できる存在でもあった。

『フロイス日本史』第一部五十九章によると、頼照はガスパル・ヴィレラを茶湯で歓待したり、息子のマンショは「火縄銃《アルカブス》」を肩に担っていたりしている。三箇氏は堺の文化や流通の影響を受容し、最先端の教養や武器を持っていた。

戦国時代、深野池を中心に八ヵ所、十七ヶ所、新開池、渡辺津といった周辺地域や、これらの諸地域に注ぎ込む淀川や大和川の水系も含めた内海世界が河内には広がっていた。宣教師のアルメイダは長慶への謁見を求め飯盛城を訪問し、「彼（三好長慶）は領国中で最も堅固な城の一つである当城（飯盛城）に、己の最も信頼する家臣らと一緒に留まっており、また彼らは家族や妻子と共に同所に住んでいる」と記している。[20] 畿内の政治を司る長慶が飯盛に居城を移し、家臣やその家族も集住したことで、内海世界に大きな中心核が創出された。そして、堺や京都の文化や技術を受容した内海世界の領主たちは、三好氏に結集していくことになったのである。

3．河内キリシタンの誕生

十六世紀前期、河内の内海世界に広がっていたのは、浄土真宗であった。十七ヶ所の内の門真には、本願寺蓮如が道場を開いたという由緒を持つ古橋御坊（後の願得寺）があった。永正十四年（一五一七）には、本願寺実如が「三箇庄」に方便法身尊像を下付し、野崎には専応寺、深野池の北岸の砂には「寺内」もあった。

永禄七年（一五六四）、砂や岡山の領主である結城左衛門尉アンタンが、飯盛城で同僚らにキリスト教を説き、ロレンソ了斎やガスパル・ヴィレラを飯盛城に招待した。ヴィレラが三好長慶より布教の承認と保護を得ると、三好氏の家臣を集団でキリシタンに改宗させた[21]。一五六四年七月十五日付のガスパル・ヴィレラ書状によると、初回に七十名余、二回目も同数が改宗したという。長慶自身は聴聞しなかったが、禅宗の奥義を極めた後にデウスの教えを聴くと回答し、家臣の洗礼を認可した。飯盛城で貴人多数が洗礼を受け、教会を設けたとする。同年十月九日付のファン・フェルナンデス書状では、六十名の武士とその家臣の五百名を改宗させ、城内に教会を設置したとする。このとき改宗した人数は、『フロイス日本史』では七十三名とされる。このように、長慶の承認と保護を受けたことで、法華宗や延暦寺など仏教勢力からの迫害が止み、飯盛城のキリシタンは平和になったという。長慶の公認により、キリスト教は畿内で広まり始めた。

飯盛城で改宗した三好氏家臣の中には、河内の深野池周辺に基盤をおく三箇頼照サンチョや結城弥平次ジョルジだけでなく、長慶が居城としていた越水城（兵庫県西宮市）や芥川山城がある摂津出身の池田教正シメアンや庄林コスメ、三好氏の本国である阿波の三木半太夫などがいた。彼らは長慶の後継者である三好義継の側近になっていった。

このような河内キリシタンは、深野池の周辺地域に変化を与えていく。結城左衛門尉は砂の「寺内」に持っていた屋敷に教会を建てた。三箇頼照も同様に、深野池の島にあった寺院を教会に改変し、三千余の家臣をキリシタンに改宗させている。また、頼照は復活祭の日に集まった京都・飯盛・堺・尼崎・鳥羽・その他の町のキリシタンを自分の家臣の家に割り当て、教会が小さかったため、多くの人手により全員を収容しうるよう教会を二、三日で拡張させた[22]。その際、頼照はかつての屋敷があった所に、もっと大きな教会を建てる考えをフロイスに示している。また、『フロイス日本史』第二部二十五章によると、教会の建設にあたっては、オルガンティーノやキリシタンたちが広大な埋立作業を行い、頼照がその埋立地に非常に美しく清潔な教会を建てたという。頼照が建てた教会は、「日本の教会が五畿内地方で有するもっとも堅固な柱の一つ」であり、三箇は京都や堺などからもキリシタンが参集する地となった。

岡山は、『フロイス日本史』第二部二十五章において、「結城ジョアンがその城の主君であり主将でもあった。そこには（結城）ジョルジ弥平次、その他の信望の篤い古参のキリシタンがいたので、キリシタンだけからなる主要な村落が形成されていったのみならず、同地の周辺四、五里に散在していた結城ジョアン殿の家臣たちも、皆その村の住民となった」と記されている。

すなわち、この地域は元々、大坂にも近く浄土真宗が広まった地域であったが、長慶がキリスト教の布教を公認したことにより、キリスト教への改宗が領主層から進んでいくことになった。その過程で、教会建設のための埋立地の造成など、自然地形の改変が進んだ。また、地域内で家臣団の城下町集住が進むだけでなく、京都や堺など各地のキリシタンが三箇の教会へ参集するなど、求心核が形成されていったのである。

二、三好氏と河内キリシタン

1．三好義継の代始め

永禄六年（一五六三）に三好義興が死去すると、長慶の三弟十河一存の長男である義継が三好氏の家督を継いだ。翌永禄七年七月四日には、義継を後見するはずの長慶も死去し、その死は秘匿された。若年の義継は長慶の権力を継承しきれず、京都の寺社は義継の奉行人である長松軒淳世以外にも、義興の奉行人であった奈良長高や、重臣の三好長逸、三好宗渭《そうい》、松永久秀の息子の久通にも安堵を求めた。

そうした状況下の永禄八年五月、義継は代始めの軍事行動として兵を率いて上洛し、教興寺の戦い以後、対立が先鋭化していた将軍義輝を討つことで、足利氏との関係を清算し、自らの武威を示した。養父の長慶が義輝を、後に織田信長が足利義昭を殺さず追放したことを踏まえると、義継は長慶や信長すら持っていた当時の家格秩序をある意味、克服したとも言えよう。

義継は、長慶の三回忌の直前である永禄九年六月二十四日に、大徳寺の笑嶺宗訢《しょうれいそうきん》に最も重要な役割である導師や秉炬《ひんこ》を務めさせて、長慶の葬礼を亀井の真観寺で執り行った[23]。真観寺は応永年間（一三九四〜一四二八）に河内守護畠山満家によって創建された臨済宗南禅寺派の寺院で、西隣の橋島の正覚寺に並ぶ河内の禅宗文化の中心であった[24]。

【史料5】『鹿苑日録』永禄九年六月二十六日条

蔭軒（継之景俊）・賢仲（集良）・春輝（永東）・景印等自河州上洛、話三吉（三好長慶）修理大夫葬礼義式、紫野（大徳寺）衆於河州真観寺取行、五岳之衆上方・維那而已被請、諸仏事有之、西嶺（天龍寺）之策彦（周良）和尚奠（茶カ）、恵皐（東福寺）之献甫禾上（奠湯カ）、賢仲・集蔵主・元蔵主・嵯峨（天龍寺）之悦首座等為行道奉行云々、奠茶・奠湯外之諸仏事、皆紫野長老也、念誦胤英座元也、葬礼之時、修理大夫子息左京大夫（三好義継）・日向（三好長逸）出葬場、左京大夫感涙、其外之諸士各涙沾裳云々、修理大夫死去者永禄七年也、其後一日以不太平、延在此年、其間三年、雖歴年月、諸士悉涕涙悲泣、尋常恩光厚可知、中刻老師上洛、河州下向之衆、不被寄象馭於大光、為遺恨多也、明日之齋被請蔭軒・賢仲等矣、

長慶の葬礼は大徳寺の長老だけではなく、天龍寺の策彦周良《さくげんしゅうりょう》が奠茶《てんちゃ》、東福寺の献甫禾上《けんぽかじょう》が奠湯《てんとう》を担当し、相国

寺の蔭涼軒ら五山の僧侶が参列した。三好義継や三好長逸、その他の家臣たちは感涙にむせんだ。

この葬礼が異例であったのは、飯盛や堺など三好氏所縁の地ではなく真観寺で行われたこと、長慶が帰依した大徳寺の大林宗套《だいりんそうとう》ではなく、その法嗣の笑嶺宗訢が導師を勤めたこと、大徳寺と五山が同席していることであった。室町時代は将軍が住持の任命権を握り、事実上の官僧として将軍や大名の葬礼を取り仕切ってきた五山は、三好氏が帰依した大徳寺を見下し、長く同席を拒んできた。ところが、義継は、真観寺住持で南禅寺の公帖を持つ靖叔徳林と、大林宗套の双方に師事した笑嶺宗訢を起用し、真観寺で葬礼を執り行うことで、大徳寺と五山を強制的に同席させたのである。

義継は、大徳寺主導の下に五山を従える形で禅宗全体の保護者に三好氏を位置づけた。それにより、足利将軍と五山を中心とし、大名たちの精神世界に影響を与えてきた宗教秩序を変革して、三好氏と大徳寺が新たな秩序に君臨しようとしたのである。これは、義継が義輝を討ち取ったことに並ぶ変革であった。この後、織田信長や、秀吉を除く豊臣一族の葬儀は、大徳寺が主催するようになっていく。また、三好氏家臣の松山重治や生嶋秀実によって、真観寺は長慶の墓所として位置づけられていった。[25]

義継は、長慶の宗教政策のうち、大徳寺の保護は引き継いだ一方、キリスト教については弾圧に転じた。永禄八年七月五日、義継や松永久秀は正親町天皇に奏請し、「大うすはらひ」の綸旨を得たのである。京都のヴィ

三好義継画像　京都市立芸術大学芸術資料館蔵

レラやフロイスは迫害を受け、三箇頼照に保護されて三箇に退去した。『フロイス日本史』第一部七十五章によると、永禄九年には義継と頼照の対立は深刻化し、義継は堺に退去した頼照の屋敷を破壊した。キリシタンが三好長逸を筆頭とする三好三人衆に頼照の取り成しを頼んだため、義継も頼照の復帰を認めたが、半年にわたって引見は許さなかったという。

2. 飯盛から若江・八尾へ

三好義継は将軍義輝を討ち、三好家中に勢威を示した一方、畠山秋高・上杉謙信・朝倉義景・武田義統・織田信長が幕府を再興するために結集したことで、厳しい状況に立たされることになった。また、松永久秀が奈良に幽閉していた義昭を取り逃したことで、三好長逸らに排除され失脚した。久秀はすぐに秋高や義昭、信長と結んで、義継や三好三人衆に対抗する。両者の力は拮抗したが、四国の三好長治と篠原長房が味方した義継・三人衆方が勝利した。ところが、長治や長房は阿波公方足利義栄を将軍に擁立しようとしたため、義継はこれに強く反発し、永禄十年（一五六七）二月には久秀・秋高・信長と結んで、義昭の上洛を支援することになった。

この際、義継は飯盛城を捨てて堺に走り、久秀と共に信貴山城、多聞山城、津田城（大阪府枚方市）と転戦した。飯盛城に在城した松山安芸守は、永禄十年八月に義継・久秀方に味方したが、十月には三好三人衆に城を明け渡した。

永禄十一年、義昭は上洛を果たした。『多聞院日記』永禄十一年（一五六八）十月八日条には「飯盛城ニ三好左京《（義継）》大夫被入」とあり、義継も飯盛城を奪還した。義昭の幕府は、義昭より「御父」と呼ばれた織田信長、信長の息子信忠と祝言の名目で娘を岐阜に送った松永久秀、信長の媒酌で義昭の妹と結婚した三好義継の連立政権であった。永禄十二年（一五六九）正月に三好三人衆に占領された畿内を奪還した軍勢を構成したのは、義昭の家臣の和田惟政、信長の家臣の佐久間信盛・坂井政尚・森可成・蜂屋頼隆・柴田勝家、義継の家臣の野間康久、久秀の家臣の結城忠正・竹内秀勝であった。

飯盛城主に復帰した義継は、「河内半国義継分并欠郡」を領した。[26] 欠郡《かけのこおり》とは、摂津の西成郡・東生郡・住吉郡からなる地域で、淀川と大和川の下流に位置し、大坂・渡辺津・天王寺・住吉などの都市を含んでいた。飯盛・深野池・淀川・大和川水系の内海世界を中心とする河内北部と、大坂を含み欠郡と当時呼ばれた摂津南部が一体化していたのである。このため、ジョアン・ロドリゲスは『日本教会史　上』に、大坂を河内と誤解して記したのであろう。

若江城跡　大阪府東大阪市

ところが、『二条宴乗記』永禄十三年（元亀元年、一五七〇）正月十二日条に「城州（松永山城守久秀）堺へ罷越、若江へ先二日は礼に被越由西御陣跡へ参」とあるように、松永久秀は大和から堺へ赴く際、義継に正月の礼をするため、若江（大阪府東大阪市）に向かっている。すなわち、義継は永禄十二年のうちに山城の飯盛から平城の若江に居城を移していたのである。若江は飯盛の南西九キロメートルに位置し、大和川水系の玉串川に東側を、楠根川に西側を囲まれた地で、南側を大坂と大和の信貴山や平郡を結ぶ十三街道が通っている。応仁の乱に際して畠山氏が使用した後は廃城となったようで、百年近く使用されることはなかった。しかし、若江には深野池の貿易港の管理寺であったとされる若江寺が、古代から若江郡衙とともに存在していた(27)。

義継がなぜ若江に移ったのかは、不明な点が多い。長慶段階から大幅に縮小し、半国程度を支配する権力となった義継では、飯盛のような巨大な山城を維持できなかったのかもしれない。また、長慶の居城であった芥川山城を与えられた義昭の家臣の和田惟政も、同じ時期の永禄十二年五月から六月頃に、平城の高槻城（大阪府高槻市）に移っているので、義昭より何らかの規制があった可能性もある。こうした消極的な要素だけではなく、長慶の飯盛移転により活性化した河内の内海世界を積極的に掌握しようとしていた可能性も踏まえなければならない。

『尋憲記』元亀元年（一五七〇）十一月十八日条によると、「四国衆・三人衆」が、松永久秀が調停していた足利義昭・織田信長との「和談」のため、「わかい《若江》」の三好義継のもとに参会している。この頃には、三好氏の本城として認識されるようになっていた。元亀三年四月十四日付の下間正秀の書状では(28)、伊丹忠親や和田惟長が信長から離反し、義継や本願寺に味方する旨を近江北郡の湖北十ヶ寺に伝える際、「若江へ一段以内証入魂」や「若江之覚悟」など、若江城と義継を一体化して記している。

元亀四年（天正元年、一五七三）になると、足利義昭が信長を見捨て、三好義継や松永久秀、本願寺顕如、朝倉義景、浅井長政、武田信玄と連携するようになる。しかし、信玄の死去や、朝倉氏と浅井氏の滅亡により、義昭の挙兵は失敗に終わった。槇島（京都府宇治市）を追放された義昭は義継のもとに身を寄せ、その後、紀伊に退去した。

『信長公記』によると、信長は十一月四日に重臣の佐久間信盛に若江攻めを命じた。義継の重臣である多羅尾綱知・池田教正・野間康久は離反し、奉行人の金山信貞に信長に抗戦した責任を負わせて自害させると、信盛の軍勢を若江城内に引き入れた。義継は「天主」の下まで攻め込まれたことを見ると、女房衆や息子を自ら殺した後、腹を十文字に切って自害した。

多羅尾綱知・池田教正・野間康久は若江三人衆と呼ばれ、若江に在城し、北河内の支配にあたった。[29]旧主三好義継の妹を妻にした多羅尾綱知が本丸に入り、野間康久が二丸、康久の妹婿の池田教正が三丸に居住していたという。[30]

キリシタンの池田教正が、天正四年（一五七六）に若江に教会を立てたため、本願寺門徒の改宗が進んだ。若江北町には「クルス」、若江南町には「大臼（だいうす＝デウス）」の字名が残る。『フロイス日本史』第二部二十五章によると、河内では岡山、三箇、若江がキリシタンの集住する地域として突出しており、オルガンティーノはこれらの地で祝日には盛大な祭典を催し、できうる限り美しく豪華な公開行列を繰り返させることで、見物客に布教していった。そのため、この三つの地域のキリシタンは互いに競争心を掻き立てられたという。また、競争するだけでなく、教正の娘マルタが岡山城主の結城ジョアンに嫁いでおり、互いに連携しあう仲でもあった。

そうした一方、多羅尾綱知はキリシタンを嫌ったため、三箇頼照が毛利輝元と内通していると信長に讒言した。『フロイス日本史』第二部二十八章によると、頼照・頼連親子は信長に殺されそうになったが、自身や若江三人衆の寄親であった佐久間信盛に匿われ、一時的に信盛の所領であった近江の永原（滋賀県野洲市）に難を逃れている。

若江城は、信長が大坂本願寺攻めのために度々在城したが、本願寺が大坂を退去すると廃城になり、若江三人衆は八尾城を新たに築城した。教正はイエズス会に米二百俵を産出する地を寄進し、二つの仮聖堂を設けたが、新たに教会を立てることを計画していた。天正九年には八百人のキリシタンが八尾に居住し、八尾市の西郷共同墓地では、天正十年五月二十六日付で「満所」「MANTIO」と刻まれたキリシタン墓碑が発見されている。

深野池周辺で生まれたキリシタンの世界が、大和川水系の上流である若江や八尾にまで拡大していったのである。

3．キリシタンが支えた豊臣政権

天正六年（一五七八）八月、河内北部は若江三人衆と河内南部を支配していた三好康長の共同統治に移行する。(31) その後も若江三人衆は、軍事的には佐久間信盛の与力であったが、天正八年に信盛が失脚すると、三好康長と軍事行動を共にすることが多くなる。

天正十年、信長が明智光秀に殺されると、河内キリシタンの対応は分かれた。三箇頼照は光秀に、若江三人衆は羽柴秀吉に味方した。頼照が三箇を焼かれ没落する一方、若江三人衆は三好康長らと共に秀吉に人質を差し出し、秀吉は野間康久に自筆で謝意を示すなど、秀吉から篤い信頼を得ていく。(32) 秀吉はまた、甥を康長の養子として「三好孫七郎信吉（後の豊臣秀次）」と名乗らせており、河内の三好勢力と深い関係を構築した。

ところが、天正十一年に突如、若江三人衆は河内より移封される。『フロイス日本史』第二部四十七章では、キリシタンの三箇頼照・結城ジョアン・池田教正・伊地智文太夫が、秀吉によって居城や収入を奪われて追放されたので、キリシタンは四散することになり、教会も破壊されたとし、キリシタンに対する最大の迫害の一つに挙げている。

しかし、これは事実ではないだろう。秀吉は天正十一年八月一日に、河内だけでなく畿内一円で大規模な所領替えを行い、十九日には次のような命令を出している。

【史料６】『水谷家文書』「羽柴秀吉書状(33)」

此書状羽柴三郎兵衛（滝川雄利）かたへ市介者ニもたせ候て可遣候、

態申候、千塚之石一段能候間、可持候条、従彼地若江之本道まて道事、早可造候、不可有由（油）断候、為其申候、恐々

謹言、

八月十九日

筑前守
秀吉（花押）
小野木清次《重次》殿
一柳市介《直末》殿

秀吉は大坂城本丸・天主を築城するのに、千塚（大阪府八尾市）の石が最も良いとして、若江まで道を整備して運ぶよう指示している。秀吉は十三街道を整備し、高安古墳群から若江に石を集め、若江からは内海世界の水運を利用して、大坂城へ石を運搬したのであろう(34)。

すなわち、秀吉の目的は、大坂城築城に伴う河内の直轄化であった。また、岡山の教会も、高山右近が経費を負担し、秀吉自身が赴いて測量し司祭に寄進した土地に移築された。その地は「大坂に在る最もよき地所の一つで、多くの大身がこれを請うが、かつて与えなかった。地所は一方は川に沿ひ、他の三方は切り立って(35)」いたとされ、大坂城下町の天満橋付近とされている。

当時、秀吉は旧来の港町である渡辺津を解体・再編し、移住させた平野町により、四天王寺の門前町にまで連結させ、天満には当初は京都五山の誘致をもくろみ、拒絶されると、本願寺を呼んで、巨大な城下町を作り上げようとしていた。そうした中で、キリシタンも弾圧しようとしたのではなく、逆に「飯盛川」を通じて繋がる河内の内海世界に展開したキリシタンの力を大坂の繁栄に利用しようとしていたのである。

それでは、河内の若江三人衆や河内キリシタン、三好康長はどこに移封されたのであろうか。キリシタンの史料では、池田恒興に属して美濃に移ったとされるが、三好家を継いだ豊臣秀次は、同年五月に摂津西部の兵庫と三田や播磨東部を与えられているので[36]、若江三人衆もその与力として共に移ったのではないだろうか。そして、天正十二年には、秀次と共に小牧・長久手の戦いに出陣する。秀次は徳川家康に敗れ、池田恒興も討ち死にし、結城ジョアンをはじめ多くの古くからのキリシタンが戦死した。そうしたなか、『フロイス日本史』第二部五十八章によると、池田教正は三百の兵を率いて、巨大な金色の十字架を描いた旗を掲げて、敵中を突破したため、一躍有名になった。

天正十五年（一五八七）、秀吉は伴天連追放令を出した。これにより、高山右近は大名の地位を失った。『フロイス日本史』第三部三十章によると、池田教正と庄林コスメも、秀次に信仰を貫くため暇乞いをした。それに対して、秀次は信仰を認め、そのまま仕えることを許し、両者に俸禄を加増して、常に側近におらしめた。秀次は教正が思慮分別に富んでいたので、語らうことを好んだという。教正もこれに応え、秀次が尾張で百万石を得て関白になると、居城である清州（愛知県清須市）の町奉行を務め、堤の修築など領国の整備を担当した。そして、秀次が自害に追い込まれると、教正も殉死したという。教正は右近とは異なり、その才覚から、キリシタンであることを公言しても、仕えることが認められたのである。

秀吉が伴天連追放令を出した後も、畿内のキリシタンは信仰を捨てず活動していた。「千五百八十八年五月十日」付で「日本都并五畿内」として、庄林Cosme、ハウロ文大夫《（伊地智）》、シメアン丹後《（池田教正）》、ハスチアン瀬尾、レウゴ清水、サンチョ三ケ《（三箇頼照）》Sa、ジムアント蔵、ロマン真柄加介、了五了珪《（日比屋）》、こにし《（小西）》如清へんと、ひせんて了荷《（日比屋）》が連署して、イエズス会総長宛に書状を送り、ザビエル以来のキリスト教の日本における布教の始まりや、秀吉による禁教の状況、オルガンティーノやガスパル・コエリョの活動を伝えている[37]。

また、秀吉の下で肥後南半国の大名となった小西行長は、伊地智文太夫・結城弥平次・日比屋了荷・高山右近の親類衆を重臣に取り立てている(38)。文禄の役が始まると、行長の家臣で松永久秀の甥にあたるキリシタンの内藤如安が、北京で明の万暦帝に謁見して講和の交渉にあたり、結城弥平次が名護屋城（佐賀県唐津市）で明使を接待した。

河内キリシタンは、河内を離れたが、キリスト教の布教を公認した三好家を継承した豊臣秀次や、キリスト教との深い繋がりにより堺の商人から大名にまで出世した小西行長を支えることで、豊臣政権の一翼を担っていったのである。

おわりに

戦国時代の河内北部には、古代の河内湖に由来する深野池や新開池、さらには淀川と大和川という二大河川によってつくられた内海世界が存在していた。また、幕府を支える大規模で収入が多い荘園が設置され、堺や京都の影響を受けた結城氏や三箇氏などの有能な中小領主らが基盤を置いていた。

河内の内海世界の最奥には飯盛城が築かれ、木沢長政や安見宗房が入城したが、彼らの視線は大和や山城との国境地帯に向けられていた。しかし、三好長慶は飯盛城に入城し、淀川との境の守口を押さえ、大阪湾との境に拠点を置き水運に長けた渡辺氏や、多くの船を動員できる三箇氏を取り立て、河内の内海世界を掌握した。内海世界に基盤を置く三箇氏は屋敷を飯盛城内に移すなど、三好氏に結集していく。また、飯盛城には、膝下の河内だけでなく、本貫地の阿波や、かつて居城としていた摂津出身の武士も家族と共に集住しており、長慶は布教を公認したキリスト教を紐帯として、彼らを編成していく。

河内キリシタンは、長慶の死後、長慶の養子の三好義継、織田信長、三好康長の養子の豊臣秀次や小西行長に仕え、伴天連追放令を乗り越え、豊臣政権を支えていった。しかし、関ヶ原の戦いで行長が敗死したことにより、徳川幕府には継承されなかった。

砂・岡山や三箇の教会は、埋め立てによる拡張だけでなく、キリシタンである結城氏の家臣団集住を促した。様々な祭礼は京都や堺をはじめ、各地のキリシタンを参集させるなど、内海世界自体が求心核となる役割を果たした。こうしたキリシタンの世界は、元々浄土真宗が広まっていた三箇や砂から、若江、八尾と大和川水系の上流へ拡大していく。また、義継の支配領域として、飯盛・若江を含む河内の内海世界と、大坂を含む摂津の欠郡は一体化を果たした。長慶の飯盛城と深野池にみるような山城と内海交通を政権の本拠地とする構想は、信長の安土城と琵琶湖や、秀吉の大坂城と河内の内海世界、伏見城と巨椋池に影響を与えた可能性を検討していかねばならない。義昭幕府の成立により、義継の居城は山城の飯盛から平城の若江へ移ったが、河内の内海世界における平城の機能や有用性は、大坂城へ集約されていった。

こうして見ると、豊臣氏やその本拠地の大坂は、本願寺や大坂寺内町の継承だけでなく、三好氏や飯盛の基盤となった河内の内海世界やそこに基盤を置いたキリシタン勢力を包摂し、一体化していった側面も踏まえなければならないであろう。

しかし、内海世界を形作った自然環境は大きく変化していく。豊臣秀吉が毛利氏に命じて築かせた文禄堤により、淀川と切り離された。また、元禄十七年（宝永元年、一七〇四）の大和川の付け替えによって、新田開発が進み、内海世界は消滅することになったのである。ただ、この頃より、大坂から野崎観音に参詣する野崎参りが盛んになり、天満の八軒家浜から角堂《すみのどう》浜や観音浜（大阪府大東市）を結ぶ船が行き来しており、河川交通は江戸時代以降も存続したのである。

註

（1）ジョアン・ロドリーゲス『大航海時代叢書第Ⅰ期9　日本教会史　上』（岩波書店、一九六七年）。
（2）近年の成果として、仁木宏「権力論・都市論から見る「大坂」―「石山合戦」史観の問題性―」（『ヒストリア』二六〇、二〇一七年）などがある。
（3）『大日本古文書　観心寺文書』「御屋形様継目御判礼銭注文」天文六年十一月十三日付。
（4）『興福寺大般若経（良尊一筆経）奥書』天文二十一年二月十五日条、小谷利明「河内の城と文芸」（仁木宏・中井均・中西裕樹・NPO法人摂河泉地域文化研究所編『飯盛山城と三好長慶』戎光祥出版、二〇一五年）。
（5）天野忠幸『三好長慶　諸人之を仰ぐこと北斗泰山』（ミネルヴァ書房、二〇一四年）、同『三好一族と織田信長「天下」をめぐる覇権戦争』（戎光祥出版、二〇一六年）、三好氏の政治的な動向は主にこれらによる。
（6）村井祐樹「東京大学史料編纂所所蔵影写本「兼右卿記」（上）」（『東京大学史料編纂所研究紀要』一八、二〇〇八年）。
（7）天野忠幸『増補版　戦国期三好政権の研究』（清文堂出版、二〇一五年）。
（8）『賀茂別雷神社文書』「三好長逸書状」（永禄六年）十月五日付（天野忠幸編『戦国遺文　三好氏編』第二巻九三六号文書、東京堂出版、二〇一四年）。以後、『戦国遺文　三好氏編』については『戦三』と略す。
（9）仁木宏「戦国期京郊における地域社会と支配」（本多隆成編『戦国・織豊期の権力と社会』吉川弘文館、一九九九年）、福島克彦「松永久秀と多聞山城」（城郭談話会編『筒井城総合調査報告書』二〇〇四年）。
（10）「一五六五年十月二十五日、ルイス・デ・アルメイダ修道士がルイス・フロイス師と共に都へ旅したことにつき、福田で（イエズス会の修道士らにしたためた書簡」（松田毅一監訳『十六・七世紀イエズス会日本報告書　第Ⅲ期第2巻』同朋舎出版、一九九八年）。
（11）山田徹「摂津国中島と河内国十七ヶ所・八ヶ所」（『ヒストリア』二三八、二〇一三年）。

(12) 小谷利明『畿内戦国期守護と地域社会』（清文堂出版、二〇〇三年）。
(13)『平成2年度　奈良女子大学教育研究内特別経費（奈良文化に関する総合的研究）報告書』（一九九一年）。『大日本古文書　醍醐寺文書』一七四八号文書（年月日未詳「足利義輝書状」）にも、三好軍が「森之口」に入城したことが記されている。
(14)『戦三』七七八号文書。
(15) 天野忠幸「三好長逸にみる三好氏の権力構造」（『十六世紀史論叢』六、二〇一六年）。
(16)『戦三』七八五号文書、七八六号文書。
(17)『戦三』七七九号文書。
(18) 加地宏江・中原俊章『中世の大阪』（松籟社、一九八四年）、小西瑞恵『日本中世の民衆・都市・農村』（思文閣出版、二〇一七年）。
(19)「一五六七年七月八日付、堺発信、ルイス・フロイス師の書簡」（松田毅一監訳『十六・七世紀イエズス会日本報告書　第Ⅲ期第3巻』同朋舎出版、一九九八年）。
(20)「一五六五年十月二十五日付、堺発信、ルイス・デ・アルメイダ修道士がルイス・フロイス師と共に都へ旅したことにつき、福田で（イエズス）会の修道士らにしたためた書簡」（松田毅一監訳『十六・七世紀イエズス会日本報告書　第Ⅲ期第2巻』同朋舎出版、一九九八年）。
(21) 清水有子「畿内の初期宣教に関する一考察―三好長慶の承認・保護をめぐって―」（『キリシタン文化研究会会報』一四〇、二〇一二年）。河内キリシタンに関する研究として、松田毅一『近世初期日本関係南蛮史料の研究』（風間書房、一九六七年）、近年の成果として、村上始「河内キリシタンの動向と展開」（仁木宏・中井均・中西裕樹・NPO法人摂河泉地域文化研究所編『飯盛山城と三好長慶』戎光祥出版、二〇一五年）、神田宏大・大石一久・小林義孝・摂河泉地域文化研究所編『戦国河内キリシタンの世界』（批評社、二〇一六年）などがある。
(22) 註（19）。
(23) 天野忠幸「戦国期の宗教秩序の変容と三好氏」（『織豊期研究』一二、二〇一〇年）。
(24) 八尾市立歴史民俗資料館編『真観寺文書の研究』（八尾市教育委員会、二〇〇一年）。
(25)『戦三』一四一八号文書、一六〇八号文書、二〇八五号文書。

(26) 三好存保は三好義継から離反し織田信長に通じた際、これらの地域を望んでいる(『戦三』参考一二五号文書)。また、義継やその重臣は永禄十一年から元亀三年にかけて、天王寺に対して禁制や掟、定を発給し、欠郡を支配していた(『戦三』一四二九号文書、一六三六号文書、一六三七号文書)。
(27) 福永信雄『若江遺跡第三十八次発掘調査報告』(財団法人東大阪市文化財協会、一九九三年)。
(28) 『戦三』参考一二一号文書。
(29) 天野忠幸「三好氏遺臣の若江三人衆と豊臣氏」(『戦国史研究』七一、二〇一六年)。
(30) 『八尾市立歴史民俗資料館所蔵文書』「若江三人衆由緒書上」(『八尾市立歴史民俗資料館研究紀要』一〇、一九九九年)。
(31) 『戦三』一九〇三、一九〇四号文書。
(32) 『戦三』参考一四七号文書、註(28)。
(33) 名古屋市博物館編『豊臣秀吉文書集　一』(吉川弘文館、二〇一五年)。
(34) 小谷利明「八尾市高安地域の石材活用の一事例」(『関西近世考古学研究ⅩⅢ　石から見た近世文化』二〇〇五年)。
(35) 「一五八四年一月二日付、ルイス・フロイス書簡」(村上直次郎訳『イエズス会日本年報　上』雄松堂書店、一九八四年)。
(36) 『戦三』一九五〇号文書。
(37) 『戦三』一九七六号文書。
(38) 鳥津亮二『小西行長―「抹殺」されたキリシタンの実像―』(八木書店、二〇一〇年)。

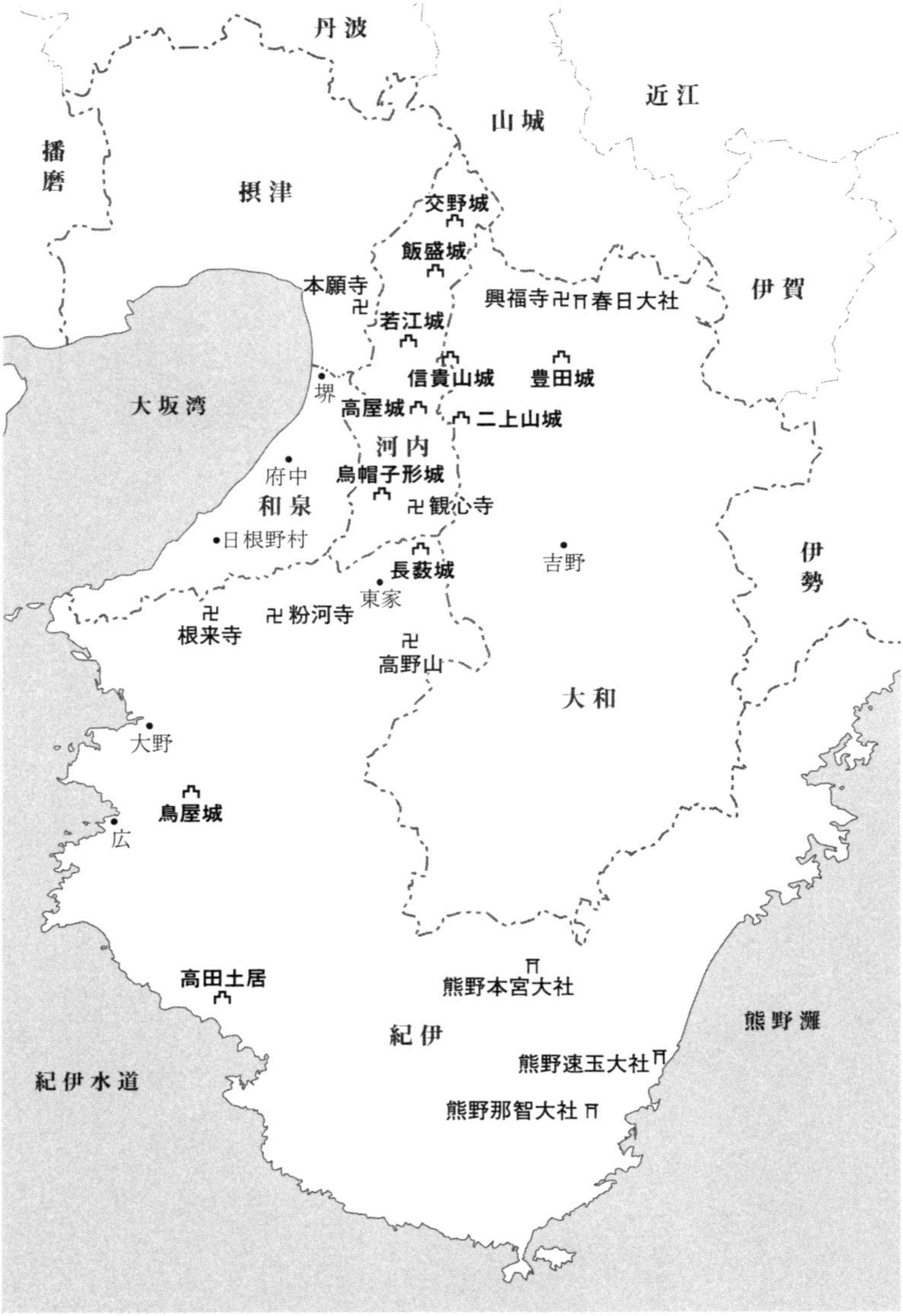

南近畿関係要図　本書では、太線で囲んだ河内・摂津・和泉・大和・紀伊の５ヶ国を南近畿と設定した

あとがきにかえて

本書は、日頃さまざまな研究会やそれぞれの職場などで交流を持つ、関西方面の研究者や学芸員が集まってまとめた論文集である。発端は、筆者が勤務する八尾市立歴史民俗資料館の企画展「畠山氏と真観寺」展に関連させておこなった歴史講座「戦国時代の河内」を開催する直前、この企画を知った戎光祥出版の丸山裕之氏から一書にまとめないかとお誘いを受け、畏友弓倉弘年氏に相談して企画を進めることとなった。近年、戦国期の畿内を扱う研究者が多くなり、事実の掘り起こしが盛んにおこなわれている。それを紹介する意味でおこなった講座だった。

講座内容は、弓倉弘年「両畠山氏の抗争」、馬部隆弘「畠山氏と細川氏を渡り歩いた木沢長政」、田中慶治「戦国時代　大和国にあった共和国」、中西裕樹「城郭からみた大阪府下の戦国時代と天下統一」、天野忠幸「三好長慶の本拠地　河内」、小谷「大坂本願寺合戦」など、畠山氏、三好氏、織田氏関係の講演とした。

ただし、一書にまとめるにあたって、河内だけに限定した視点よりは、もう少し広く自由に視野を取りたいと思い、南近畿を対象とした論文集とすることにした（本来ならば畿内近国一円を対象としたかったが）。このため、廣田浩治氏と新谷和之氏の参加を得、和泉・紀伊の問題を提起していただいた。講座で講演した内容にもとらわれず、書き手の自由とさせていただいた。

本書が主に対象とした河内・和泉・大和・紀伊は、南都と紀伊の権門寺院を抱え、大阪湾岸と太平洋に面した熊野を抱える。畿内の本願寺・一向一揆・寺内町権力もここが中心である。筆者自身は、畿内政治史にこれらの地域の武家権力および宗教権力をどう組み込むのかを課題としてから、早いもので三十年が経った。多くの新しい研究を総括するには至っておらず、試行錯誤の状態だが、本書から南近畿の重要性を認識していただければ幸いである。

最後に、本書を刊行にあたってお世話になった執筆者、関係各位、戎光祥出版株式会社の丸山裕之氏に深く感謝申し上げる次第である。

二〇一七年十一月

小谷利明

【執筆者一覧】

第1部

新谷和之　一九八五年生。現在、和歌山市和歌山城整備企画課学芸員。
中西裕樹　一九七二年生。現在、高槻市教育委員会文化財課主幹兼しろあと歴史館長兼今城塚古代歴史館長。
廣田浩治　一九六七年生。現在、泉佐野市教育委員会。
田中慶治　一九六二年生。現在、葛城市歴史博物館館長補佐。
小谷利明　別掲

第2部

弓倉弘年　別掲
馬部隆弘　一九七六年生。現在、大阪大谷大学専任講師。
天野忠幸　一九七六年生。現在、天理大学文学部准教授。

【編者紹介】

小谷利明（こたに・としあき）

1958年生まれ。

現在、八尾市立歴史民俗資料館長。

主要著書に、『畿内戦国期守護と地域社会』（清文堂出版、2003年）、『慈願寺史　七百年の歩み』（共著、真宗大谷派慈願寺、2001年）などがある。

弓倉弘年（ゆみくら・ひろとし）
1958年生まれ。
現在、和歌山県立桐蔭高等学校教諭。
主要著書に、『中世後期畿内近国守護の研究』（清文堂出版、2006年）、『和歌山県の歴史』（共著、山川出版社、2004年）などがある。

装丁：藤田美咲

戎光祥中世史論集　第5巻
南近畿《みなみきんき》の戦国時代《せんごくじだい》
躍動《やくどう》する武士《ぶし》・寺社《じしゃ》・民衆《みんしゅう》

二〇一七年一二月二〇日　初版初刷発行

編　者　小谷利明
　　　　弓倉弘年
発行者　伊藤光祥
発行所　戎光祥出版株式会社
〒一〇二-〇〇八三　東京都千代田区麹町一-七　相互半蔵門ビル八階
電　話　〇三-五二七五-三三六一(代)
FAX　〇三-五二七五-三三六五
編集協力　株式会社イズシエ・コーポレーション
印刷・製本　モリモト印刷株式会社

http://www.ebisukosyo.co.jp
info@ebisukosyo.co.jp

ISBN978-4-86403-267-4